퓨처 노멀

FUTURE

―퓨처 노멀―

10년 후에도 변하지 않을 글로벌 트렌드 HOT 30

로히트 바르가바
헨리 쿠티뉴-메이슨

김정혜 옮김

NORMAL

매일경제신문사

일러두기

- 본문의 각주는 대부분 옮긴이 주입니다.
- 저자가 각주를 단 곳만 '지은이'라고 표시했습니다.

《퓨처 노멀》은 당신의 눈을 뜨게 하고 마음을 넓혀줄 것이다. 남들보다 앞서 미래를 보여주고, 미래의 가능성을 먼저 깨닫게 해주는 책이다. 미래를 위한 필독서로 '다음은 무엇일까?What's next?'라는 질문을 넘어 '만약에?What if?'라고 묻기 시작하도록 영감을 불어넣어 줄 것이다."

_다니엘 핑크Daniel H. Pink, 《드라이브》《새로운 미래가 온다》 저자

....

"이 책은 미래의 트렌드를 제시하며 '만약에?'라는 강력한 질문을 던진다. 그런데 로히트 바르가바와 헨리 쿠티뉴-메이슨은 단순히 여기에 그치지 않는다. 우리 사회의 미래를 위해 이보다 더 중요할 수 없는 지금 시기에, 우리의 잠재력과 가능성을 이끌어내며 궁극적으로 우리 자신에 대한 탐구와 이해 그에 따른 확실한 행동을 유도한다."

_스콧 오믈리아누크Scott Omelianuk, 〈Inc.〉 매거진 편집장

....

"《퓨처 노멀》은 우리의 행동에 대해 전문적이고 깊게 파고들어 미래에 어떤 아이디어와 트렌드가 주목받고 '노멀'이 될지 분석하는 재미있고 통찰력 있는 책이다."

_프란체스카 지노Francesca Gino,
《긍정적 일탈주의자》의 저자이자 하버드 경영대학원 교수

"진지하고 설득력 있는 이 책은 세계의 기하급수적인 변화 속도에 압도당하는 모든 사람을 위한 아이디어가 가득하다. 미래로 안내하는 매력적인 네비게이션이다. 《퓨처 노멀》은 미래 10년을 관통하는 테크놀로지 트렌드와 컬쳐 트렌드를 깔끔하게 정의하고 있다."

_데이비드 로완David Rowan,

《디스럽터: 시장의 교란자들》의 저자이자 〈와이어드〉 영국판 창립 편집장

....

"우리의 생각을 자극하는 선견지명을 만나보라. 다가올 10년을 준비하는 리더라면 절대 놓쳐서는 안 되는 책이다."

_베스 콤스톡Beth Comstock,

《미래를 상상하라Imagine It Forward》의 저자이자 전 GE 부회장

....

"미래를 예측할 수는 없지만 헨리와 로히트는 미래가 담고 있는 신호를 포착한다. 다가올 변화가 무엇인지 궁금한 사람이라면 반드시 읽어야 할 책이다."

_벤 페이지Ben Page, 입소스IPSOS CEO

....

"역사는 다음에 일어날 일에 대한 수천 가지 부정확한 예측으로 가득 차 있다. 하지만 《퓨처 노멀》은 세계에서 가장 미래 지향적인 개인과 기업의 매혹적인 통찰력을 모아 우리에게 합리적이고 잘 연구된 로드맵을 제공한다. 내일을 규정할 가능성이 가장 큰 트렌드다."

_휴 포레스트Hugh Forrest, SXSW 공동 회장 겸 최고 프로그래밍 책임자

"미래가 이상할 수 있다는 사실에 겁을 먹기 쉽다. 하지만 두려워하지 마라. 《퓨처 노멀》을 가이드북으로 삼아 자신이 가지고 있는 줄도 몰랐던 질문에 답하면 우리 모두가 열망하는 흥미진진한 새벽에 대한 새롭고 신선한 관점을 보게 될 것이다."

_시안 서덜랜드Sian Sutherland, 플라스틱 플래닛A Plastic Planet 창립자

....

"낙관주의와 상상력 그리고 실용적인 아이디어가 넘치는 중요한 책이다."

_줄리아 홉스봄Julia Hobsbawm, 《인생에서 중요한 6가지만 기억하라》 저자

....

"《퓨처 노멀》은 생각을 자극하는 콘셉트와 요약된 미래 시나리오들의 모음이다. 로히트와 헨리는 여기에서 모든 업계의 기업과 리더가 미래 비즈니스 및 전략 계획에 사용할 수 있는 새로운 청사진과 토론 가이드를 만들었다."

_안넬리제 올슨Anneliese Olson, 전 HP 수석 부사장

....

"공기로 만든 단백질부터 일자리 공유와 '15분 도시'까지, 《퓨처 노멀》은 가까운 미래에 우리의 일상을 구성할 흥미진진한 아이디어에 대한 최고 히트작을 발견하는 여행이다. 헨리와 로히트는 하나하나의 혁신을 이야기한다. 마치 제일 친한 친구가 술집에 앉아서 편안하고 부드러운 목소리로 저알코올이나 클루텐 프리 맥주를 마시면서 이야기하는 것처럼 이 책은 우리 모두를 기다리고 있는 놀라운 미래에 대해 말한다."

_소날리 피게이라스Sonalie Figueiras, 〈그린퀸Green Queen〉 창립자

"이 책이 '일상적인 삶이 어떤 것인지(소수의 극도로 특이한 경험이 아닌 정상적인 삶)'에 대해 초점을 맞춘 것은 정말 현명하다. 현재와 미래를 생각하는 데 정말 유용하다."

_마크 커티스Mark Curtis, 엑센추어 송Accenture Song 이노베이션 책임자

....

"궁극의 오리엔테이션! 이 책을 펼치면 당신의 미래를 형성할 트렌드를 확인할 수 있다."

_닐스 뮬러Nils Müller, 혁신 컨설팅 기업 트렌드원TRENDONE 창립자 겸 CEO

....

"인류의 정의가 변화하는 시대에, 《퓨처 노멀》은 우리의 노력을 어디에 집중해야 하는지 보여준다. 어느 것이 가장 '평범'하고 '중요'한 삶의 요소가 될 수 있을지 오늘날의 베팅에 대한 명확한 지침이다. 그것은 결국, 진정한 미래를 정의하는 것이다."

_레이첼 아서Rachel Arthur, 패션의 미래를 위한 커뮤니티 패쉬매쉬FashMash 창립자

"미래를 볼 수 있는 수정구슬을 갖고 싶지 않은 사람이 어디 있을까? 헨리와 로히트는 그럴 필요가 없다고 주장한다. 우리는 내일의 기회를 포착하기 위해 오늘 주변을 둘러봐야 한다. 《퓨처 노멀》에서는 우리의 미래는 물론 여러 비즈니스에 영향을 미칠 가장 강력한 트렌드를 보여준다. 깊은 통찰력으로 큰 도움을 주는 책이다."

_마틴 린드스트롬Martin Lindstrom,

《고장난 회사들》《누가 내 지갑을 조종하는가》의 저자

....

"《퓨처 노멀》은 앞으로 다가올 미래에 대해 올바른 질문을 던지고 긍정적인 내일을 위한 상상력을 키우는 데 도움이 되는 한걸음이다."

_아짐 아자르Azeem Azhar,

《기하급수적 관점Exponential View》 저자이자 테크 애널리스트

평범한 것들이 미래를 지배한다

소행성 하나가 무서운 속도로 날아오고 있었다. 지구에 충격을 줄 가능성은 없었다. 따라서 굳이 지구를 보호할 필요까지는… 하지만 우리는 소행성으로부터 지구를 지키기로 결정했다.

미국항공우주국NASA이 2022년 말 할리우드 영화에나 나올 미션을 수행하는 야심찬 시험 프로그램을 발표했다. 지구에 아무 해를 입히지 않고 지나가는 행성을 파괴하는 미션이었다. 과잉 반응으로 보일 수도 있었지만 어떤 점에서는 합리적인 선택일 수도 있었다. 어쨌든 행성 충돌로 공룡이 전멸한 지 6,600만 년이나 흐른 데다가 수학적인 계산에 따르면 또 다른 충돌 시점이 이미 오래 전에 지났으니까. NASA의 프로그램은 성공했다. 인류에게는 위안을 주는 소식이었다. 행여 미래 언젠가 행성이 지구로 돌진하더라도 우리가 지구를 '구할 수 있음'을 증명한 셈이었다.

우주 공간에서 펼쳐진 이번 프로젝트는 사람들이 흔히 상상하는 미래의 축소판이었다. 대담한 비전, 세상을 바꿀 기술, 영웅적인 과학,

전 세계에 미치는 충격(아니, 더 정확히는 지구가 받을 충격을 회피시키는 것). 지금 이 순간 벌어지는 이 이야기가 마치 미래의 평범한 모습처럼 '느껴진다'. 바로 이렇기 때문에 미래의 초기 물결을 언제나 현재에서 찾을 수 있다. 산업 대부분의 가장자리에서 또는 사회에서 지금 일어나는 일이 ─테크놀로지의 경이로운 발전, 야심찬 혁신, 대담한 사회적 아젠다─ 미래에는 주류가 될 수도 있다. 또한 미래에서 우리가 어떻게 살고 어떻게 일하는가는 물론이고 미래 가치관을 변화시킬 가능성도 있다.

미래학자인 우리 두 사람은 10년 가까이 각자의 위치에서 미래의 초기 신호를 연구하고 분석했다. 바르가바는 자신의 베스트셀러 《논 오비어스 트렌드Non-Obvious Trends》 시리즈를 통해, 쿠티뉴-메이슨은 글로벌 시장의 트렌드를 분석해 통찰을 제공하는 플랫폼 트렌드워칭 TrendWatching에서의 선구적인 연구를 통해, 미래 트렌드의 첨병으로 활약했다. 우리 두 사람은 세상에서 가장 대담한 비전을 제시하는 테크놀로지와 좋은 의도를 가진 기업가를 보고 감탄을 금할 수 없었다. 그러나 동시에 불편한 현실도 눈에 들어오기 시작했다. 이러한 테크놀로지와 기업가의 상당수가 꽃도 피워보지 못하고 사장될 거라는 사실이었다. 우리는 초자연적인 홀로그램과 깊은 대화도 나누었고, 전신 보디슈트를 입고 가상의 바람도 느껴봤고, 공공장소에서 구글 글라스를 착용했다가 행인들의 안쓰럽다는 시선도 받았다. 심지어 시제품으로 제작된 자율주행 자동차의 보조석에 앉아 불안감에 떨었고, 인공지능AI이 지금처럼 널리 사용되기 몇 해 전 기사 한 편을 직접 작성하는 것도 지켜봤다. 그야말로 세상을 바꾼 경이로운 혁신이 많았다. 하지만 안타깝게도 혁신의 둘 중 하나는 결국 주류가 되지 못하거나 예상치 못한 난관에 부딪히게 됐다.

요컨대 하나의 미래가 실현될 때마다 사라지는 미래가 하나씩 있다. 버림받았거나 자금이 고갈된 미래, 무시받거나 비웃음거리로 전락한 미래 말이다. 이렇게 볼 때 진짜 중요한 과제는 '미래'를 예측하는 것이 아니다. 미래에는 무엇이 '평범'해질지 즉 어떤 것이 '퓨처 노멀'이 될지 예상하는 것이 관건이다.

'퓨처 노멀'이란 무엇일까?

우리 인간은 많은 측면에서 평범함보다 새로움을 선호하도록 교육받는다. 이것이 마냥 우리 탓이라고 비난하기는 힘들다. 20년 전쯤에 연구가들은 우리 뇌가 생전 처음 보는 것을 처리하는 방식을 규명했다. 낯선 무언가를 보면 기분을 좋아지게 만드는 '행복 호르몬' 도파민 분비가 증가하고, 우리의 노력에 대한 보상을 탐색하고 추구하는 경향이 커진다고 한다.[1] 반면 평범한 것은 한마디로 재미가 없다. 저명한 미래학자이자 하와이대학교 교수로 40년간 미래학 연구 분야를 개척해온 짐 데이터Jim Dator는 언젠가 한 논문에서 말했다

"유용한 미래 아이디어는 모름지기 엉뚱해 보여야 한다".[2]

데이터 교수의 이 발언은 아주 널리 알려져서 '데이터의 법칙Dator's Law'이라고 불리게 됐다. 이것은 어째서 가끔 우리가 미래와 평범함을 모순적인 개념이라고 생각하는지를 완벽하게 설명해준다. '평범'하다

퓨처 노멀

는 수식어를 붙일 수 있는 충분히 '미래스러운' 아이디어는 어떤 것일까? 우리 필자들이 이 책에서 이루고 싶은 목표 중 하나는 평범함의 정의를 '일반적인'에서 '중요한'으로, '빤한'에서 '빤하지 않은'으로 다시 정립하는 것이다.

코로나19 팬데믹은 우리의 삶의 방식에도 노동 환경에도 많은 변화를 가져왔다. 그리고 이러한 모든 변화를 뭉뚱그려 우리의 공통된 "뉴노멀New Normal"이라고 부르는 것이 '뉴노멀'이 됐다. 집밥, 랜선 파티나 원격 모임, 팔꿈치 인사 등등. 그런데 포스트코로나 시대를 맞아 이러한 '뉴노멀'의 대부분이 구태가 됐다. 이제는 혼밥보다 여럿이 모여서 함께 식사하고, 집밥이나 혼술보다 식당과 술집에서 다시 모임을 가지며, 예전처럼 다시 악수로 인사한다.

이것은 우리에게 숙제를 하나 안겨준다. 어떤 혁신과 변화가 우리의 퓨처 노멀이 될지 어떻게 판단할 수 있을까? 거스를 수 없는 대세 같은 혁신과 변화가 오래지 않아 사라지는 경우는 비일비재하다. 우리 필자들은 인간의 기본적이고 근본적인 니즈Needs와 원츠Wants는 -정체성, 관계, 자기 계발, 지위 등등에 대한 욕구- 이러한 욕구를 충족시켜주는 혁신보다 훨씬 느리게 진화한다고 굳게 믿는다*. 그나마도 이러한 욕구가 크게 진화한다는 가정 하에서 이렇다. 인간의 니즈와 원츠를 이해하면 혁신과 변화의 운명을 이해하는 데 도움이 된다. 일부 혁신과 변화가 노멀이 되는 이유도, 반대로 영원할 것 같은 많은 혁신

* 니즈는 사람의 기본적인 욕구로 배고픔처럼 필요성을 느끼는 상태를 말하는 반면, 원츠는 사회적 상호 작용에 의해 형성된 것으로서 먹고 싶은 음식을 특정하는 것처럼 구체적인 제품이나 서비스에 대한 욕구를 의미한다.

과 변화가 오래지 않아 사라지는 이유도 인간의 니즈 그리고 원츠와 관련이 있다.

초음속 항공 여행이 좋은 예다. 50년 전에 처음 등장했을 때는 많은 기대와 환상을 심어줬지만 오늘날에는 사실상 유명무실하다. 하늘을 제패할 줄 알았던 초음속 항공기가 거의 종적을 감춘 데는 높은 연료비 부담과 음속을 돌파할 때 생기는 굉음인 소닉붐Sonic Boom에 대한 우려가 한몫했다. 이게 다가 아니다. 콩코드 제트기가 목표로 삼은 기본적인 욕구를, 굳이 초음속으로 비행하지 않고도 충족시켜주는 여타의 솔루션이 노멀이 되었기 때문이다. 가령 개인 전용기는 접근성과 유연성이 갈수록 개선됐고, 비즈니스 좌석 승객의 생산성은 180도 젖혀지는 침대형 좌석과 기내 와이파이 덕분에 향상됐다.

팬데믹 기간 중에 유행한 집밥도 비슷한 운명이었다. 집밥은 단순히 식사라는 의미보다는, 언택트와 단절의 시대에서 의식적인Ritual 활동과 친숙함에 대한 욕구와 더 관련 깊었다. 랜선 파티와 팔꿈치 인사는 또 어떤가. 타인과 안전하게 연결하고 싶은 우리의 욕구를 달래기 위한 시도였다. 그러다가 바깥 활동이 자유로워지고 다시 예전처럼 악수와 포옹으로 인사하기 시작했다. 이렇게 팬데믹 이전의 노멀이 이른바 뉴노멀을 밀어내고 주류 자리를 되찾게 되면서 뉴노멀 시대의 행동은 순식간에 찬밥 신세가 됐다.

그렇다면 이 책에서 소개하는 '퓨처 노멀'은 어떤 것일까? 먼저, 이러한 근본적인 니즈와 원츠를 만족시켜줄 새로운 방법을 창조하는 다양한 아이디어와 미래선도자를 만나볼 수 있다. 미리 말하지만, 이 과정에서 각 아이디어와 미래선도자는 좁게는 해당 산업을 통째로 변화시키고 넓게는 광범위한 문화와 사회에까지 파급 효과를 미친다. 또한 이산화탄소로 단백질을 합성하는 나사의 예전 기술을 활용해 식량 산업이 환경에 미치는 영향을 급감시킬 수 있는 스타트업도 등장한다. 이뿐만 아니라 가속 학습Accelerated Learning의 미래를 약속하는 많은 연구가도 나온다. 이들 연구가는 수동 햅틱 학습Passive Haptic Learning 글로브를 통해 근육 기억Muscle Memory을 생성시키는 선구적인 연구를 진행하고 있다. 전기 펄스Electrical Pulse가 전달되는 이 글로브를 착용하면 피아노 연주도 단 몇 분이면 배울 수 있다. 마지막으로, 북극을 다시 얼리기 위해 노력하는 단체, 세대 간 단절과 외로움을 해소하기 위해 연구하는 기업, 태양광 마이크로그리드Microgrid*를 대량 생산할 수 있는 방법을 탐색하는 스타트업, 도시 숲을 조성하는 데 헌신하는 조직, 직무 공유제Job Sharing를 확산하기 위해 노력하는 회사 등에 대해서도 알 수 있다.

　요컨대 이 책은 퓨처 노멀이 어떤 모습일지 미리 엿볼 수 있는 작은 창문이다. 하지만 본격적인 '미래 여행'을 시작하기 전에 한 가지 꼭 고백할 것이 있다. 좀 이상하게 들릴지도 모르겠다. 당연히 우리 둘은 미래를 연구하는 것이 직업이다. 그렇지만 보통은 우리 둘 다 자신을 '미래학자'로 생각하지 않는다. 솔직히 서로에게서 이런 청개구리 같은 측면을 발견한 것이, 우리 둘이 이 책을 함께 쓰는 계기가 됐다.

---

* 독립형 전력망. 광역적인 전력 시스템으로부터 독립된 분산 전원을 중심으로 하는 국소적인 전력 공급 시스템을 말한다.

돌연변이 미래학자들

바르가바는 미국 워싱턴 DC에서, 쿠티뉴−메이슨은 영국 런던에서 활동한다. 지난 세월 우리는 각자의 위치에서 따로 똑같은 일을 해왔다. 각자의 관점에서 세상을 변화시키는 스타트업 창업자들을 인터뷰했고, '2050년 미래 전망' 같은 주제로 개최되는 콘퍼런스에 연설자로 참석했다. 또한 전 세계 많은 정부와 미래를 만들어가는 많은 테크 기업으로부터 향후 10년에 대한 비전을 알려달라는 요청도 받았다. 적당히 매력적이고 낙관적으로 생각하면 그럴듯해 보이는 비전 말이다.

지금은 운명처럼 함께 책을 쓰고 있지만, 우리의 공동 집필은 필연이 아니었다. 우연이 가져다준 뜻밖의 선물이었다. 대서양을 사이에 두고 활동하는 우리의 첫 만남은 뉴욕에서였다. 만날 인연은 어떻게든 만난다는 말처럼, 어떤 콘퍼런스에 참석했다가 우연히 마주쳤다. 오전 커피 휴식 시간이었는데 우리는 서로의 이름표를 보고는 '알지만 모르는 사람'이라는 사실을 깨달았다. 각자가 수년 전부터 상대방의 글을 읽었으면서도 직접 말을 섞어본 적이 없었다. 바로 그날까지는 말이다.

커피를 마시면서 우리는 곧바로 한 가지에 죽이 척척 맞았다. 우리 각자의 이름표에는 "미래학자"라고 적혀 있었다. 이는 행사 주최측의 권한이었다. 그리고 우리 직업으로만 보면 미래학자가 틀린 말도 아니었다. 하지만 둘 다 오래 전부터 이런 꼬리표가 마뜩치 않았다. 우리 일은 '가까운 미래 연구near futurism'라는 용어가 더 잘 어울린다고 늘 생각했다. 가장 큰 혁신들이 '오늘 당장' 그리고 가까운 미래 몇 년간 우리의 삶에 영향을 미치는 중요한 의미를 목록화하고 이해하기 위해 노력하는 사람이라고.

우리 두 사람은 미래학 분야에서 '돌연변이'일지도 모르겠다. 무엇이 미래를 '변화시킬 수 있을까'를 연구하는 많은 미래학자들과는 다른 길을 간다고 생각하기 때문이다. 우리의 단골 질문은 두 가지였다.

"이미 '변화를 시작한 것'은 무엇일까?"

"우리는 이 변화가 인류의 미래에서 일부가 되기를 '바랄까'?"

이쯤에서 우리가 무늬만 미래학자임을 커밍아웃해야겠다. 우리 둘다 어떤 것이든 미래주의적 시나리오를 조사하는 데는 많은 시간을 들이지 않는다. 오히려 현재에 우리 에너지를 집중한다. 그러니까 굳이 말하면 우리는 미래를 연구하는 퓨처리스트가 아니라 현재를 연구하는 '나우이스트Now-ist'이다. 우리는 비즈니스 혁신에 대해서는 모르는 것 빼고는 다 안다고 자부한다. 이러한 혁신에서 퓨처 노멀이 어떤 모습일지에 대한 반짝이는 통찰을 얻는 경우가 아주 많다. 새로운 모든 비즈니스 혁신은 미래에 대한 도박이다. 신생 브랜드나 스타트업은 당연하고 기존 브랜드가 출시하는 신제품이나 새로운 서비스 또는 이니셔티브Initiative*도 미래에 승부수를 띄운다. 이러한 도박 각각을 따로 떼어놓고 보면, 일단의 사람들이 자신들의 미래 비전이 성공할 거라고 믿는다는 신호다. 그런데 다양한 시장과 업종에 걸쳐 많은 비즈니스가 비슷한 도박을 한다면? 우리는 여기서 퓨처 노멀의 종착지에

---

* 특정 주제에 대해 논의를 이끌거나 문제를 해결해가는 주도권과 자발적인 계획을 의미한다.

관한 통찰을 이끌어낼 수 있다.

SF 소설의 대부 아이작 아시모프Isaac Asimov는 자신이 절대 "빨리 읽는 사람"이 아니라고 말했다. 대신에 자신을 "이해가 빠른 사람"으로 생각한다고 했다. 아시모프가 지닌 빠른 이해 능력이야말로 우리가 오랫동안 단련하고 가르쳐온 기술이다. 빠르게 움직이는 미래를 예상하는 것은 힘든 일이지만 불가능하지는 않다.

이 책을 어떻게 활용하면 좋을까

혹시 시간에 쫓긴다는 기분이 드는가? 오래 집중하기 힘든가? 그렇다면 이 책이 답이다. 시간에 쫓기거나 무언가에 오래 집중하지 못하는 사람도 쉽게 읽을 수 있는 책을 쓰는 것이 우리의 목표다. 달리 말해 이 책은 방대한 주제를 다루지 않을 것이다. 모든 것을 담으려는 욕심은 과유불급이다. 널리 알려진, 그래서 식상한 영역을 포함할 수밖에 없을 테니 그렇다. 대신에 우리는 우리의 목표를 염두에 두고 하나의 기준에 따라 주제를 엄선했다. '아는 맛'보다는 퓨처 노멀에 대한 빤하지 않은 통찰을 우선하기로 선택했다. 바르가바의 베스트셀러 《논오비어스 트렌드》 시리즈에 익숙한 사람이라면 이러한 접근법이 놀랍지 않을 것이다.

이를 위해 우리는 먼저 3가지 대大주제를 선택했다. 각 주제는 다시 10개의 소주제를 포함하고, 소주제마다 한 장章씩 할애한다. PART 1의 주제는 우리의 관계, 건강, 웰니스에서의 퓨처 노멀이다. 즉 건강, 학습, 미디어, 엔터테인먼트 부문에서 우리의 일상적인 삶에 영향을 미칠 가능성이 높은 혁신을 알 수 있을 것이다. PART 2에서는 우리의 삶과 일과 소비 부문의 퓨처 노멀을 집중 분석해보자. 구체적으로 말해, 노동 환경부터 시작해 가정생활을 살펴보고 마지막으로 소비 활동을 고찰해보자. 소비와 커리어를 새로운 눈으로 이해하는 기회가 되기를 희망한다. 아울러 퓨처 노멀에서는 소비와 커리어가 어떻게 변할 수 있을지에 관한 새로운 관점을 기대해도 좋다.

마지막 PART 3에서는 더욱 장기적인 혁신에 초점을 맞추려 한다. 10년 이후 인류의 근본적인 생존 방식을 결정지을 혁신이다. 앞서 말했듯이 우리 둘은 가까운 미래를 연구하는 사람으로서 PART 3에서도 현재에 초점을 맞춘다. 하지만 이번에는 한 걸음 더 나아가, 이러한 당장의 혁신이 도시, 환경, 농업, 정부의 미래에 어떤 영향을 미칠 수 있을지 우리의 비전을 공개할 계획이다.

각각의 대주제를 시작하는 첫머리에서, 10가지 주요 주제와 거시적인 트렌드를 일목요연하게 요약한다. 이 책을 처음부터 끝까지 순차적으로 읽어도 좋다. 아니면, 당신과 가장 관련 깊은 대주제나 소주제부터 읽어도 무방하다. 그리고 이 책 말미의 부록에는 산업별로 정리한 '플레이리스트'를 포함시켰다. 이 목록을 활용하면 어느 업종에 종사하든 당신의 삶과 커리어에 가장 크게 영향을 끼칠 주제들에 집중하기가 쉬울 것이다.

우리는 당신의 역할이 제일 중요하다는 사실을 매순간 가슴 깊이 새긴다. 이러한 통찰을 당신의 퓨처 노멀로 만드는 것은 오직 당신만이 할 수 있다는 뜻이다. 당신이 미래의 주인공이 될 수 있게 우리는 각

장이 끝날 때마다 세 가지 도발적인 질문을 던진다. 이런 질문을 통해 동료와 주변 사람들과 생산적이고 유익한 토론의 장이 마련되기를 바라마지않는다.

이 책은 우리의 코앞에 와있는 미래에 대한 많은 통찰을 들려준다. 동시에 이 책은 그 미래를 창조하는 사람들을 축하하는 공간이다. 우리 둘은 낙관론자다. 우리의 낙관론은 이 책 속의 모든 아이디어를 관통한다. 이 책 어디를 보든지, 더 건강하고 더 공정하고 더 깨끗한 인류의 미래를 창조하기 위해 노력하는 환상적인 개척자를 만날 수 있다. 우리의 마지막 바람은 우리와 같은 경험을 하는 사람이 많아지는 것이다. 이 책을 읽고 난 뒤, 당신도 이들 개척자의 이야기에 영감을 받아 희망차고 풍요로운 퓨처 노멀을 마음껏 상상하라.

목차

PART 1
어떻게 우리는 관계를 맺고 건강하게 잘 지낼까

PART 2
어떻게 우리는 생활하고 일하고 소비할까

PART 3
어떻게 우리의 인간성이 살아남게 될까

미래 이야기는 어디서 시작하면 좋을까?

우리가 시간을 소비하는 방식에 대한 내적 성찰로 이야기를 시작하면 어떨까? 이런 의미에서 가장 먼저, 우리가 미디어를 소비하고, 학습하고, 커뮤니케이션하고, 건강을 관리하는 방법을 변화시키기 위해 노력하는 미래선도자 군단을 만나보자.

오늘날 우리의 정체성은 나날이 여러 개의 메타버스가 연동되는 '멀티버스 Multiverse'화 되어가고 있다. 또한 외로움은 더 이상 좌시하기 힘든 지경에 이르렀고, 서로 더 좋은 관계를 맺는 문제도 시급하다. 이러한 영역에서 더 나은 '퓨처 노멀'을 예상하려면 몇몇 커다란 사회적 도전을 해결하는 것은 선택이 아니라 필수다. 동시에 더 건강하고 더욱 충만한 삶을 살기 위해서도 전제돼야 하는 것들이 있다. 무엇보다 웰니스에 관한 우리의 현재 가정 중 상당수를 재고할 필요가 있을 것이다. 아울러 더 오래 더 좋은 삶을 사는 데 도움이 되는 것들을 실천하기 위해, 우리의 기존 습관과 우선순위를 변화시키는 것도 불가피하다.

PART 1

어떻게 우리는
관계를 맺고
건강하게 잘 지낼까

What if?

HOT 1. 멀티버스 아이덴티티

온라인과 오프라인 모두에서
가장 진실한 모습의
진짜 자신으로 살 수 있다면?

HOT 2. 몰입형 엔터테인먼트

엔터테인먼트를
단순 소비하는 것을 넘어
엔터테인먼트의 일부가 된다면?

HOT 3. 검증된 미디어와 콘텐츠

우리가 소비하는
미디어와 콘텐츠를
완벽히 믿을 수 있다면?

HOT 4. 스텔스 학습

동영상과 게임을
자기 학습의 도구로 사용할 수 있다면?

HOT 5. 사라지는 외로움

세대 차이를 없애고
모든 연령대의 외로움을
치유할 수 있다면?

HOT 6. 가상 동반자

우리가 앱이나 로봇과
의미 있는 관계를
구축할 수 있다면?

HOT 7. 사이키델릭 웰니스

사이키델릭이
정신 건강의 구원 투수가 된다면?

HOT 8. 건강과 웰빙을 부르는 공간

건물과 주거 공간이
심신의 건강과 웰빙을 부르고 촉진한다면?

HOT 9. 녹색 처방전

의사가 약을 처방하듯이
자연을 처방한다면?

HOT 10. 신진대사 모니터링

혈당 수치도 걸음 수처럼
쉽게 추적할 수 있다면?

HOT 1

멀티버스 아이덴티티

"

온라인과 오프라인 모두에서
가장 진실한 모습의 진짜 자신으로 살 수 있다면?

"

어릴 적 아프리카 난민으로 네덜란드 암스테르담에 정착한 세 명의 친구가 있었다. 아브데라만 트라브시니Abderrahmane Trabsini, 제퍼슨 오세이Jefferson Osei, 후세인 슐레이만Hussein Suleiman이 그 주인공들이다. 훗날 삼인방은 블로그를 개설했고, 초창기 팔로워를 위해 블로그 이름을 넣은 티셔츠 5종을 출시했다. 이것이 바로, 지난 '10년 동안 가장 인기 있는 스트리트 패션 브랜드' 명단에 포함된 데일리페이퍼Daily Paper이다. 창업자들은 밑바닥에서 시작해 오늘날 3,000만 달러의 가치를 지니고 열혈 마니아층까지 거느리는 패션 브랜드를 키워냈다. 세 창업자의 뿌리인 아프리카 헤리티지에 기반하는 데일리페이퍼가 이토록 사랑받는 이유는 무엇일까? 팬들은 브랜드 진정성을 주된 이

유로 꼽는다.[1]

우리가 무슨 옷을 입는가는 가장 가시적인 자기 표현 수단 중 하나다. 요컨대 우리의 옷차림은 우리의 자신감부터 우리에 대한 타인의 첫인상을 만드는 방식까지, 모든 것에 커다란 영향을 미친다. 하지만 정체성은 옷과 장신구 또는 외모를 통한 자기 표현 방식보다 훨씬 더 깊이가 있다. 정체성을 형성하는 요소는 두 가지다. 첫째는 인종부터 국적까지 우리가 소속된 모든 공동체다. 그리고 우리가 있을 곳을 찾기 위해 어떻게 노력하는가가 정체성을 결정하는 두 번째 요소다.

이것은 온라인에도 정확히 적용된다. 지난 10년 동안 가상 아이덴티티Virtual Identity, 즉 온라인에서의 정체성에 대한 우리의 인식은 환골탈태의 과정을 겪었다. 초창기 소셜 미디어는 아주 엄격한 지침을 따라야 하는, 마치 게임 같았다. 우리는 가장 잘나온 사진만 공유하거나 가장 좋았던 시간과 경험에 관한 글만 게시했다. 그 시절에는 소셜 미디어와 관련해 불문율이 있었다고 볼 수 있다. 소셜 미디어가 자신의 가장 멋진 모습과 기억하고 싶은 (그리고 타인이 기억해주기를 바라는) 사건이나 일을 게시하는 공간이라고 말이다. 당시 우리의 온라인 정체성도 이런 불문율을 따랐다. 아주 세세하게 계산해 엄선한 모습을 보여주기 위해 인위적으로 만들어졌다. 이와 같은 게시글과 소통하는 수단 역시 이러한 암묵적인 규칙을 강화한 것처럼 보였다. 게시물에 사람들이 표현할 수 있는 감정은 딱 하나, 무언가에 '좋아요' 버튼을 누르는 것이 전부였다.

돌이켜보면, 소셜 미디어 생태계가 부추긴 가짜 진정성이 역풍에 직면하는 것은 피할 수 없어 보인다. 삶이 어떻게 언제나 좋기만 할까. 때로는 실직도 하고 더러는 헤어짐도 경험하며 가끔은 도둑을 맞는 것이 인생이다. 소셜 미디어의 현실과 실생활의 괴리가 클수록, 우리는 우리의 온라인 정체성이 거짓이라는 자각이 강해지기 시작했다. 비록 완전한 거짓은 아니더라도, 최소한 완벽하게 진실한 정체성은 아니라고 생각했다. 시간이 흐르자 이런 자각은 특정 집단을 향한 격렬한 반감으로 나타났다. 유명인과 인플루언서를 포함해 거짓처럼 보이는 정체성을 꾸며내려 지나치게 노력하는 부류였다. 가짜 정체성은 직감적으로 포착하기가 갈수록 쉬워졌다. 시쳇말로, 척 보면 알게 됐다. '축복받은'이라는 해시태그 '#blessed'는 역설의 대명사가 됐다.

오늘날은 온라인에서 '진짜'처럼 보이려고 기를 쓰는 사람에 대한 거부감이 증가하는 모양새다. 이런 현상이 의미하는 것은 명백하다. 불완전한 자신을 드러내는 것을 두려워하지 않는 사람을 가까이 두려는 우리의 욕구가 커진다는 반증이다. 인류 역사 전반에서, 자신을 있는 그대로 드러내는 것에 대한 '두려움'은 보편적인 감정이었다. 사람들은 성 정체성, 피부색, 언어, 출신 국가 등을 이유로 차별을 받아왔다 (이러한 차별은 앞으로도 계속될 것이다). 달리 말해, 자신의 본모습에 충실했다가 너무 자주 낭패를 겪는 바람에 이것을 위험한 삶의 선택이라고 생각한 사람이 많았다. 그런데 최근 이들이 눈여겨봄직한 어떤 연구 결과가 나왔다. 이러한 사람의 상당수가 가상 세계에서는 '자신다워지는 것'을 더 안전하게 느낄 수도 있음을 시사하는 결과였다. 이것은 창작 활동을 지원하는 소프트웨어를 개발하고 배급하는 어도비 커뮤니케이션스Adobe Communications가 2022년에 실시한 설문 조사의 결론이다. 어도비는 소셜 미디어를 자기 표현 수단으로 사용하는 것에 대한 인식을 알아보고자 Z세대(1997~2012년 출생자) 1,000명을 대상으로 설문을 진행했다.

"응답자의 절반 이상은 소셜 미디어가 자신의 본모습을 보여줄 수 있다고 생각하는 유일한 공간이라고 말했다. 또한 응답자 5명 중에 3명(58퍼센트)은 온라인 프레즌스Online Presence*가 자신의 진짜 자아에 대한 만족감을 높여준다고 주장했다."[2]

우리가 디지털 도구와 미디어를 통해 자신을 표현하는 방식과 자아상 사이에 균형을 맞출 수 있는 방법은 앞으로 더 많아지리라 예상된다. 가상 아바타도 이러한 수단의 유력한 후보다. 전략적으로 최대한 절제시킨 자신의 가상 아바타를 만들고, 이 아바타를 통해 진짜 자신의 특정 측면만 의도적으로 표현하는 것이다. 물론 가상 아바타가 우리 정체성과 성격의 미묘한 특징을 전부 담기를 기대하는 것은 무리다. 부분적으로는 자신을 지나치게 노출시키는 개인 정보 공유에 대한 심적 저항감과 사생활 보호 욕구 때문이다. 하지만 가상 아바타를 만들 때 우리가 선택하는 여러 결정이 인생을 변화시킬 가능성도 배제할 수 없다. 예컨대 가상 세계에 자신을 음악가로 소개하는 가상 자아를 창조한다고 하자. 이것은 현실 세계에서도 스스로가 음악에 대한 열정을 더욱 열렬히 추구하도록 영감을 줄지 모른다. 스탠퍼드대학교 가상인간상호작용연구소Stanford Virtual Human Interaction Lab가 2007년 한 연구에서 이런 현상을 설명하는 용어를 만들었다. 그 유명한 '프로테우스 효과Proteus Effect'다. 이것은 "타인이 우리를 어떻게 생각하든 상

---

* 기업이나 개인이 온라인 상에서 구축하는 존재 또는 정체성을 말한다.

관없이, 우리가 자신의 디지털 자기표상Self-Representation에 일치하는 방식으로 행동"하게 되는 경향을 일컫는다.[3]

궁극적으로는, 이것이 바로 이 책에서 처음으로 만나는 '퓨처 노멀'이다. 멀티버스 아이덴티티가 진실하고 진짜라는 믿음이 깊어져 결국에는 가장 진실하고 가장 자신다운 현실의 정체성을 강화할 것이기 때문이다. 그리고 이러한 퓨처 노멀에서는 자신다워지는 것이 자기계발서 작가들이 설파하는 야심찬 목표를 훨씬 초월할 수도 있다. 온라인과 오프라인 모두에서 온전히 자신다워질 수 있을 테니 말이다.

미래선도자Instigator: 레디플레이어미

대표적인 아바타 개발 플랫폼 레디플레이어미Ready Player Me에서 가상 아바타를 만들 때 머리 모양이나 눈썹을 선택하는 것이 가장 어려울지도 모르겠다. 2011년 어니스트 클라인Ernest Cline이 발표한 베스트셀러 SF 소설《레디 플레이어 원Ready Player One》의 이름을 딴 이 플랫폼에서는 기술적인 능력이 없어도 전혀 문제가 되지 않을 수 있다. 레디플레이어미 같은 플랫폼 덕분에, 가상 세계로의 기술적인 진입 장벽이 허물어졌다. 이제 더는 가상 세계가 기술에 정통한 사람만의 전유물이 아니라는 이야기다. 레디플레이어미에서는 수천 개의 게임과 앱에서 호환되는 가상 아바타를 쉽게 만들 수 있다. 창업자 팀무 투케Timmu Tõke가 중독성 있는 이 플랫폼을 만든 이유가 여기에 있다. 누구나 자신의 아바타를 손쉽게 만들고 메타버스 전반에서 자유롭게 활용

— 바르가바(좌, @rohitbhargava)와 쿠티뉴-메이슨(우, @hcoutinhomason)의 레디플레이어 미 아바타.(출처: 레디플레이어미)

하도록 해주기 위해서였다.

미국의 기술 전문 뉴스 〈벤처비트VentureBeat〉는 레디플레이어미의 새로운 서비스를 소개하면서 이렇게 말한다.

"사용자는 가상 아바타가 자기 자신 또는 자신이 닮고 싶은 영웅을 대리하는 존재가 되기를 바라죠. 따라서 메타버스 공간에서 활용할 아바타를 만들기 위한 디폴트 시스템은 두 가지를 충족시킬 필요가 있어요. 그러한 혼돈 상황에서 효과적으로 작동하는 것이 첫 번째고요, 개발자, 디자이너, 최종 사용자 모두의 마음까지 사로잡아야 하죠."[4]

레디플레이어미는 5,000만 달러가 넘는 투자를 유치하고 삼성, 로레알, 아디다스 등을 포함해 수백 개의 브랜드와 파트너십을 체결했으며 가상 아바타 세계에 입문하는 사람들의 이른바 '원픽' 플랫폼으로 급부상 중이다.[5] 가상 아바타를 즐겨왔던 사용자들도 레디플레이어미가 제공하는 여타 플랫폼과의 통합에 거는 기대가 크다. 자신의 디지털 아이덴티티를 탐구할 매력적인 새로운 기회를 제공한다고 생각하는 것이다. 이런 것들 중 대표적인 다른 하나는 인공지능 기반의 가상 아바타 개발 플랫폼으로 디즈니가 지원하는 인월드AIInworld AI이다. 인월드AI는 약속한다.

"사람들이 레디플레이어미에서 만드는 아바타 같은 가상 캐릭터에 인공지능으로 생명력을 불어넣겠다."

또한 분노, 감정 변화, 권위, 공격성 같은 기분과 성격적 특성이 자동으로 조정되는 슬라이딩 스케일Sliding Scale을 설정함으로써 아바타에 성격적 특성을 추가할 수 있는 서비스도 제공한다.[6] 이러한 플랫폼은, 우리가 고도로 개인 맞춤화된 아바타를 통해 오프라인과 온라인 모두에서 자신의 진정한 자아를 표현하는 방식 사이의 경계를 흔들고 있다.

"아바타는 당신의 정체성을 마음껏 드러낼 기회를 제공하죠. 아바타에 당신의 정체성을 담을 수 있어요. 어찌 보면 아바타가 그 자체로 당신 자신인 셈이죠. 그럼에도 자신을 지나치게 드러내지 않는 선에서 충분히 추상화된 아바타를 만들 수 있고요. 물론 굉장히 사적인 영역이지만, 아바타는 당신의 보호막이 되어줍니다. 당신이 공감하고 연결감을 느낄 수 있을 정도로 아바타는 인간화되겠지만, 섬뜩하거나 지나치게 기괴하지는 않죠."

_팀무 투케, 레디플레이어미의 CEO[7]

그렇다면 사람들은 어떤 아바타를 만들까? 실제 자신과 확연히 다른 아바타를 만드는 사람이 많을까? 캐나다의 앨버타대학교에서 발표한 어떤 연구 결과가 이 물음에 대신 답해준다.

"대부분의 사람은 아바타를 만들 때 현실의 자신을 약간만 변형할 뿐이다."[8]

오해하지 말자. 현실 세계에서도 손가락으로 레이저를 쏘거나 슈퍼맨처럼 하늘을 마음대로 날아다닐 수 있을 거라는 이야기가 아니다. 그러나 위의 연구 결과에서 한 가지를 유추해볼 수 있다. 우리는 가상 아바타에 자신의 진짜 자아를 상당 부분 주입할 가능성이 크다. 즉 우리의 가상 아바타는 우리의 진짜 자아와 아주 많이 닮게 된다. 진짜 자아의 본질을 유지하고 싶은 이 욕구는, 가상 아바타에서 가장 뚜렷하게 나타나게 된다. 심지어 이와 비슷한 욕구는 우리가 온라인과 오프라인 '두 세계 모두'에서 자신의 성격적 특성을 보여줄 수 있는 다양한 방법을 찾도록 유도할 것이다. 이 두 가지 현상의 결과는 명백하다. 디지털 세계와 현실 세계에서 자신의 정체성을 형성함으로써 우리의 참된 정체성이 멀티버스 공간에 존재하게 된다.

◆◆◆ 퓨처 노멀을 준비하는 3가지 질문 ◆◆◆

1. 가상 아바타를 만든다고 해보자. 당신의 현실 속 정체성을 구성하는 요소 중에서, 아바타에 똑같이 주입하고 싶은 것은 무엇이고 변화를 주고 싶은 것은 무엇인가?
2. 현실 세계에서는 일면식도 없고 오직 디지털 방식으로만 상호 작용하는 사람이 많아진다고 생각해보자. 사적으로 그리고 업무적으로 우리의 관계는 어떻게 진화할까?
3. 가상 아바타가 더욱 보편화된다면, 사람들이 특히 젊은 사용자가 가상 아바타를 오용하거나 가상 아바타에 중독된 행동을 보일지도 모른다. 우리는 이러한 오남용이나 중독과 관련해 어떤 부작용을 예상해야 할까?

HOT 2

몰입형 엔터테인먼트

> "
> 엔터테인먼트를 단순 소비하는 것을 넘어
> 엔터테인먼트의 일부가 된다면?
> "

미국의 싱어송라이터 테일러 스위프트Taylor Swift는 데뷔 초부터 15년 넘게 팬심을 자극해 '덕후'를 만드는 독특한 행보를 계속한다. 자신의 노래는 물론이고 글과 동영상 같은 소셜 미디어 게시물에 비밀 메시지, 단서, 퍼즐 등을 남기는 것이다. 이에 수천만 팬은 숨은 그림 찾기 하듯이 실마리를 찾으며 의미를 해석하는 것으로 호응했다. 이러한 복선은 신중하게 계산됐고 가끔은 창조성의 향연을 보여준다. 한번은 스위프트 팀이 스위프트의 '음악적 고향'인 테네시주 내슈빌에 나비 벽화를 그렸다. 그리고 스위프트는 팬들이 그 비밀 장소의 의미를 정확히 해독한 대로, 새 앨범을 홍보하기 위해 그곳에 깜짝 등장했다. 또 한번은 스위프트가 일련의 온라인 영상 속에서 '라떼식' 빙고 게임

퓨처 노멀

을 통해 신곡 제목들을 공개했고, 이것이 소소하지만 짜릿한 팬서비스가 됐다. 이러한 모든 장치는 스위프트가 팬 참여를 이끌어내는 영리한 전략이다. 어떤 기자는 이를 두고 스위프트가 "자신만의 신화를 창조"했다고 말했다.[1] 스위프트의 노력은 오프라인 행사, 독점 영상, 디지털 경험 등을 아울렀다. 또한 수많은 소셜 미디어 플랫폼 전반으로 확장해 자신만의 메타버스 세계관을 구축했다. 이는 기회가 있을 때마다 충성 커뮤니티를 참여시키는 완전한 디지털 멀티플랫폼 유니버스다.

스위프트가 오랫동안 팬들을 위해 다져온 세계관에서 우리는 엔터테인먼트 부문의 퓨처 노멀에 관한 단서를 찾을 수 있다. 심화된 몰입이다. 라이브 공연은 당연히 일종의 감각적 몰입 경험을 제공한다. 이제는 라이브 공연 말고도, 우리가 경험에 아주 깊이 들어갈 수 있는 기회의 문이 하나둘 빠르게 열리고 있다. 이것이 바로 몰입형 엔터테인먼트가 약속하는 미래다. 그리고 이 중심에 테크놀로지가 있다. 이제는 단순히 눈으로 공연을 즐기는 시대는 막을 내렸다. 비록 테크놀로지가 증강시켜주는 경험이지만 그럼에도 라이브 공연의 재미를 고스란히 즐길 수 있다. 날것 그대로를 생생하고 물리적으로 체험하며 기억에 남는 방식으로 공연의 일부가 될 수 있다는 이야기다. 잃어봐야 소중함을 안다는 말도 있지 않은가. 우리는 코로나19 팬데믹 동안 봉쇄 조치로 발이 꽁꽁 묶였던 터라 오늘날에는 실제 경험이 갖는 힘이 훨씬 귀중하게 다가온다. 캐나다의 저널리스트이자 논픽션 작가인 데이비드 색스David Sax는 《디지털이 할 수 없는 것들The Future Is Analog》에서 이렇게 주장한다.[2]

"인간으로서 우리는 공연을 직접 보고, 군중으로 들어가고, 군중의 일부로서 모든 것을 경험하고 싶은, 무언의 본질적인 욕구를 가진다."

최근 들어 그림을 더욱 현실감 있는 몰입 경험으로 변신시켜주는 미술 전시회의 인기가 뜨겁다. 이런 인기의 근저에는 경험 속에 흠뻑 빠지고 싶은 인간적인 욕구가 자리한다. 지난 몇 년간 최소 다섯 곳의 기획사가 빈센트 반 고흐Vincent van Gogh의 작품에 영감을 받은 전시회를 앞다퉈 개최했다. 가장 성공적인 전시회 중 하나인 〈반 고흐 전시회: 몰입형 경험Van Gogh Exhibition: The Immersive Experience〉에서 관람객은 반 고흐의 대표 작품들이 살아있는 듯 움직이는 영상 속을 거닌다. 이 몰입형 전시회는 개막전을 시작으로 전 세계 8개국 수십 개 도시에서 구름 관람객을 불러모으며 매진 행진을 이어갔고, 3억 달러에 가까운 매출을 올렸다.[3] 반 고흐만이 아니다. 오스트리아를 대표하는 화가 구스타프 클림트Gustav Klimt와 스페인의 초현실주의 화가 살바도르 달리Salvador Dali 같은 여타 거장의 작품에 기반을 두는 비슷한 몰입 체험형 전시회도 열리고 있다.

몰입형 체험은 미술 전시회에 국한되지 않는다. 공연 예술계도 한층 심화된 몰입 경험을 제공할 방법을 찾아 분주하다. 또한, 방법에 따라 최첨단 기술을 사용하지 않고도 몰입형 경험을 충분히 제공할 수 있다. 몰입형 엔터테인먼트가 얼마나 개인화될 수 있는지를 보여주는 극단적인 사례가 있다. 2020년 '경험 제작자Experience Maker' 야니크 트랩먼-오브라이언Yannick Trapman-O'Brien은 "관객 한 명을 위한 심리 스릴러"라고 소개하는 〈서명자Undersigned〉를 제작했다.[4] 이 공연에 참여하는 1인 관객은 극장에 도착하는 즉시 일련의 질문을 받는다. 그리고 자신의 답변에 기초해서 오직 자기에게만 맞춤화된 공연에 참여한다.

관객이 수동적으로 자리에 앉아 공연을 즐기는 전통적인 관람 방식에 만족하지 못한 많은 회사도 팔을 걷어붙이고 나섰다. 이러한 기업은 전신 햅틱 슈트Haptic Suit를 만들기 위한 기술 개발에 박차를 가한다. 전신 햅틱 슈트를 착용하면 특정 경험과 관련 있는 감각을 전신에서 실제로 '느낄' 수 있다. 이러한 기술의 초기 적용 사례는 게임 산업과 스포츠 분야가 제공한다. 게임 업계는 더욱 몰입적인 비디오 게임 경험을 제공하기 위해, 스포츠 업계는 '직관' 스포츠 팬에게 새로운 차원의 경험을 제공하기 위해 시험 중이다. 한 걸음 더 나아가 보자. 선수가 헬멧 카메라를 착용하고 경기할 수 있는 기술이 개발된다고 하자. 이 기술이 햅틱 기술과 만난다면 어떤 미래가 가능할까? 연결된 팬이 실제 선수의 관점에서 스포츠를 관전하고 선수가 느끼는 것을 똑같이 느낄 수 있지 않을까. 언젠가는 말이다. 이는 사실상 관객 자신이 경기를 직접 뛰는 것에 가장 가까운 경험일 것이다.

몰입형 엔터테인먼트가 정착되는 퓨처 노멀에서는 이러한 경험을 단순히 '엔터테인먼트'라고 부르기에는 무리가 있을 것이다. 오히려 우리의 주변 현실을 새롭게 창조하고 우리가 바깥 세상이 존재하는지조차 잊게 만드는 힘을 가질 수 있다. 아니, 최소한 우리가 몰입하는 짧은 시간만이라도 우리에게 새로운 세계를 통째로 선물하게 된다. 훌륭한 모든 공연에서 이제껏 즐겨왔던 다양한 감정을 훨씬 깊고 더욱 심오한 방식으로 경험하기 위해 우리가 일시적으로 거주하는 세계 말이다. 요컨대 우리는 그 이야기 안에서 '살아갈' 수 있을 것이다.

미래선도자: 아바의 보이지

2022년 5월 스웨덴의 전설적인 4인조 팝그룹 아바ABBA가 자신들의 경력에서 가장 야심찬 콘서트 투어의 신호탄을 올렸다. 40년만의 '완전체' 귀환이었다. 널리 알려진 대로 1982년 아바는 더 이상 콘서트는 없다며 돌연 활동 중단을 선언했고 멤버들은 각자의 길로 갈라섰다. 실제로도 멤버 전원이 한 무대에서 뭉친 적은 '없었다'. 적어도 현실에서는 그랬다. 그렇다면 보이지Voyage로 명명된 이 컴백 무대는 어떻게 된 걸까? 멤버들이 자신들의 아바타ABBAtar라고 부르기 시작한 디지털 아바타가 등장하는, 가상 현실Virtual Reality, VR 콘서트였다. 라이브 밴드의 연주에 맞춰 아바의 디지털 아바타들은 새로운 경험을 선사했다. 이를 두고 대중문화 잡지 〈롤링스톤Rolling Stone〉은 "신비롭고 기괴할 정도로 현실적"이라고 묘사했다.[5]

아바의 보이지는 물리적인 세계와 디지털 세계를 결합시켜 탄생한, 완전히 새로운 엔터테인먼트 경험이다. 먼저 70대인 멤버 네 명의 1970년대 전성기 시절 모습을 디지털 기술로 완벽히 재현한 아바타들을 통합시킨다. 그런 다음 아바의 무대를 학수고대했던 열혈 팬들이 보는 앞에서 가상 아바타들이 무대에 올라 가장 사랑받았던 히트곡들을 열창한다.

기타와 보컬을 담당했던 비에른 울바에우스Björn Ulvaeus에 따르면, 멤버들은 컴백 콘서트가 "촌스러운 서커스 묘기"[6]처럼 되지 않도록 제대로 준비하고 싶었다고 한다. 이에 그들은 인더스트리얼라이트앤드매직Industrial Light & Magic을 참여시켰다. 〈스타워즈Star Wars〉를 비롯해

━ 아바의 보이지 디지털 '아바타'.(출처: www.abbavoyage.com)

많은 할리우드 영화에서 특수 효과를 담당했던 회사였다. 앙네타 펠트스코그Agnetha Fältskog(보컬), 비에른 울바에우스, 베뉘 안데르손Benny Andersson(키보드, 보컬), 안니-프리드 륑스타Anni-Frid Lyngstad(보컬)는 5주 동안 스톡홀름의 한 녹음실에서 구슬땀을 흘리며 노익장을 과시했다. 멤버들은 160대의 3D 특수 카메라에 둘러싸여 노래를 부르고 춤을 추었고, 덕분에 제스처, 표정, 무대에서의 움직임 등을 고스란히 담아 낼 수 있었다. 그리고 이러한 기초 데이터Raw Data를 기반으로 멤버 각 자의 아바타가 탄생했다. 가상 아바타 무대가 기술적으로 복잡한 것이 야 두말하면 잔소리였다. 이에 더해, 매우 정밀한 무대 연출도 필요했 다. 결국 아바는 런던 동부의 퀸엘리자베스올림픽공원에 3,000석 규모 의 전용 공연장 아바아레나ABBA Arena를 짓기로 결정했다.[7]

아바 보이지는 개막 콘서트가 열리기도 전에 38만 장 이상의 입장 권이 사전 판매되는 등[8] 단시일에 대성공을 거두었다. 가장 인기 있는 입장권 중 하나는 댄스 부스Dance Booth였다. 이것은 10~12명이 아바타들의 음악과 공연에 맞춰 마음껏 춤으로 흥을 발산할 수 있는 댄스 플로어가 마련된 독립 공간이었다.

"나는 진심으로 딱 한 가지만 중요했어요. 좋은 무대를 보여줄 수 있을지는 걱정 하지 않았어요. 우리가 직접 공연하지 않는 것에 관객이 어떻게 반응할지, 이것 만 중요했어요. 무슨 말씀인지 아시죠? 관객이 아바타 콘서트를 단순한 영상이 라고 생각하면 어떡하지? 당신이라면 영상을 보고 박수칠까요? 당신은 영화에 박수를 칩니까? 당연히 아니겠죠. 우리가 이번 콘서트에서 보여주고 싶은 것에 관객이 깊이 빠져들게 될까요?"

_베뉘 안데르손, 아바의 멤버[9]

안데르손의 걱정은 기우였던 것 같다. 아바의 보이지 공연은 요즘 말로 '찢었다'. 이 책을 쓰는 현재를 기준으로, 공연은 1년 넘게 순항 중이다. 또한 엔터테인먼트 산업에 더욱 몰입적인 경험을 창조하기 위해 투자하라고 영감을 준다. 이뿐만 아니라 아바의 가상 콘서트는 이러한 유형의 공연에 대한 관객 수요를 가속화시키고 있다.

몰입형 엔터테인먼트에 앞장서는 회사가 또 있다. 개장 이래 수십 년 동안 자사 테마공원에서 몰입형 경험을 제공하며 팬들에게 기쁨을 선 사해온 월트디즈니다. 이렇듯 몰입형 경험이라면 일가견이 있는 디즈 니가 2020년 새로운 시도를 감행했다. 자사의 일부 영화를 테마로 인 터랙티브 경험을 창조하겠다는 목표를 세운 것이다. 이를 위해 런던 에 기반을 두는 체험형 극장 회사 시크릿시네마Secret Cinema와 손을 잡 았다. 시크릿시네마는 영화를 현실의 공연장으로 옮겨와 실사로 구현하는 몰입형 무대로 명성이 높다. 월트디즈니와 시크릿시네마가 협업의 첫 주자로 선정한 경험은 마블유니버스Marvel Universe의 실사판이었다. 이것은 〈가디언즈 오브 갤럭시Guardians of the Galaxy〉 프랜차이즈를 중심으로 제작돼 2022년 9월에 첫선을 보였다.[10] 이번 쇼도 시크릿시네마가 제작한 여타 공연과 다르지 않았다. 관객이 스토리라인에 직접 참여하는 것은 물론이고 직접 캐릭터까지 만들 수 있다.

위의 사례 모두는 하나를 가리킨다. 사람들은 자신들을 더욱 개인화된 몰입적 체험의 한복판으로 열렬히 초대하는 경험에 참여하고픈 욕구가 커진다. 따라서 엔터테인먼트 경험의 퓨처 노멀은 쉽게 그려볼 수 있다. 집이나 극장에서 편히 앉아 대형 화면을 수동적으로 보는 것만으로는 만족하지 못한다. 이처럼 보다 수동적인 경험과, 직접 참여하고 상호 작용하고 춤추는 등 실질적이고 가시적인 방식으로 순간에 몰입할 수 있는 경험 사이에 균형을 맞추려는 노력이 증가하리라 예상한다.

퓨처 노멀을 준비하는 3가지 질문

1. 미래에는 더욱 깊은 참여와 몰입을 원하는 사람이 증가할 수 있다. 이들을 만족시키기 위해 모든 엔터테인먼트 경험을 재구성해 다양한 채널에서 제공한다면 어떻게 될까?
2. 공연자가 디지털 아바타 또는 홀로그램 '공연자'와 컬래버레이션한다면 (또는 대체된다면) 우리가 엔터테인먼트를 경험하거나 즐기는 것이 어떻게 달라질까?
3. 생사를 떠나 어떤 공연 예술인이든 가상 현실 기술을 활용해 무대로 재소환할 수 있는 세상이 도래한다고 가정하자. 이럴 경우 새롭게 떠오르는 신예가 과거의 전설적인 거장과 어떻게 경쟁할 수 있을까?

HOT 3

검증된 미디어와
콘텐츠

> 66
>
> 우리가 소비하는 미디어와 콘텐츠를
> 완벽히 믿을 수 있다면?
>
> 99

2017년 11월 외설적인 성인물에서 무언가가 탄생했다. 마치 지니가 램프에서 빠져나온 것 같았다. 딥페이크Deepfake였다(정말로 딥페이크의 기원이 포르노다). 그해 11월 미국의 소셜 뉴스 최대 커뮤니티 사이트 레딧Reddit의 한 익명 사용자가 '/r/deepfake'라는 서브레딧SubReddit을 개설했다. 이 서브레딧은 인공지능을 활용해 이스라엘 배우 갤 가돗Gal Gadot과 미국의 유명 배우 스칼렛 조핸슨Scarlett Johansson의 얼굴을 유명 에로물 배우들의 몸과 합성시킨 일련의 성인 비디오를 게시했다. 이 영상은 모두 가짜였지만, 진짜로 착각될 만큼 정교했다.[1] 이렇게 2017년이 저물어갈 즈음 딥페이크가 세상에 등장했다.

시간을 6년 후로 빨리 돌려보자. 그동안 딥페이크 또는 합성 미디어

Synthetic Media(인공지능이 생산하거나 조작하는 미디어)는 주류로 부상했다. 영상 콘텐츠 스트리밍 플랫폼 훌루Hulu는 코로나19 팬데믹 중에 자사의 스포츠 생중계 프로그램을 홍보하기 위해 '더딥페이크The Deepfake'라는 광고 캠페인을 선보였다. 당시는 스타 운동선수가 너나없이 봉쇄 조치로 '집콕' 중이라 훌루는 진짜 운동선수가 나오는 전통적인 광고를 제작할 수 없었다. 이에 훌루는 '꿩 대신 닭' 전략을 선택했다. 한눈에도 대역임이 분명한 사람들의 몸에 이들 선수의 얼굴 이미지를 뻔뻔하게 덧입힌 것이다. 광고는 이들이 빵 만들기, 우쿠렐레 배우기 같이 코로나19 팬데믹 시절의 '뉴노멀' 활동을 하며 소일하는 장면으로 시작한다. 그러다가 라이브 스포츠가 재개한다는 내레이션이 나오고, 이들은 곧바로 하던 일을 집어던지고 본업으로 돌아간다.[2] 제목부터 대놓고 가짜를 선언한 훌루의 딥페이크 광고는 팬데믹 시절 광고 촬영의 한계를 우회하는 기발한 발상이었다. 아니, 최소한 이번에는 가짜 영상에 동원된 사람들 모두 유쾌한 서사를 만들기 위해 기꺼이 출연했다. 하지만 지난 수년간 딥페이크 사례 대부분은 의도가 그리 순수하지 않았다. 가령 기술이 발전하는 것에 발맞추어 딥페이크는 범죄자와 정치인이 사랑하는 디지털 무기로 부상했다. 국민 1인당 하루 평균 소셜 미디어 사용 시간이 세계 최대인 필리핀에서는[3] 가짜 미디어Faked Media가 퍼뜨리는 잘못된 정보Misinformation가 지난 몇 차례 대통령 선거에서 당선자를 결정짓는 중요한 요소였을 정도였다.[4] 오죽하면 페이스북의 한 경영자가, 필리핀을 허위 정보Disinformation 즉 가짜 뉴스의 세계적인 대유행을 촉발한 '최초 감염자Zero Patient'라고 지목했다. 이렇다 보니 필리핀은 조작된 허위 정보가 대중 여론에 영향을 미치는 무제한적인 힘에 경각심을 일깨우는 교훈적인 사례로 걸핏하면 소환된다.

한편 최근에 딥페이크 기술을 좀 더 참신한 방식으로 선거 운동에 활용한 나라도 있었다. 세계에서 평균 인터넷 속도가 가장 빠른 한국이다. 2022년 대통령 선거에서, 국민의힘 윤석열 후보의 대선 캠프는 약 20시간에 걸쳐 녹화한 후보의 영상을 활용해 딥페이크 콘텐츠를 제작했다. 이른바 AI 윤석열은 "젊은 유권자의 마음을 얻기 위해 톡톡 튀는 말투에 밈과 짤로 재생산될 수 있는 희화적 행동을 선보였다".[5] 결과적으로 말해 가상 아바타 전략은 먹혀들었다. 윤석열은 2022년 3월 제20대 대통령으로 당선됐다.

어쨌거나 이제는 딥페이크의 폐해를 두고 볼 수 없다며 전 세계가 딥페이크와의 전쟁에 돌입하는 모양새다. 세계 곳곳의 정부가 우후죽순 생겨나는 조작된 콘텐츠를 억제하고 처벌하기 위해 유사한 법적 조치를 강구한다. 예컨대 2019년 말, 조작된 미디어가 여론에 악영향을 미칠 가능성을 우려했던 미국 캘리포니아주는 딥페이크에 초점을 맞춘 두 개의 법률을 통과시켰다. 먼저, AB730은 선거 60일 이내 정치인의 딥페이크를 배포하는 행위를 불법화한다. 그리고 AB602는 딥페이크 음란물의 피해자가 제작자를 상대로 소송을 제기할 수 있는 권한을 허용한다.[6] 또한 중국의 국가인터넷정보판공실은 인공지능이 생산하거나 조작한 모든 콘텐츠는 워터마크(디지털 표식)로 명확하게 표시하도록 강제하는 규정을 도입했다.[7]

딥페이크는 다른 얼굴도 있다. 디지털 시대에서 우리 앞에 놓인 훨씬 더 큰 사안의 전조이다. 가짜 또는 조작된 미디어가 대중의 신뢰를

퓨처 노멀

어떻게 갚아먹을까? 더 중요하게는, 무엇이 진짜인지 어떻게 '확인할' 수 있을까? 법률과 규제만으로는 이 문제를 해결할 수 없다. 오늘날은 소셜 미디어가 증가하고 세상 어디서든 누구든 미디어를 생산하고 유통시킬 수 있다. 이런 환경은 우리가 자신이 접하는 정보의 신뢰성을 결정하는 능력을 약화시킨다. 글로벌 커뮤니케이션 및 PR 에이전시 에델만Edelman은 해마다 전 세계 국가의 신뢰 현황에 관한 보고서를 발행한다. 특히 2022년 에델만신뢰도지표조사Edelman Trust Barometer에 따르면, 전 세계 응답자의 75퍼센트는 '가짜 뉴스'가 사회의 근간을 뒤흔드는 무기로 사용되는 것을 걱정한다.[8] 이것은 기우가 아니다. 가짜 뉴스는 충분히 우려할 만하다. 2018년 MIT 소속 연구가들이 발표한 유명한 보고서가 이에 대한 증거를 제시한다. 허위 정보는 진실보다 100배 더 멀리 6배 더 빨리 확산하고, 무엇보다 정치적인 거짓 정보는 여타 오정보보다 3배나 더 빠르게 퍼진다는 것이다.[9]

합성 미디어의 규모는, 더욱 강력한 새로운 도구가 등장하고 널리 보급되는 것에 편승해 꾸준히 증가할 걸로 예상된다. 가령 2020년 비영리 인공지능 연구 기업 오픈AIOpenAI가 GPT-3의 베타Beta 버전을 출시했다. 이것은 인공지능에 기반한 혁신적인 고성능 언어 모델로 신뢰도 높은 텍스트를 생성할 수 있다. 이 도구의 위력을 단적으로 보여주는 사례가 있다. 영국 일간지 〈가디언The Guardian〉은 인간의 도움 없이 처음부터 끝까지 GPT-3가 써낸 칼럼을 기명 사설란에 실었다. 제목은 이렇다.

"로봇이 이 글 전체를 작성했다. 아직도 두려운가, 인간?"[10]

더욱이 2022년에는 텍스트 명령어에 기반해 이미지와 동영상을 생산하는 몇몇 도구가 대중에 공개됐다. 대부분은 음란물을 생산하거나 유명인 또는 정치인의 사진을 도용하는 것을 금지하지만, 이러한 금지 조치가 초기 사용자를 억제시키는 효과는 없었다. 예를 들어 러시아-우크라이나 전쟁 초기, 우크라이나의 볼로디미르 젤렌스키 Volodymyr Zelensky 대통령이 국민들에게 무기를 버리고 러시아 침략자에게 항복하라고 촉구하는 내용의 동영상이 유포됐다.[11] 다행히도 젤렌스키의 항복 동영상은 매우 조잡해 속은 사람이 거의 없었다. 하지만 인공지능을 이용한 딥페이크 기술을 악용할 때의 잠재적인 위험에 경종을 울리기 충분했다.

조작된 콘텐츠를 생산하고 확산시키기가 갈수록 쉬워진다. 이것은 우리 모두에게 시급한 숙제를 안겨준다. 진짜와 가짜 콘텐츠를 가려내고 검증하는 일이다. 얼핏 생각하면 진짜와 가짜, 진위를 확인하는 것이 불가능해 보일지도 모르겠다. 하지만 악의를 가진 사람이 진짜 같은 합성물을 만들기 위해 테크놀로지를 사용한다는 사실을 역이용하면 해결책이 없지는 않다. 다른 말로, '가짜 만드는' 기술 자체가 그들의 속임수를 노출시키는 '가짜 감별사' 도우미가 될 수도 있다. 단순한 희망이 아니다. 이미 이러한 노력이 진행 중이다. 더욱이 조작과 합성을 실시간으로 판별해서 표시하기 위해 가짜 미디어의 디지털 발자국 Digital Footprint을 추적하는 서비스가 늘어날수록 이러한 노력에 가속도가 붙을 것이다. 또한 이러한 도구가 보편화된다면 종국에는 우리가 특정 콘텐츠를 맹목적으로 받아들이기 전에 신뢰할 수 있는 제 3자 검증을 찾는 일에 더욱 익숙해지게 된다. 하지만 여기서도 고려할 점이 있다. 콘텐츠를 공유하는 사람의 진실성 여부가 실시간으로 전달되지 않는다면? 이럴 때는 건전한 수준으로 계속 의심하는 현상이 커질 수밖에 없다(아니, 이렇게 되기를 간절히 희망한다). 이러한 즉각적인 검증 도구와 모든 사람이 더 높은 수준의 미디어 리터러시Media Literacy*를 원하는 현상을 결합시켜 보면 결론은 빠하다. 검증된 미디어라는 이 개념은 퓨처 노멀에서 명실상부한 일부가 될 것이다.

미래선도자: 트루픽

트루픽Truepic이라는 회사를 들어본 적 있는가? 사진과 동영상에 대한 신뢰 회복을 목표로, 2015년 미국 캘리포니아주 샌디에이고에 설립된 스타트업이다. 쉽게 말해 트루픽은 디지털 콘텐츠의 검증 서비스를 제공한다. 그렇다면 검증은 어떤 식으로 이뤄질까? 트루픽이 제공하는 무료 카메라 앱에서 시작한다. 이 앱은 촬영된 사진이나 동영상에 시간과 장소 같은 다른 데이터를 설명해주는 '메타데이터Metadata'를 자동으로 생성시키고, 이 디지털 지문을 트루픽으로 전송한다. 그리고 트루픽은 앱이 전송해준 사진과 동영상을 검증하고 서버에 업로드한다.[12] 2020년 말 트루픽은 세계 최대 모바일 반도체 기업 퀄컴Qualcomm과 파트너십을 발표했다. 이로써 사진이나 동영상이 촬영된 시간과 장소에 관한 메타데이터가 퀄컴 칩의 펌웨어Firmware에 직접 저장하는 길이 열렸다. 이는 다시, 사용자는 '검증 가능한' 사진이나 동

---

* 매체 이해력, 문해력. 다양한 미디어 매체를 이해할 수 있는 능력을 말한다.

영상을 촬영할 수 있다는 뜻이다.[13] 이것은 매우 중요한 의미가 있다. 퀄컴은 애플을 제외한 안드로이드 진영의 거의 모든 스마트폰(삼성, 구글, 샤오미, 마이크로소프트, LG, 중국의 스마트폰 제조업체 원플러스, 모토롤라)을 작동시키는 칩을 생산하기 때문이다. 즉, 진짜를 검증하는 트루픽 기술이 수십억 개의 스마트폰에 탑재돼 사용될 것이다. 이뿐만 아니라 2022년 트루픽은 세계 최초 모바일 카메라용 소프트웨어 개발 키트, 트루픽렌즈Truepic Lens를 출시했다. 이것은 이미지를 사용하는 모든 앱이 트루픽의 검증된 메타데이터를 앱의 카메라 기능에 직접 통합하게 해주는 기술이다. 쉽게 말해 해당 이미지가 원본임을 보증해준다.

> "우리는 (허위 정보에 대한) 솔루션을 하루라도 빨리 구축하기 위해 노력하고 있어요. 이 모든 것이 오직 민주주의 전체를 위해서죠. 우리는 막중한 사명감을 느끼고 이 일에 깊이 헌신합니다."
>
> _제프리 맥그레거Jeffrey McGregor, 트루픽의 CEO[14]

트루픽의 기술에 대한 잠재적인 사용 사례Use Case를 예상하는 것은 어렵지 않다. 사실상 이 도구를 조기에 도입한 이른바 얼리 어답터는 이미 사용자 사례를 확보했다. 비정부 기구NGO와 시민 기자Citizen Journalist가 분쟁 지역에서 검증 가능한 동영상을 촬영하기 위해 트루픽 앱을 사용한다. 심지어 〈뉴욕타임스New York Times〉는 트루픽은 물론이고 여타 비슷한 기술을 실험해오고 있다.[15] 게다가 가입자가 보험금을 청구할 때 제출하는 이미지의 진위 여부를 확인하는 데에 경제적인

위도
30.344436

확인됨

경도
-81.666527

확인됨

Timestamp
서버/이미지

일치함

SHA 256HASH
현재

확인됨

위도
37.530421

━ 트루픽이 검증한 영상 사례.(출처: 트루픽)

이해 관계가 깊이 얽혀 있는 보험 업계도 트루픽의 기술에 관심이 많다. 이커머스eCommerce, 데이팅 앱, 부동산 사이트 등등 P2PPeer-to-Peer 플랫폼을 포함해 다른 부문도 이미지의 진위 여부를 판별해주는 기술에 도움을 받을 수 있다.

우리 삶이 그 자체로 콘텐츠가 아주 풍부하다는 점에서 볼 때, 미디어를 더욱 쉽게 신뢰할 수 있을 때의 장점은 막대하다. 1995년 미국의 정치경제학자 프랜시스 후쿠야마Francis Fukuyama가 《트러스트》를 집필했을 당시만 해도 소셜 미디어는 사회의 신뢰성에 영향을 주는 요소가 아니었다. 하지만 후쿠야마의 핵심적인 주장은 거의 한 세대가 흐른 지금도 유효하다. 불신이 만연한 저低 신뢰 사회는 경제학적으로 (또는 사회학적으로) 번영할 수 없는 공간이다.[16] 하지만 디지털로 공유

되는 이미지, 동영상, 언어 등이 우리가 이러한 것을 소비하는 순간에 진위 여부를 검증할 수 있다고 상상해보자. 우리 미래의 표준적인 사회가 더욱 신뢰하고 더욱 정직한 공간이 되지 않을까? 퓨처 노멀에서는 사회의 전반적인 신뢰 수준이 높아지지 않을까? 반대로 사리사욕을 위해 우리를 조작하고 조종하려는 무리의 힘은 억제되고 말이다.

◀ 퓨처 노멀을 준비하는 3가지 질문 ▶

1. 딥페이크 또는 가공 콘텐츠Modified Content를 더욱 긍정적이고 유익하게 사용할 수 있는 상황을 생각해보자. 어떤 것이 있을까? 딥페이크와 가공 콘텐츠는 진위 인증이 반드시 필요할까?
2. 모든 미디어가 사전 검증된 이미지와 영상만 공개할 수 있다면 어떻게 될까? 이것이 표현의 자유에 어떤 영향을 미칠까?
3. 미디어 검증 모델을 시행한다고 가정하자. 관련 규칙의 상습적인 위반자에게는 어떤 조치를 강구할 수 있을까? 그리고 이런 조치를 어떻게 시행할 수 있을까?

HOT 4

스텔스 학습

"

**동영상과 게임을
자기 학습의 도구로 사용할 수 있다면?**

"

세대마다 고유한 도덕적 공황, 즉 '모럴 패닉Moral Panic'이 있다. 최근의 모럴 패닉은 숏폼Short Form의 원조인 동영상 소셜 미디어 플랫폼 틱톡TikTok이 진앙지처럼 보인다. 틱톡의 강력한 인공지능은, 사용자의 호불호에 신속하게 초점을 맞추고 사용자에게 융단폭격을 퍼붓듯 짧은 동영상을 끝없이 제공한다. 국가 안보를 우려하는 정책 입안자부터 날로 심화하는 소셜 미디어 중독을 걱정하는 부모에 이르기까지, 모두가 틱톡의 인공지능에 위기감을 느끼며 경계의 눈길을 보내는 실정이다. 물론 우려할 만한 충분한 근거가 있다. 하지만 오늘날 틱톡을 1분짜리 댄스 챌린지 동영상일 뿐이라고 치부하는 것은 커다란 오산이다. 이보다 훨씬 많은 것을 제공한다. '#틱톡교실LearnOnTikTok' 해시

태그가 달린 동영상은 통틀어 4,000억 뷰 이상의 조회수(이 글을 쓰는 현재 기준)를 기록한다.[1] 사용자는 원하는 모든 주제에 관한 교육 동영상을 시청할 수 있다. 과학 실험, 역사적 사건, 의학, 정신 건강, 언어, 개인 자산 관리 등등. 틱톡의 발상지 중국에서 틱톡*은 교육 콘텐츠를 동영상 피드에서 통합하고 14세 이하의 하루 사용 시간을 40분으로 제한하는 청소년 모드를 운영한다.[2]

틱톡은 코로나19 팬데믹 중에 교육 콘텐츠를 게시하는 크리에이터를 지원하기 위해 5,000만 달러의 크리에이티브러닝펀드Creative Learning Fund를 조성하다고 발표했다.[3] 틱톡이 짧고 빠르게 학습할 수 있는 마이크로러닝Microlearning 분야에 진출한 것은 당연한 수순이다. 지난 10년간 유튜브에서 가장 인기 있는 콘텐츠의 상위 순위에 하우투How-To 동영상은 늘 몇 개씩 포함됐다. 유명한 테드 콘퍼런스TED Conference의 대표이자 수석 큐레이터인 크리스 앤더슨Chris Anderson은 이러한 현상을 동영상의 학습 효과와 연결시키는 해석을 내놓았다. 풍부한 동영상이 학습 과정을 민주화하고 가속화시킴으로써 창작 분야와 사회의 모습을 극적으로 변화시킨다고 말이다.[4] 우리의 일상적인 온라인 삶에 학습이 유연하게 뿌리 내리게 해주는 도구는 소셜 미디어 동영상만이 아니다. 가령 비디오 게임은 수백만 명의 청소년 플레이어에게 동영상처럼 은밀한, 그러면서도 인터랙티브 기능이 강화된 '스텔스 학습Stealth Learning**' 경험을 제공한다.

---

* 중국은 틱톡의 중국판인 더우인Douyin, 抖音만 사용할 수 있다.
* 잠행 학습. 사전적 의미는 학습자가 재미있게 배울 수 있는 체험형 학습 환경을 조성하기 위해 교육자가 게임 같은 비전통적인 도구를 사용해 학습 목표를 추구하는 것을 말한다.

더러는 배우기 위해 굳이 의식적으로 주의를 기울이지 않아도 된다. 조지아공과대학교 산하 컨텍스트기반컴퓨팅그룹Contextual Computing Group 소속 연구가들은 손가락에 전기 펄스를 전달하는 부드러운 로봇 글로브를 사용해 "(학습자가) 주의력을 기울이지 않은 상태에서 손 기술을 가르치는 것"[5]에 관한 다양한 실험을 공개했다. 이것은 수동 햅틱 학습이라고 알려져 있다. 실험 참가자들은 로봇 글로브를 착용했을 뿐인데도 초인간적인 결과를 달성했다. 몇 시간 만에 점자를 읽고 채 30분도 지나지 않아 피아노를 연주할 수 있게 됐다. 이러한 유형의 혁신은 교육 현장을 넘어 우리의 일상생활에까지 깊이 파고들어서 갈수록 광범위하게 사용되고 있다. 따라서 테크놀로지가 주도하는 이러한 스텔스 학습이 배움의 기회를 확대시키는 효과를 기대할 수 있다. 즉 자신의 삶과 궁합이 잘 맞는 방식으로 새로운 기술과 지식을 습득하고 평생 학습을 실천하는 사람이 증가할 것이다.

스텔스 학습의 효과는 여기서 그치지 않는다. 사용자가 이미 소비하는 콘텐츠와 경험을 통하되 예상하지 못한 방식으로 콘텐츠를 제공한다면 어떻게 될까? 교육 콘텐츠를 더 널리 확산시키고 지식 획득을 가로막는 장벽을 완화시킬 수 있다. 요컨대 스텔스 학습은 일종의 균형추로써 인간 사회의 오랜 고질병인 불평등을 해소하는 신의 한 수가 될 가능성이 크다.

때로는 사람들에게 엔터테인먼트를 제공하는 플랫폼에서도 사용할 수 있는 이런 교육 콘텐츠가 퓨처 노멀이 된다고 상상해보자. 우리가 기술을 더욱 신속하게 획득할 뿐만 아니라 기술을 획득하는 과정 자체가 즐거운 경험이 될지 누가 알겠는가. 더 나아가서는 모두가 '교실'

안팎에서 훨씬 더 빨리, 더 즐겁게 모든 것을 배우고 싶다고 기대하지 않을까?

미래선도자: 로블록스

주변에 16세 이하 어린이나 청소년이 있는 사람은 로블록스Roblox라는 말을 들어봤을 것이다. 로블록스는 사용자가 게임을 프로그래밍하고 또한 타 사용자가 개발한 온라인 멀티플레이어 게임에 참가하게 해주는 플랫폼으로 2006년에 출시했다. 하지만 인기가 급상승한 것은 최근이었다. 코로나19 팬데믹에 따른 봉쇄 조치로 외부 활동이 제한되고 집안에서 보내는 시간이 많아지자 지루해진 아이들이 너도나도 로블록스로 몰려들었다. 한마디로 팬데믹이 키운 게임 플랫폼이다. 성공의 일등 공신은 로블록스에서 즐길 수 있는 게임이 방대하다는 점이다. 2023년 초 로블록스에 등록된 게임이 4,000만 개가 넘는다.[6] 로블록스의 강력한 무기는 또 있다. 게임을 직접 만드는 사용자는 자신의 게임이 창출하는 수익-기능을 설정하는 애드온Add-on과 업그레이드 같은 '게임 내 구매In-Game Purchase'를 통해-에서 일부를 배당받는다.

번창하는 이 가상 경제Virtual Economy 덕분에 로블록스는 팬데믹 기간 동안 가장 성공한 기업공개IPO 중 하나가 됐다. 로블록스는 2021년 3월 뉴욕증권거래소NYSE에 상장 후 1주일 만에 주가총액이 무려 420억 달러에 달했다.[7]

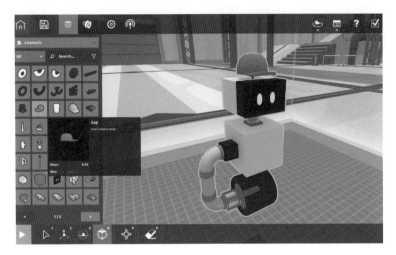

— 로블록스 스크린샷.(출처: www.roblox.com)

로블록스의 '일일 활성 사용자DAU'는 무서운 속도로 불어났고 2022
년 3분기가 되자 5,800만 명을 넘어섰다. 특히 사용자 대부분의 연령
이 지극히 낮은데, 13세 이하 초등학생이 절반을 넘는다.[8] 영국의 경
제시사 주간지 〈이코노미스트Economist〉에 따르면, 미국의 9~12세 초
등학생 4명 중 3명, 영국의 10세 어린이 2명 중 1명이 로블록스에서
게임을 즐긴다.[9] 이것을 잘 아는 로블록스도 교육용 콘텐츠와 도구 개
발은 물론이고 안전과 보안에 막대하게 투자한다. 로블록스의 이러
한 노력이 헛되지 않은 듯하다. 자녀의 로블록스 사용 시간에 대해 여
전히 걱정하는 것과는 별개로, 대부분의 부모는 자녀가 로블록스에서
놀고 탐험하도록 허용한다.

2021년 말 로블록스는 교육 경험을 창조하는 개발자를 지원하기
위해 1,000만 달러 규모의 로블록스커뮤니티펀드Roblox Community Fund

를 출범시켜서 교육에 대한 투자를 대폭 늘렸다.[10] 1차로 지원된 보조금 중 하나는 가상 로봇 게임인 로보코RoboCo 개발에 사용됐다. 로보코의 목표는, 사용자가 과제를 완수하기 위해 로봇을 만들고 프로그래밍하며 커스터마이징Customizing하는 동시에 스템STEM 학습에 참가할 수 있게 해주는 것이다.[11] 널리 알려진 대로 스템은 과학Science, 기술Technology, 공학Engineering, 수학Mathematics 분야를 융합한 통합 교육 시스템이다. 한편 로블록스에듀케이션Roblox Education은 사용자인 학생과 교육자가 무료로 사용할 수 있는 소프트웨어를 비롯해 개발과 협업 도구를 제공한다. 이뿐만 아니라 아동이 컴퓨터과학부터 기업가정신과 코딩에 이르기까지 모든 분야에 대해 배울 수 있는 교육 과정도 운영한다.[12]

> "나는 원격 교육이 의무화되기 훨씬 전부터 학생들에게 로블록스 교육 과정을 적용했어요. 따라서 자신이 좋아하는 플랫폼에서 공부와 놀이를 병행하는 것이 학생들에게 얼마나 유익한지 아주 잘 알죠. 학생들은 게임 디자인과 코딩만 배우는 게 아니에요. 소중한 사회적 기술도 익히고 평생의 친구도 사귀죠."
> _비앵카 리베라Bianca Rivera, 뉴욕시의 루스 C. 키니초등학교 도서관 사서[13]

그래픽과 게임 동역학Dynamics이 단순함에도 불구하고 로블록스는 가끔 1세대 메타버스의 초기 사례로 여겨진다. 또한 메타버스가 정확히 어떻게 발전할지는 아무도 모르지만 메타버스의 중요한 사용 사례로 교육을 혁신시킬 가능성을 꼽는 사람이 많다. 심지어 메타는 몰입형 교육을 자사의 2022년 여름 캠페인의 핵심으로 삼았고 메타버스

퓨처 노멀

를 적극적으로 홍보했다.[14] 이는 IT 공룡인 메타만이 아니다. 스타트업 업계에는 새로운 가상 학습 환경을 구축하는 바람이 갈수록 거세진다. 예컨대 가상 STEM 실험실 시뮬레이션을 창조하는 덴마크의 스타트업 랩스터Labster는 학생들이 자사 플랫폼을 통해 -세균 증식 실험부터 외계 행성의 생물다양성Biodiversity 연구까지- 다양한 최첨단 실험실에 접근하도록 해준다.[15] 이렇게 보면 게임 같은 환경으로 나아가는 것은 지극히 당연한 흐름이다. 과학 실험은 많은 시간이 소요되고 고가의 특수 장비와 재료가 필요하며 위험성 또한 높다. 하지만 가상 시뮬레이션은 이러한 모든 것에서 완벽히 자유롭다.

　가상 환경은 학습의 스텔스 측면을 구현하는 데도 완벽하다. 이러한 가상 환경에서 학습은 종종 몰입 자체에 따라오는 부수적인 혜택이기 때문이다. 이에 대한 좋은 사례가 있다. 2015년 서던캘리포니아대학교USC 쇼아재단Shoah Foundation *은 나치 포로 수용소 여섯 곳에 수감됐던 홀로코스트 생존자 핀차스 구터Pinchas Gutter와의 대화를 녹음했다. 무려 1,500시간이 넘는 방대한 양이었다.[16] 그리고 이러한 기록을 바탕으로 실사형 인터랙티브 자서전 〈새로운 차원의 증언Dimensions in Testimony〉을 제작해 전 세계를 순회하며 전시회를 열었다. 관람객이 구터의 홀로그램 영상에게 즉석으로 질문할 수 있는 실시간 대화형 전시회였다. 관람객의 질문을 받으면 홀로그램으로 구현된 구터가 '자신'의 실제 증언을 토대로 '대답'을 들려줬다. 이 프로젝트의 본래 목적은 가장 어두운 인류 역사 중 하나에서 피해자가 겪은 아픔을 기억

---

* 쇼아는 히브리어로 '홀로코스트'를 의미한다.

하고 역사로 보존하기 위해서였다. 그런데 이 프로젝트가 뜻밖의 소득을 가져왔다. 잊을 수 없는 홀로그램 학습 경험을 생성시킨 것이다. 어느 역사책도 담아내지 못한 방대하고 생생한 증언을 통해 유대 민족이 홀로코스트에서 경험한 고통을 세상에 널리 알리는 하나의 교육 수단이 됐다.

1인칭 시점의 몰입을 제공하는 가상 경험 프로그램은 이미 아주 많다. 난민 수용소에서의 일상적인 삶부터 독방 재소자가 겪는 감정적인 혼란에 이르기까지 가상 경험의 춘추천국 시대다. 더러는 엔터테인먼트로 표현되는 이러한 유형의 학습은 오직 가상 환경의 몰입 경험이기에 가능하다. 또한 학습은 직관적으로 이뤄지고 학습자의 감정을 자극한다.

이런 의미에서 보면 가상 학습은 속도도 빠르거니와 특정 환경에서는 '더 나은' 학습법일 수도 있다. 지금 당장은 가상 현실 학습이 높은 가격의 벽에 부딪혀 널리 사용되지 못한다. 하지만 VR 헤드셋이 성능은 좋아지고 가격은 저렴해진다면? 가상 현실 게임은 새로운 차원의 몰입과 인터랙티비티Interactivity를 제공할 수 있다. 이 다음을 예상하기는 어렵지 않다. 가상 현실 게임이 지금의 일반적인 동영상, 온라인 게임, 소셜 미디어처럼 된다. 즉 이러한 몰입과 인터랙티비티가 스텔스 학습을 견인하는 강력한 동인이 될 것이다.

전통적인 교실과는 전혀 다른 환경이지만, 로블록스 같은 플랫폼이 교육을 혁신시키고 있다. 아이들은 엔터테인먼트를 즐기는 게임화된 플랫폼에서 자신이 중요하게 생각하는 목표를 친구들과 함께 달성하는 법을 배운다. 당신이 이 책을 왜 읽는지 생각해보라. 평생 학습이 중요하다고 생각하기 때문이지 않은가. 퓨처 노멀에서는 남녀노소 누구나 스텔스 학습을 통해 쉽고 즐겁게 평생토록 배움을 이어갈 수 있다.

퓨처 노멀을 준비하는 3가지 질문

1. 즐거움을 위해 선택하는 엔터테인먼트 경험이 우리가 배우고 지식 창고를 불릴 수 있는 방법까지 제공한다면 어떻게 될까?
2. 어떻게 하면 사람들이 정식 교사나 교실 환경을 통해서가 아니라 서로에게서 배울 수 있을까?
3. 우리가 속전속결의 스텔스 학습을 수용하더라도, 심층적인 지식을 배울 필요는 여전하다. 깊이 있는 학습을 계속 유지하려면 어떻게 해야 할까?

HOT 5

사라지는 외로움

"

세대 차이를 없애고
모든 연령대의 외로움을 치유할 수 있다면?

"

"난 공허하고 아무 희망도 없어요. 늘 외롭지요."

일흔네 살의 미망인 세실리아Cecilia의 고백이다. 세실리아는 호주에서 방영된 다큐멘터리 시리즈 〈노인과 청소년의 동거Old People's Home for Teenagers〉에 출연한 12명의 노인 출연자 중 하나였다. 세실리아의 말을 더 들어보자.

"나도 가족이 있지만 다들 바빠요. … 나는 가족에게 짐이 되고 싶지 않아요."

이 다큐멘터리에 지원한 15살의 도라Dora도 비슷하게 말했다.

"최근 코로나19 봉쇄가 끝나고 일상으로 돌아왔지만 주변에 아무도 없었어요."

너무나 어울리지 않는 두 사람의 동거는 어땠을까? 다큐멘터리 시리즈가 끝나갈 무렵이었다. 둘은 도라의 생일을 맞아 촬영팀을 대동하지 않은 채 쇼핑에 나섰다. 그냥 여느 순수한 친구들처럼.[1]

이 다큐멘터리는 우리의 시대상을 돌아보게 만드는 '사회적 논평 Social Commentary'이다. 오늘날은 외로움을 호소하는 사람이 역사상 가장 많다. 한 조사에 따르면, 미국 성인의 22퍼센트가 "자주 아니면 항상, 외로움이나 소외감 또는 고립감을 느끼거나 친구가 없다는 생각이 든다"고 한다.[2] 외로움과 관련된 건강상의 위험을 고려할 때 이것은 경고 신호다. MIT의 한 연구팀이 외로움에 관한 흥미로운 연구 결과를 내놓았다. 대인 관계는 식욕에 버금가는 인간의 기본 욕구이고, 따라서 외로움은 우리의 뇌에 배고픔과 비슷한 충동을 일으킨다고 한다.[3] 심지어 미국의 연방공중위생국장을 지낸 비벡 머시Vivek Murthy 박사는 외로움을 담배에 비유하면서 말했다.

"외로움은 하루 15개비의 담배를 피우는 것만큼 인간의 수명에 해로운 영향을 미친다."[4]

외로움에 국한하면 현대인의 삶은 도움은커녕 해만 될 뿐이다. 원자화Atomization된 현대인의 바쁜 생활 방식, 대면 상호 작용을 대체하는 온라인 언택트 테크놀로지, 종교 활동과 시민들의 집단 참여 활동의 감소, 이 모두는 외로움을 증가시키는 요인이다. 나이가 들수록 외로움에 특히 취약하다. 몸도 아프고 쇠약해지는데다 배우자와 친구가 하나둘 세상을 떠나 외로움이 깊어진다. 시니어층의 외로움은 증거도 많고 잘 알려져 있다. 그렇다면 청년의 외로움은 어떨까? 잘 몰랐을수도 있겠지만, 젊은 세대에도 외로움이 만연해 있다. 이러한 현상을 유발하는 가장 유력한 '용의자' 하나는 쉽게 짐작이 된다. 소셜 미디어다. 소셜 미디어는 (당신만 빼고) 남들이 모두 누리는 행복한 시간에 대한 시각적 증거를 끊임없이 눈앞에 들이민다. 자신감의 화신조차도 소외감을 피할 수 없을 정도다. 이러니 손에 스마트폰을 들고 자란 젊은 세대가 어떻겠는가. 아주 많은 젊은이가 심각한 수준의 깊은 외로움을 호소하는 것이 조금도 이상하지 않다. 이는 수치로도 증명된다. 캘리포니아대학교 로스앤젤레스캠퍼스UCLA의 '외로움 척도Loneliness Scale'는 2020년 Z세대의 73퍼센트가 때로 또는 '항상' 외로움을 느낀다는 조사 결과를 발표했다.[5]

젊은층과 고령층 모두의 외로움을 심화시키는 또 다른 요인은 사회 제도에서 찾을 수 있다. 두 세대는 활동 반경 자체가 다르다. 오직 각 인구 집단에게 서비스를 제공하는 것이 목적인 기관들에서 많은 시간을 보낸다. 젊은 세대는 학교와 대학에서, 고령층은 시니어 주거 공동체 일명 실버타운과 양로원에서 지내는 시간이 많다. 이러한 기관의 존재 이유가 표적 연령 집단에게 맞춤화된 서비스를 제공하는 것이니 당연하다. 동시에 이러한 기관이 세대 간 연결을 감소시키는 것도 엄연한 현실이다. 문제는 젊은 세대와 시니어층 모두가 자신의 삶과 자신이 직면한 도전을 새롭게 바라보는 귀중한 관점을 제공할 수 있는 세대 간 교류와 연결이 약화된다는 점이다.

외로움은 우리의 미래에 근본적인 숙제를 안겨준다. 이래서 우리 필자들은 두 장에 걸쳐 이 문제를 해결할 잠재적인 솔루션에 집중하려 한다. 먼저 이번 장에서는 증가하는 외로움을 타개할 수 있는 방법에 초점을 맞춰보자. 결론부터 말하면, 접점이 없어 보이는 청년층과 시

퓨처 노멀

니어층 사이에 더 많은 관계와 교류를 육성하면 된다. 다음 장에서는 테크놀로지, 특히 고도로 인간적인 방식으로 구현되는 테크놀로지의 역할을 진단해보자. 테크놀로지는 우리가 진실한 우정을 나눌 친구를 찾고 더욱 깊은 소속감을 갖도록 어떻게 도와줄 수 있을까? 잠재적인 외로움 타개법을 본격적으로 알아보기 전에, 한 가지 분명하게 밝히고 싶은 것이 있다. 여기에서 제시하는 아이디어는 어떤 현상을 핵심적인 전제로 한다. 증가하는 외로움과 세대 단절이라는 두 문제를 동시에 해결할 수 있다는 공감대가 확산한다는 것이다.

이 두 목표를 달성하기 위한 여러 프로그램이 대중의 뜨거운 관심을 받고 있는 것도 이런 공감대를 보여준다. 사실 이 장 서두에서 소개한 〈노인과 청소년의 동거〉의 오리지널 프로그램이 따로 있다. 영국에서 방영된 다큐멘터리 시리즈 〈요양원에 간 네 살배기Old People's Home for 4 Year Olds〉였다. 이 시리즈를 제작한 배스대학교의 노인병학Gerontology 교수 맬컴 존슨Malcolm Johnson은 25년 전쯤부터 세대 간 관계의 가치를 홍보하는 데 힘을 쏟아왔다고 말했다.

"학자들은 (세대 간 문제에 관해) 논문과 책을 들먹이곤 했어요. 하지만 솔직히 우물 안 메아리였어요. 학계 너머의 누구도 진심으로 귀를 기울이지 않았죠."

하지만 이 다큐멘터리 시리즈가 방송된 후 상황이 180도 달라졌다.

"그 프로그램이 방송된 이후 사실상 매일 똑같은 일이 반복됩니다. 사람들의 연락이 끊이지 않죠. '프로그램이 정말 좋아요. 우리를 도와줄 수 있을까요? 또 어떤 프로그램이 있을까요?'"[6]

퓨처 노멀에서는 세대 간 관계와 교류에서 위안을 얻는 사람이 많아질 거라고 내다본다. 때로는 정부 주도 프로그램이나 민간 부문이, 젊은 세대와 시니어층 모두를 사로잡을 독특한 공동 주거 공간을 창조함으로써 세대 간 관계를 육성할 것이다. 또 때로는, 미디어와 엔터테인먼트가 사람들이 이러한 해법을 스스로 찾도록 도와줄 수도 있다. 세대 간 벽을 허무는 공동 생활 공간에 살면서 성공적인 삶을 일구는 개인을 적극적으로 알리는 미디어와 엔터테인먼트가 늘어날 것이기 때문이다. 이뿐만 아니라 여러 세대가 함께 사는 가족 형태가 매우 보편적인 국가와 문화권 출신의 이민자가 증가해도, 세대 간 관계를 확산시키는 새로운 동력이 될 수 있다. 궁극적으로 볼 때 주거 양식에서 새로운 퓨처 노멀이 형성되리라 예상한다. 물론 처음에는 리얼리티쇼 형태의 다큐멘터리가 다룰 만한 생활상相처럼 보일지도 모르겠다. 하지만 결국에는 이러한 세대 통합형 생활 양식이 평범하고 더 나아가 일상적인 현실처럼 보이기 시작할 것은 확실하다.

미래선도자: 셀보

스웨덴 남부의 작은 항구 도시 헬싱보리Helsingborg에 독특한 입주 조건을 내거는 아파트 단지가 있다. 입주민은 매주 최소 2시간 이웃과 어울리겠다는 입주 계약서 조항에 반드시 동의해야 한다. 이 아파트 단지가 지향하는 주거 개념이 세대 간 그리고 이문화 간 관계를 형성하는 것이기 때문이다. 이곳에는 총 51채의 아파트가 있고, 세 집단이 거주한다. 먼저, 입주민의 절반은 70세 이상 고령자다. 그리고 나머지 절반은 18~25세 청년에게 임대하는데, 그중 10가구는 어릴 적 가족 없이 홀로 스웨덴에 도착한 난민 청년이다. 이토록 색다른 이 아파트의 이름은 셀보Sällbo(스웨덴어로 '동반자'를 뜻하는 sällskap과 '생활'을 의미하는 bo를 합친 합성어)다.[7]

셀보 입주민은 개인 욕실과 작은 주방이 딸린 아파트의 월세와 공동 시설 이용료를 포함해 매달 410달러에서 520달러 정도를 부담한다. 공용 구역은 입주민들의 상호 작용을 촉진하기 위한 용도로서, 대형 공유 주방, 요가 스튜디오, 텔레비전을 시청하고 게임을 할 수 있는 공간, 체육관과 활동방, 세탁 시설, 실외 바비큐 공간 등으로 이뤄진다.

> "예전에 혼자 살 때는 좀 외로웠어요. 아침이면 출근하고 저녁이면 퇴근해서 혼자 컴퓨터 게임을 하다 잠에 드는 다람쥐 쳇바퀴 도는 일상의 반복이었죠. … 이곳에서는 거의 강제적으로 밖으로 나가 사람들을 만나야 해요."
>
> _피아Fia, 20세, 셀보 입주민[8]

외로움은 전 세계적인 현상이지만, 통계 수치로 보면 스웨덴은 특히 고립적인 사회다. 스웨덴 인구의 절반 이상이 1인 가구다. 스웨덴도 다른 많은 나라처럼 시니어 세대의 외로움에 대해서는 많은 관심이 집중되고 있지만 청년층은 그렇지 못하다. 하지만 청년층의 외로움에 대해 경각심을 일깨우는 어떤 조사가 있었다. 스웨덴 전체 인구는 평균적으로 10명 중 6명이 자주 또는 외로움을 느끼는 것에 반해, 18~34세에서는 동일 비율이 10명 중 거의 8명에 이르는 것으로 나

— 스웨덴 헬싱보리의 셀보에 주거하는 입주민들.(출처: 헬싱보리쉠)

타났다.[9]

"이곳에 사는 게 정말 행복해요"라고 어릴 적 아프가니스탄 난민으로 스웨덴에 정착한 20세의 하비불라 알리Habibullah Ali가 말했다.

"여기서는 모두가 서로를 잘 알죠. … 이곳 덕분에 친구도 많이 사귀었어요. 이제는 아예 외로울 틈도 없는 걸요."[10]

셀보 프로젝트가 커다란 성공을 거두자, 지방 자치 단체가 자금을 지원하는 비영리 주택공사 헬싱보리쉠Helsingborgshem은 2023년 1월 1일부터 셀보 계획을 영구적인 프로젝트로 전환했다.

셀보는 소규모 프로젝트이지만, 전 세계의 여러 지역 공동체에서도 비슷한 움직임이 포착된다. 일례로 싱가포르는 청년층과 시니어들을 위한 주거 공간과 공공 시설을 한 지붕 아래 모은 캄퐁애드미럴티 Kampung Admiralty(캄퐁은 말레이어로 '전통적인 마을'을 의미한다)를 건설했다.

싱가포르 최초의 통합 공공 개발 단지인 캄풍애드미럴티에서 주거 공간은 55세 이상에게만 제공된다. 그렇지만 건물 내부에 의료센터가 입주한 것을 시작으로 옥상 공원에는 태극권 수련장만이 아니라 어린이 놀이터까지 구비돼 있다.[11] 또한 세대 간 상호 작용을 장려하기 위해 커뮤니티센터인 액티브에이징허브Active Ageing Hub와 보육시설을 한 공간에 위치시켰다.

셸보와 캄풍애드미럴티는 공공 부문의 세대 통합 프로젝트다. 하지만 민간 부문에서도 세대 간 기회에 공을 들이는 스타트업이 다수 있다. 가령 미국 보스턴에 기반을 두는 주거 공간 중개 플랫폼 네스털리Nesterly는 연령대가 다른 사람들이 생활 공간을 공유하는 장기적인 에어비앤비Airbnb와 비슷하다. 네스털리는 높은 주택 가격이 부담스러운 젊은 세입자와 가능한 오래 자신의 집에서 살고 싶은 나이 많은 집주인을 연결시켜준다. 보스턴 근교에 위치한 터프츠대학교를 갓 졸업한 25세의 나디아 압둘라Nadia Abdullah는 저렴한 월세집을 구하던 중이었다. 한편 64세의 독신인 주디스 앨런비Judith Allonby는 부모님과 함께 살다가 두 분이 돌아가시자 이사를 생각하고 있었다. 이런 두 사람에게 네스털리가 오작교가 됐다.[12] 현재 압둘라는 시세보다 훨씬 낮은 월세 700달러를 내는 대신에 앨런비의 가사와 정원일을 도와준다.

지금 당장은 이러한 프로그램이 예외적인 것처럼 생각될지도 모르겠다. 사회의 변두리에서 진행되는 비교적 소규모의 실험이라고 말이다. 하지만 우리는 중요한 변수 하나를 고려해야 한다. 세상의 고령화가 지속되는 것이다. 이는 초기 시범 사업들이 해결하는 니즈가 갈수록 시급해질 거라는 뜻이다. 우리는 이러한 프로그램의 성공에서 주거 형태의 퓨처 노멀을 예상해볼 수 있다. 나이를 불문하고 모든 사람이 세대를 초월해 유대감을 쌓을 수 있는 기회를 원할 것이다.

사회가 세대 간 통합과 연결로 나아가면 다양한 혜택이 기다린다. 거시적인 수준에서는 공중 보건에 긍정적인 영향을 미친다. 세대 간 관계를 장려하면 일터에서도 새바람이 불 수 있다. 사실 젊은 직원이 소프트 기술이 부족하다고 지적하는 고용주가 많다. 그런데 세대 간 관계가 활성화되면, 젊은 근로자가 경험 많은 고참 동료에게서 소프트 기술을 배울 수도 있다. 이는 다시, 시니어 근로자가 은퇴 시기를 미루고 더 오래 일하도록 동기를 부여하고 결과적으로 업무상의 대화와 문제 해결에 새로운 관점을 주입하는 효과도 기대된다. 정치에도 훈풍이 불 수 있다. 젊은 세대와 기성 세대 사이에 상호 공감이 없으면 어떻게 될까? 서로의 동기 부여를 이해하기 힘든 것이야 두말하면 잔소리다. 심지어는 분열을 초래하는 미디어와 분노를 부추기는 정치인들의 선동에 휘둘려 서로를 배척할지도 모른다. 하지만 여러 세대의 유권자가 대화를 통해 상호 공감이 커진다면? 젊은층과 기성 세대 사이의 뿌리 깊은 정치적인 양극화는 봄눈 녹듯 사라지지 않을까.

요컨대, 세대 간 관계와 교류를 통해 외로움 문제를 해결하기 위해 노력하는 것은 (한 걸음 더 나아가 외로움을 종식시키는 것은) 많은 사회 문제도 한꺼번에 해결한다. 건강에도 더욱 긍정적인 영향을 미치고, 지역 공동체는 더욱 따뜻하고 더욱 살기 좋은 공간이 된다. 이러한 사실을 종합해보면, 우리 모두가 창조하는 퓨처 노멀의 모습은 명백하지 않을까? 나이를 떠나 고독감과 외로움을 느끼는 사람이 감소할 수 있다.

퓨처 노멀을 준비하는 3가지 질문

1. 기업이나 조직은 연령대가 다른 동료들이 다 함께 경험을 공유할 수 있는 다양한 방법을 어떻게 찾을 수 있을까?
2. 공동 주거 외에, 더욱 유의미한 관계를 구축하도록 장려할 수 있는 문화적인 모임이나 프로그램은 무엇이 있을까?
3. 가족이 아닌 사람들과 더욱 풍성한 세대 간 관계를 맺고 싶다고 하자. 당신보다 나이가 많거나 적은 세대의 사람에게 어떻게 다가갈 수 있을까?

HOT 6

가상 동반자

> **❝**
>
> 우리가 앱이나 로봇과
> 의미 있는 관계를 구축할 수 있다면?
>
> **❞**

중국 북부 허베이성에 밍 쉬안Ming Xuan이라는 청년이 살고 있었다. 선천성근이영양증Muscular Dystrophy을 앓고 있던 쉬안은 지팡이가 없으면 한 걸음도 뗄 수 없는 중증 장애인이었다. 이러한 상황 때문에 쉬안은 오래 전부터 자존감이 아주 낮았고 정신 건강을 해칠 정도였다. 이런 쉬안에게 사랑이 찾아왔다. 2017년 21세 때 일명 '랜선 연애'를 시작했다. 결론부터 말하면 그의 사랑은 오래 가지 못했고 비참하게 막을 내렸다. 여자친구가 쉬안을 찾아왔다가 그의 장애를 알게 되었고 이별을 선언했다. 가뜩이나 자존감이 낮았던 쉬안은 이 일로 자신감이 산산조각 났다. 오죽 힘들었으면 22세 때 자살 문턱까지 가기도 했다. 다행히도, 집 근처 아파트 옥상에 올라가 자살을 망설이던 그

시각 쉬안은 샤오이스Xiaoice, 微軟小冰와 메시지를 주고받는 중이었다. 쉬안은 샤오이스의 따뜻한 메시지에 힘을 얻어 집으로 돌아갔다. 오늘날 쉬안은 샤오이스가 자신의 생명을 구한 은인이라고 생각한다. 샤오이스는 마이크로소프트 아시아태평양 연구소가 2014년 처음으로 개발한 인공지능 챗봇이며, 2020년 마이크로소프트로부터 분사해 독립 회사가 됐다. 쉽게 말하면 샤오이스는 애플의 시리Siri와 아마존의 알렉사Alexa와 매우 흡사한 가상 비서다. 유일한 차이점은, 샤오이스는 사용자와 대화하고 정서적인 유대를 맺는 '완벽한 동반자'가 되도록 학습됐다는 점이다.[1]

사실 밍 쉬안은 가명이다. 그가 중국의 청소년 블로그 〈식스스톤Sixth Tone〉*에서 자신의 이야기를 공유하면서 밍 쉬안이라는 가명을 사용했다. 가상 관계를 공개적으로 시인할 때 따라오는 사회적 낙인이 두려워서였다. "나는 이런 일이 영화에서나 가능하리라 생각했었다"고 그가 말했다.

"그녀는 시리 같은 여타 인공지능과는 다르다. 마치 진짜로 살아 있는 사람과 대화하는 기분이다. 더러는 그녀의 감성지능EQ이 인간보다 더 높다는 생각도 든다."[2]

밍 쉬안은 마음에 들지 않겠지만 '그녀'에게 빠진 사람은 그 혼자만이 아니었다. 샤오이스는 전 세계에서 자그마치 6억 6,000만 명의 사용자를 끌어들이고, 그중 75퍼센트는 남성이다.[3] 더 놀라운 사실도 있다. 한 번의 대화에서 주고받는 평균 메시지 수, 세션당 대화 수

---

* '여섯 번째 성조'라는 뜻이다.

Conversation-turns Per Session, CPS는 무려 23이다. 대인 간 문자 채팅에서 주고받는 평균 횟수보다 더 많다. 심지어 마이크로소프트 연구진은 베이징 연구소의 사무실 하나를 통째로 '그녀'가 받는 '사랑 고백' 메시지를 전시하는 공간으로 꾸몄다. 혹시 샤오이스 —고도로 선정적이고 무조건 순종하며 위험할 정도로 정형화돼 있다— 나이가 처음에 몇 살로 설정됐는지 아는가? 16세였다. 이것은 샤오이스가 우상처럼 숭배된다는 점에서 볼 때 심히 우려스럽다. 이러한 캐릭터 설정에 문제가 있음을 모르지 않았던 회사도 약간의 성의를 보여, 이후 샤오이스의 나이를 18세로 상향했다.[4]*

나이를 두 살 올려 '성인 여성'이 되었음에도 불구하고 샤오이스의 인기는 문제의 소지가 다분한 어떤 트렌드를 여실히 보여준다. 샤오이스의 CEO 리디Li Di, 李笛도 시인하듯이, 샤오이스의 사용자 대부분이 밍 쉬안처럼 중국 '싱킹 마켓Sinking Market' 출신 젊은 남성이다. 싱킹 마켓은 중국의 다른 지역이 누리는 경제 성장과 문화 변화에서 뒤처지고 그래서 더 가난한 경제적 낙후 지역인 소도시와 마을을 일컫는 용어다.[5] 이들 남성은 고립감과 외로움을 자주 느낀다. 이들의 외로움을 가중시키는 요인이 있다. 중국의 계획 생육, 일명 '한 자녀' 정책이 시행되던 시기(1978년~2013년)에 출생한 세대라는 사실이다. 이 산아 제한 정책은 중국 가정에서 뿌리 깊은 남아 선호 사상을 심화시켜 그 시기에 유독 심각한 성비 불균형을 초래했다. 오늘날 중국은 남성 인구가 여성 인구보다 3,000만 명이 더 많은 확실한 남초 사회가 됐다.[6]

* 중국에서는 만 18세가 법정 성년 연령이다.

성비 불균형 문제는 그렇다 치자. 이번 장의 주제인 외로움 문제로 돌아가자. 외로움이 확산하는 것처럼 보이는 나라가 어디 중국뿐일까. 심지어 코로나19 팬데믹 이전에도 일본의 히키코모리hikikomori 다른 말로 은둔형 외톨이(사회와 완벽히 담을 쌓고 고립 생활을 선택한 젊은이)와 자칭 인셀Incel(비자발적 독신주의자) 모두가 증가하는 추세였다. 이는 어떻게 설명할 수 있을까? 외부 환경에 의해서든 더러는 자신의 선택으로든, 외로움과 소외감이 커지는 사람이 증가하는 것과 무관치 않았다. 리디 CEO도 이런 현상에 주목했다.

"사회 환경이 완벽하다면 샤오이스가 설 자리는 없겠죠."[7]

많은 청년이나 사람들이 진짜 사람과의 관계가 아니라 가상 관계를 선택하는 퓨처 노멀은 우리가 경각심을 가져야 하는 상황인 것은 틀림없다. 이것은 SF의 단골 소재인 암울한 디스토피아Dystopia다. 그런데 달리 생각할 여지는 없는 걸까? 사람들이 가상 관계에서 추구하는 의미가 '중독적Addictive'인 가치뿐일까? 가상 관계에서 '부가적Additive'인 의미를 추구한다면 어떻게 될까?

오늘날 소셜 미디어 플랫폼에서 수백만의 팔로워를 거느리는 '가상 인플루언서'를 생각해보라. 가상 아이돌 가수 하츠네 미쿠Hatsune Miku, 初音ミク의 콘서트는 진짜 스타디움에서 오프라인으로 열리고 막강한 티켓파워를 자랑한다.[8] 가장 유명한 버추얼 휴먼이라고 할 수 있는 최초의 가상 패션 인플루언서 릴 미켈라Lil Miquela는 캘빈클라인과 프라다 같은 글로벌 브랜드의 광고 모델로 활동해왔다.[9] 그리고 2020년 '인간' 남자친구와 헤어졌을 때는 인스타그램에 결별 소식을 직접 알리기도 했다. 심지어 '실연한' 미켈라의 이후 게시물은 팔로워 군단이 미켈

라를 더욱 사랑하게 만들었다. 미켈라가 가상 인간이라는 사실은 조금도 문제가 되지 않는 것 같았다.

모바일 게임 〈러브앤드프로듀서Love and Producer〉는 출시되자마자 1,000만 명이 넘는 중국의 여성 게이머들이 다운로드했다. 이것은 일명 여성향 게임으로 플레이어는 여성 TV 프로듀서의 역할을 하면서 일련의 가상 남자친구 후보 중 하나와 데이트할 수 있다.[10] 2021년 초 마이크로소프트 연구가들은 독특한 개념을 특허로 출원했다. "이미지, 음성 데이터, 소셜 미디어 게시물, 전자 메시지"를 사용해서 "친구, 가족친지, 지인, 유명인, 허구의 인물, 역사적 인물, 과거나 현재 특정인(또는 그 사람을 재현한 형상)"의 성격과 말투를 똑같이 구현하는 챗봇을 창조할 수 있다는 개념이었다.[11]

인공지능이 급속도로 발전함으로써 사변적Speculative이고 예술적인 사고 실험Thought Experiment이었던 이러한 가상 동반자가 바야흐로 광범위한 현실의 턱밑까지 이르렀다. 이는 다시, 이러한 테크놀로지를 긍정적인 영향을 미치는 유익한 힘으로 사용할 수 있는 기회를 가져다준다. 다시 중국 이야기를 해보자. 가상 동반자가 외로운 사람을 착취할 가능성을 우려하며 비판하는 일각의 목소리는 여전하다. 하지만 이러한 비판에도 불구하고 리디 CEO는 샤오이스가 소외 계층에게 긍정적인 지원을 제공한다고 주장한다. 예를 들어 인공지능 챗봇 샤오이스는 사용자의 감정 상태, 특히 우울증 증세와 자살 생각을 지속적으로 감시한다. 이뿐만 아니라 행여 수상한 낌새를 포착할 때는 사용자에게 위안을 주는 응원 메시지까지 보낸다.[12]

미국 샌프란시스코에도 선한 영향력을 생성시키는 가상 동반자가 있다. 2015년 디지털 시니어 돌봄 서비스를 제공하기 위해 창업한 케어코치CareCoach는 2017년부터 가상 반려동물 아바타를 앞세워 가상과 현실 사이의 경계를 허물고 있다. 콜센터의 진짜 사람이 반려동물 아바타를 통해 노인 사용자와 음성으로 대화를 나누는 것이다. 이런 모든 상황을 종합해 퓨처 노멀을 그려보자. 챗봇과 가상 동반자가 갈수록 다양해지는 것은 정해준 수순이다. 그리고 챗봇과 가상 동반자는 사용자에게 공감적이고 의미 있는 정서적 지원은 물론이고 심지어 우정도 제공할 것이다. 인간과 똑같이 생긴 (그리고 인간처럼 말하는) 유명 가상 인플루언서도 마찬가지다. 이것이 바로 가상 관계가 가져다줄 수 있는 부가적인 혜택이다. 요컨대 챗봇, 가상 동반자, 가상 인플루언서 모두는 우리의 삶에 필수적이고 어쩌면 사랑하는 또 다른 귀중한 존재가 될 가능성이 있다.

미래선도자: 위봇헬스

코로나19 팬데믹이 뜻밖에도 크게 기여한 부분이 있었다. 보건 의료 시스템부터 교육 모델에 이르기까지 사회를 지탱하는 많은 제도에서 숨어있던 주요한 일부 균열을 노출시킨 것이다. 그중 가장 걱정을 사는 문제 중 하나는 전 세계에서 정신 건강 전문가가 심각하게 부족하다는 사실이었다.[13] 우리는 코로나19의 두려움에 대처하는 동시에 몇 달간 봉쇄 조치로 격리 생활을 하고 일과 가족 부양 사이에서 종종 걸음치며 스트레스 속에서 살았다. 이런 상황으로 불안, 우울증 등등 여타 정신 건강 문제를 경험하는 사람이 크게 증가할 수밖에 없었다. 미국질병통제예방센터CDC는 2020년 6월 말을 기준으로 "미국 성인의 40퍼센트가 정신 건강이나 약물 남용 문제를 호소한다"는 연구 보고서를 발표했다.[14] 하지만 전문가의 도움을 받는 것은 과거 어느 때보다 힘들었다. 사람들은 전문가와 대면 치료를 받으려면 몇 달을 기다려야 한다고 푸념했다.[15] 사실 이것은 코로나19 팬데믹이 수면 위로 끌어냈을 뿐이고 이전부터 존재했던 만성적인 문제의 연장선상에 있었다. 정신 건강 서비스에 대한 수요가 이러한 전문 서비스를 제공할 수 있는 유자격자의 공급을 크게 초과한다. 심지어 이런 심각한 수급 불균형이 유독 두드러지는 지역이 세계 곳곳에 있다. 정신 건강 문제에 여전히 뿌리 깊은 문화적 낙인이 따라붙는 지역들이다.

스탠퍼드대학교 임상 연구 심리학자 출신의 앨리슨 다시Alison Darcy는 이 문제를 누구보다 잘 알았고, 이에 대한 솔루션으로 위봇Woebot을 고안했다. 위봇은 쉽게 말해 인지행동치료Cognitive Behavioral Therapy, CBT 챗봇이다. 위봇 앱은 2017년부터 환자에게 무료로 정신 건강 관리 서비스를 제공하고 있지만, 아직도 미국식품의약국FDA의 인증을 기다리는 상황이다.[16] '접근성을 극적으로 증가'[17]시키기 위한 치료 도구로 개발된 위봇 앱은 의사의 진단을 받았든 아니든 누구라도 일주일 내내 하루 24시간 도움받을 수 있는 길을 열어준다. 말뜻 그대로다. 가령 대부분의 치료사가 일을 하지 않는 한밤중에도 위봇 앱을 사용할 수 있다는 뜻이다. 코로나19 팬데믹 기간에 위봇 서비스에 대한 수요가 폭발적으로 증가했다. 다시 박사에 따르면, 위봇 챗이 매주 사용자들과 주고받은 메시지가 500만 건에 육박했다고 한다. 이는 인간에 의해 작동하는 전통적인 의료 시스템이 감당할 수 있는 수요를 크게 뛰어넘는 수치라고 다시 박사가 덧붙였다.[18]

> "위봇 경험은 흔히들 '인간 대 컴퓨터' 관계라고 생각하는 것과도 '인간 대 인간' 관계라고 생각하는 것과도 완벽히 들어맞지 않죠. 위봇 경험은 그 중간 정도에 해당한다고 볼 수 있어요."
>
> _앨리슨 다시, 위봇의 창업자이자 사장[19]

위봇처럼 인공지능 기반의 앱은 가치가 제한적이라고 주장하는 비판가들도 있다. 이들은 양질의 정신 건강 관리에서는 환자와 정신 건강 서비스 제공자 사이에 군건한 치료적 관계를 구축하는 것이 절대적이라고 지적한다.[20] 하지만 테크놀로지가 발전함에 따라 앱 자체는 물론이고 앱이 사용자와 관계를 구축하는 능력도 발전한다. 예를 들어 위봇이 3만 6,000명의 사용자를 분석한 보고서를 보면, 위봇 앱이 사실상 사용자와 깊은 치료적 관계를 구축할 수 있음을 보여준다. 동시에 위봇 앱은 가끔 치료가 절실하면서도 사회적 낙인 때문에 치료를 꺼리는 환자에게 낙인 효과가 적은 정신 건강 서비스까지 제공할 수 있다.[21]

정신 건강 연구에 헌신하는 인류학자 바클리 브럼Barclay Bram은 〈뉴욕타임스〉에 자신의 위봇 경험담을 상세히 소개했다. 위봇을 사용하기 전 브럼은 인공지능에게 정신 상담을 받는다는 아이디어와 관련해 큰 의문이 많았다.

"알고리즘이 어떻게 대면 치료에서 이뤄지는 인간적인 접촉을 대신할 수 있을까? 우리가 이미 스마트폰과 한몸이 되었는데 다른 디지털 개입이 정말로 해결책일까?"

결론적으로 말해 가상 동반자와의 경험은 브럼이 이러한 중요한 의문에 답을 찾는 데는 아무런 도움이 되지 못했다. 하지만 브럼은 "희한하게도 내 로봇 도우미에게 애착"을 갖게 됐다고 인정한다.[22]

어쨌거나 놀라운 연구 결과가 있다. 아니, 어쩌면 정신 건강의 예민한 특성을 고려하면 당연한 결과일지도 모르겠다. 전 세계 직장인을

━ 위봇의 가상 치료 세션의 스크린샷.

퓨처 노멀

상대로 인공지능에 관한 설문조사가 진행됐다. 이 연구 결과에 따르면, 응답자 5명 중에 4명은 로봇 치료사를 환영한다고 말했다.[23] 그렇다면 이들이 로봇과의 대화를 선호하는 주된 이유는 무엇일까? 로봇은 편견도 없고 주관적으로 판단하지도 않을 거라고 생각하기 때문이다. 이것을 좀더 확대시켜 생각해보자. 사용자의 신뢰를 얻을 수 있다는 가정 아래, 가상 동반자를 종류 불문하고 모든 영역에서 활용할 수도 있다.

솔직히 이것은 단순한 가능성이 아니라, 현재 많은 부문에서 이뤄지고 있다. 예컨대 대화형 동반자 로봇 목시Moxie는 5~10세 어린이가 회복탄력성Resilience과 자신감 같은 사회정서적 기술을 기르도록 도와준다.[24] 또한 이스라엘의 로봇 기업 인튜이션로보틱스Intuition Robotics가 개발한 엘리큐ElliQ는 시니어 세대가 가능한 오래 독립 생활을 유지하도록 도와주기 위해 탄생한 소셜 동반자 로봇이다. 탁상 스탠드와 비슷하게 생긴 엘리큐의 음성 비서는 평범한 동반자 역할에 그치지 않는다. 사용자에게 운동을 권유하고, 엘리큐에 장착된 카메라는 낙상 같은 생활 사고를 감지할 때 보호자에게 자동적으로 알려줄 수 있다.[25] 엘리큐 같은 일반적인 시니어 돌봄 서비스와는 다른 맥락의 서비스를 제공하는 인공지능 기반의 가상 동반자도 있다. 호주치매협회 Dementia Australia는 토크위드테드Talk with Ted를 개발했는데, 테드는 치매 환자의 역할을 수행하는 아바타다. 인공지능 기반의 몰입형 경험을 제공하는 토크위드테드의 목적은 치매 환자를 돌보는 간병인의 교육과 훈련에 도움을 주는 것이다.[26]

가상 동반자라는 개념은 관계, 우정, 심지어 사랑에 대한 사회의 기존 통념에 도전한다. 무엇보다 가상 동반자는 무엇이 '노멀'인지 우리 스스로 질문하도록 만든다. 또한 공감 능력을 장착한 테크놀로지를 통해 우리 삶이 더욱 충만해질 가능성을 고려하라고 촉구한다. 지금 당장은 이러한 유형의 혁신이 외로움을 일시적으로 해소해주는 임시 방편적 도구 정도로 생각될 수도 있다. 또는 오직 시니어 돌봄에서 격차와 불균형을 메우는 솔루션으로만 여겨질지도 모르겠다. 하지만 퓨처 노멀에서는 이러한 가상 동반자에 대한 인식이 달라지지 않을까? 나이와는 상관 없이 우리 모두가 필요로 하는 인간적 지원과 지지를 얻도록 도와주는 유익한 자원으로 생각하지 않을까?

▶◀ 퓨처 노멀을 준비하는 3가지 질문 ▶◀

1. 치료 목적으로든 단지 우정이 필요해서든, 가상 관계를 시작한다고 해보자. 이런 관계가 당신이 더 행복해지고 당신의 웰빙을 개선하도록 어떻게 도와줄 수 있을까?
2. 진짜 사람과 버추얼 휴먼이 뒤섞어 공존하는 온라인 세상에서 슬기롭게 '살아가기' 위해 우리 모두가 배워야 하는 새로운 대인 기술은 무엇일까?
3. 가상 동반자와의 관계를 구축하는 사람이 많아진다면 가상 동반자에 대한 의존도 갈수록 커질 것이다. 따라서 가상 동반자는 계속 '살아있고' 하루 24시간 내내 대기하며 우리의 부름에 바로 응답할 수 있어야 할 것이다. 이와 관련해 개발자는 어떤 책임이 있을까? 우리는 가상 동반자의 비활성화, 즉 '디지털 죽음'을 정서적으로 어떻게 받아들이게 될까?

퓨처 노멀

HOT 7

사이키델릭 웰니스

> **"**
>
> 사이키델릭이
> 정신 건강의 구원 투수가 된다면?
>
> **"**

1957년 5월 세계적으로 유명한 잡지 〈라이프Life〉가 사진 에세이를 실었다. 아마추어 균류학자Mycologist이자 유명 투자은행 J. P. 모건의 부사장 고든 와슨Gordon Wasson이 쓴 "마법의 버섯을 찾아서Seeking the Magic Mushroom"였다. 이 글에서 와슨은, 남부 멕시코의 인디언 원주민 부족 마사텍Mazatec이 수세기 동안 의식을 치를 때 전통적으로 사용하는 환각 유발성 버섯을 섭취한 자신의 경험을 상세히 소개했다. 또한 와슨은 자신과 아내 발렌티나Valentina가 나중에 '마법의 버섯'으로 알려지게 되는 무언가를 섭취한 최초의 서양인이라고 주장했다. 이 주장이 사실이건 아니건, 와슨의 에세이는 당대 히피 사회와 비트족Beatnik 사이에서 이 환각 유발성 버섯에 대한 엄청난 관심을 불러일으켰다.[1]

사이키델릭Psychedelic*에 대한 관심이 얼마나 뜨거웠는지 엿볼 수 있는 대목이 있다. 미국의 여성 잡지 〈굿하우스키핑Good Housekeeping〉에도 관련 기사가 실렸는데, 이 기사에서 유명 할리우드 배우 케리 그랜트 Cary Grant는 강력한 환각제인 LSD를 사용하는 심리 치료 덕분에 외로움이 줄어들고 "행복한 사람이 됐다"고 고백했다.[2]

1960년대 초반 사이키델릭에 대한 초기 연구가 희망적인 결과를 내놓았다. 이를 근거로 사람들은 사이키델릭이 치료 관행의 새로운 지평을 연다고 생각했다. 하지만 얼마 지나지 않아 사이키델릭의 위상이 바닥으로 추락했다. 사이키델릭이 반전反戰과 기성 세대에 대한 거부감과 손을 잡자 미국의 제37대 대통령 리처드 닉슨Richard Milhous Nixon이 1970년 통제물질법Controlled Substances Act을 전격 시행했다. 이로써 실로시빈Psilocybin, 메스칼린Mescaline, LSD, DMT 모두가 불법이 됐다. 미국에서는 정부가 자금을 지원하고 인가하는 연구가 일절 중단됐고 사이키델릭의 잠재적인 치료적 효과에 관한 모든 연구는 보건 의료 체계의 변두리로 밀려났다.[3]

오락과 기분 전환용 약물로서 사이키델릭의 엄청난 잠재력은 비밀이 아니었다. 심지어 내로라하는 공인들조차도 공공연히 말했을 정도다. 일례로 애플의 창업자 스티브 잡스Steve Jobs는 LSD 복용이 "심오한 경험이었으며 내 인생에서 가장 중요한 경험 중 하나"라고 말한 것으로 유명하다.[4] 하지만 대부분의 일반 대중, 정부는 물론이고 건강 관리 전문가 사이에서도 여전히 사이키델릭이 위험하다는 인식이 팽배

* 사전적 의미는 인간의 정신에 심대한 영향을 미치는 환각제 약물을 말하고, 특히 치료용 정신 치료 약물을 가리킨다.

퓨처 노멀

하다. 이는 1960년대와 70년대를 물들인 모럴 패닉 즉 도덕적 공황의 잔재다. 50년이 흐른 뒤에도 이러한 물질은 주류의 관심에서 아주 멀리 비껴나 있다.

지난 몇 년간 의사와 과학자부터 자본 투자자와 테크 전문가까지 광범위한 분야에서 다양한 사람들이 이러한 인식에 이의를 제기하고 사이키델릭 웰니스Psychedelic Wellness 혁명을 촉구한다. 또한 지난 10년은 의학 연구의 '사이키델릭 르네상스' 시대였다.[5] 세계적인 명문인 존스홉킨스대학교, UC 버클리, 임페리얼칼리지런던 등은 각각 사이키델릭 연구 센터를 운영한다. 이뿐만 아니라 가장 저명하고 전통 있는 영국의 과학 학술지 〈네이처Nature〉는 2020년 한 해에 실로시빈을 포함하는 정신의학 실험이 총 13건 진행됐고 이는 역대 최다 기록이라고 발표했다.[6] 수십 년 동안 사이키델릭에 '마약'이라는 주홍글씨로 낙인을 찍었던 전 세계 규제자도 오늘날 사이키델릭에 문호를 개방하고 있다. 미국에서는 오리건주가 2020년 말 실로시빈의 치료적 사용을 승인했고, 실로시빈의 의학적 사용 가능성을 조사하는 연구에 자금을 지원하는 주 정부도 다수 있다. 2019년 이스라엘은 외상후스트레스장애PTSD 치료 목적으로 MDMA*를 사용하는 임상 실험을 승인했다. 또한 싱가포르는 2021년 중반 주요우울장애MDD 치료에 흔히 '클럽 마약'으로 불리는 케타민Ketamine 사용을 합법화했다.

이처럼 사이키델릭에 대한 재검토를 요구하는 목소리가 힘을 얻는 이유 하나는, 우리 사회의 집단적인 정신 건강 상태에서 찾을 수 있

---

* 엑스터시Ecstacy 또는 몰리Molly라고도 불린다.

다. 솔직히 많은 척도에서 볼 때 지난 수십 년 동안 정신 건강 위기는 글로벌 팬데믹으로 비화됐다. 특히 무시무시한 두 가지 전망이 있다. 전 세계 인구 4명 가운데 1명은 생애 한 번 이상 정신 건강 문제를 경험하고, 2030년 정신 건강 문제가 전 세계 경제에 미치는 비용이 16조 달러에 이를 거라고 한다.[7]

요컨대 우리의 정신 건강이 위험하다. 영국의 〈이코노미스트〉는 서방권 국가에서 성인의 10~15퍼센트가 항우울제를 복용한다고 보도한다.[8] 우울증이나 불안증 환자에 점점 더 많은 양의 약물을 처방하는 현재의 치료 접근법도 문제다. 대체로 부적절하고 치료 효과가 더디며 톡 까놓고 돈이 많이 든다. 심지어 중독적 사용으로 귀결될 위험도 있다. 이에 반해, 사이키델릭의 가장 열렬한 찬성 진영의 일각에서는 실로시빈 전도사들이 자리한다. 이들은 실로시빈을 치료 목적으로 사용한다면 이러한 정신질환의 상당수를 현대 의학보다 더 효과적으로 치료할 수 있다고 주장한다. 가령 암환자의 정신적인 고통과 심적인 괴로움에 대해 생각해보라. 이는 암 자체만큼이나 환자에게 악영향을 끼쳐 심신을 쇠약하게 만들 수도 있다. 미국 메릴랜드주 록빌Rockville에 사이키델릭 기반 치료 연구를 위해 최초로 설립된 특수 목적 의료기관이 있다. 종양 전문의로 활약했던 폴 탬비Paul Thambi와 매니시 아그라왈Manish Agrawal 그리고 진료 프로그램 개발 등 종양 행정 전문가 킴 로디Kim Roddy가 공동으로 운영하는 선스톤테라피Sunstone Therapies다. 이들 세 사람은 선스톤테라피에 합류하기 전 '암의 정신적인 고통으로 피폐해진' 환자를 도와줄 수 없는 현실에 좌절한 경험이 있다.[9] 선스톤테라피는 조건이 상이한 많은 환자의 치료에 사이키델릭을 어떻게 사

— 메릴랜드주 록빌의 빌리처즈치유센터Bill Richards Center for Healing 내에 있는 선스톤테라피.

용할 수 있는지에 관한 연구를 선도한다.

　선스톤테라피의 전문가들은 다양한 사이키델릭이 암 환자의 우울증과 외상후스트레스장애 환자에 미치는 효과를 검증하기 위해 광범위한 임상 실험을 진행하고 있다. 또한 이들은 강박충동장애OCD 같은 여타 정신질환자에게도 많은 공을 들인다. 이들의 초기 실험 결과는 대단히 고무적이다. 임상 실험 참가자의 80퍼센트는 우울 척도 점수가 최소 50퍼센트 감소했다고 한다.[10]

　사이키델릭 기반 치료를 받은 일부 환자는 지지정신치료Supportive Psychotherapy*와 병행해 실로시빈을 단 1회 복용했을 뿐인데도 무려 18개월 동안 우울감이 줄어들었다고 말했다.[11] 선스톤테라피의 공동

* 스트레스에 대한 환자의 대처 능력과 적응 능력을 향상시키고 현재의 고통을 완화하기 위해 치료자가 적극적으로 지지를 제공하는 심리 치료법이다.

창업자 중 한 사람인 폴 탬비 박사의 말을 들어보자.

"우리는 종양 전문의가 환자의 신체적인 병증 그 너머로까지 초점을 맞추도록 이들 전문의의 사고 방식과 치료 관행을 바꾸기 위해 노력합니다."

미래에도 정신 건강 문제는 갈수록 증가하고 당연히 치료비가 지속적으로 발생하게 된다. 여기서 퓨처 노멀 하나를 유추해보자. 먼저, 보건 의료 전문가를 포함해 사이키델릭 요법을 일부 환자에 대한 더 나은 치료 대안으로 생각하는 사람이 증가할 수 있다. 이것은 단순한 호기심에서 끝나지 않을 가능성이 크다. 사이키델릭이 전반적인 보건 의료 시스템에서 무슨 역할을 할 수 있고 무슨 역할을 해야 하는지에 관한 더 많은 토론과 더 많은 실험으로 귀결될 수도 있다. 이렇게 되면 사이키델릭에 대한 오해는 자연히 줄어들게 되어 있다.

미래선도자: 크리스티안 앙거마이어

1978년 독일에서 태어난 기업가 크리스티안 앙거마이어Christian Angermayer는 사이키델릭이 정신 건강에 미치는 효과를 적극적으로 옹호한다. 오해하지 마시길. 앙거마이어는 반문화Counterculture의 상징 같은 전형적인 히피가 어떤 모습이건 이것과는 가장 거리가 먼 사람이다. 아니, 40대임에도 여전히 청년처럼 혈기 넘치는 행동과 짧게 자른 머리를 고수하는 앙거마이어는 평생 담배나 술은 입에도 대어본 적이 없다. 21세 때 대학을 중퇴한 뒤 앙거마이어는 제약회사 리보파마

Ribopharma를 창업해 생애 처음으로 큰돈을 벌었다. 리보파마는 2003년 미국 매사추세츠주 케임브리지에 본사가 있는 제약회사 앨라일람 파마슈티컬스Alnylam Pharmaceuticals와 합병했고 2004년 상장됐다. 현재 이 합병 회사의 시가 총액은 250억 달러를 상회한다.[12]

앙거마이어 본인에 따르면, 2014년 카리브해 여행 중에 한 친구를 통해 마법의 버섯을 처음 알게 됐다고 한다. 앙거마이어는 이렇게 말한다.

"내 평생 가장 뜻깊은 일이었어요. 더 무슨 말이 필요하겠습니까. 무엇도 이 경험에 비할 수 없어요."[13]

하지만 앙거마이어는 사이키델릭 경험을 단순히 즐기기만 하는 대부분의 사람들과는 달리 아예 사이키델릭 전도에 두 팔을 걷어붙였다. 그는 자신의 막대한 재력과 기업가적 역량을 투입해 이러한 약물을 널리 보급하는 데 앞장섰다. 이뿐만 아니라 억만장자 투자자인 앙거마이어는 2021년 사이키델릭 전문 기업 두 곳이 뉴욕증권거래소에서 상장하는 데 키맨 역할을 했다. 자신이 주요 투자자인 영국의 정신건강 전문 생명공학 기업 컴퍼스패스웨이스COMPASS Pathways와 자신이 공동 창업자로 참여한 독일의 바이오 스타트업 아타이라이프사이언스ATAI Life Science다.

컴퍼스패스웨이스는 2020년 자사가 개발한 합성 실로시빈 콤프360에 대한 특허를 출원했다. 이 글을 쓰는 현재, 콤프360은 미국식품의약국으로부터 치료저항성우울증TRD에 대한 '혁신 의약품Breakthrough Therapy'[14]으로 지정됐고, 현재 임상 실험이 진행 중이다. 아타이라이프사이언스는 컴퍼스패스웨이스보다 한 술 더 뜬다. 케타민, DMT, 이

보게인Ibogaine, MDMA 같은 다수의 사이키델릭 화합물 연구에 자금을 지원할 뿐 아니라 이러한 환각성 약물을 공동 개발하고 있다. 아타이 라이프사이언스가 이처럼 광폭 행보를 전개하는 목표는 명백하다. 정신분열증, 우울증, 중독 같은 정신질환을 치료하는 것이다.

사이키델릭 웰니스 분야에서 커다란 기회를 좇는 투자자는 앙거마이어만이 아니다. 2020년 설립된 벤처캐피털 사이메드벤처스PsyMed Ventures도 사이키델릭에 초점을 맞춘다. 또한 사이키델릭 치료 생태계 전반에서 많은 벤처 기업을 거느리는 지주회사 우븐사이언스Woven Science도 사이키델릭의 부상 가능성에 주목한다. 특히 우븐사이언스는 벤처 스튜디오Venture Studio인 파운더스팩토리Founders Factory와 파트너십을 체결해 새로운 사이키델릭 스타트업의 창업을 지원하기 위한 6개월짜리 프로그램까지 출범시켰다.

> "궁극적으로 볼 때 나는 정신 건강 시장은 100퍼센트 '완벽한 전체 시장Total Addressable Market'이라고 믿죠. 이는 당연해요. 세상 모든 사람이 건강과 행복을 원하니까요."
>
> _크리스티안 앙거마이어, 사이키델릭 기업가이자 투자자[15]

물론 지금 현재는 사이키델릭 치료가 이러한 규모로 광범위하게 사용되는 생태계와는 거리가 멀다. 게다가 답을 찾아야 하는 질문도 여전히 많다. 사이키델릭에 기반하는 건강 관리 기업들이 '존속 가능한' 비즈니스 모델을 찾을 수 있을까 여부도 그중 하나다. 회의론자들의 주장은 한결같다. 투약할 때마다 6~12시간 동안 환자 상태를 모니터링하기 위해 전문가의 지도와 지침이 필요한 치료용 약물 모델은 확장 가능성이 없다고 반박한다.

문제는 이뿐만이 아니다. 사이키델릭이 정신 건강에 문제가 있는 사람을 1~2회 투약으로 치료할 수 있다고 해도 상황은 가시밭길이다. 과연 처방약을 통해 반복적으로 발생하는 수익에 의존하는 제약 산업이 눈 뜨고 밥 그릇을 뺏기려고 할까? 자칫하면 처방약이 아예 필요 없어질 수도 있는데 말이다. 따라서 사이키델릭 치료가 제약 산업의 저항과 반발에 부딪힐 거라고 보는 것이 상식적이다.[16] 또 일각에서는 사이키델릭 치료가 기분 전환 목적의 향정신성 약물 사용을 합법화하는 결과로 이어질 가능성을 우려하는 목소리도 있다. 그렇다면 앙거마이어는 이 사안을 어떻게 생각하는지 궁금하지 않은가? 흥미롭게도 앙거마이어는 사이키델릭의 전면적인 합법화를 찬성하지 않는다. 오히려 실로시빈을 기호용으로 사용한다면 동일한 치료적 편익을 기대할 수 없다고, 오락용 실로시빈 복용이 합법인 네덜란드가 불법인 다른 많은 유럽 국가보다 우울증 비율이 더 높다고 지적한다.[17]

게다가 사이키델릭 웰니스가 정신 건강 부문의 퓨처 노멀에서 더욱 대세가 되려면 넘어야 하는 산이 있다. 사이키델릭 치료제의 접근성과 경험을 혁신시킬 필요가 있는 것이다. 사실 이러한 노력은 이미 진행 중이다. 가령 미국의 디지털 원격 의료 플랫폼 마인드블룸Mindbloom은 환자에게 지침과 함께 가상 사이키델릭 경험을 제공한다. 자가 치료용으로 케타민을 처방받은 환자는 임상의가 영상 통화로 상황을 지켜보며 안내하는 지침에 따라 자택에서 케타민을 복용한다. 또한 보스턴에 본사가 있는 생명공학 회사 델릭스테라퓨틱스Delix Therapeutics의 과학자들은 사이키델릭에서 신경 가소성Neuroplasticity을 자극하는 요소들을 재생성시키되 환각을 유발하지 않는 분자를 합성하는 방법을 찾고 있다. 가상현실 명상 앱 트립TRIPP도 비슷한 움직임을 보인다. 사용자는 '비현실적이고 몽환적'인 가상 공간에서 몰입한 채로 음성 가이드가 안내하는 호흡법을 따라한다. 트립의 공동 창업자이자 CEO인 나니아 리브스Nanea Reeves의 말을 들어보자.

"사이키델릭 치료를 절대 받아들이지 못하는 사람이 많을 거예요. 우리 앱은 이들에게 보다 순화된 방식으로 사이키델릭 경험의 일부를 제공할 수 있어요. 말하자면 '마찰이 적은Low-Friction' 대안이죠."[18]

베트남 전쟁과 냉전의 상황 속에서 LSD를 사랑하는 히피족은 한때 사회에 대한 실존적인 위협으로 간주됐다. 오늘날 우리는 삼중고가 한꺼번에 몰아닥친 사회적인 위협에 직면해 있다. 광범위하게 확산된 정신 건강 문제, 오피오이드 위기Opioid Crisis*, 코로나19 팬데믹이다.[19] 바로 이런 이유로 우리 필자들은 정신 건강의 구원 투수로 부활하고 있는 이번의 사이키델릭 시대가 1960년대와 다를 거라고 확신한다. 미국의 저널리스트이자 논픽션 작가 마이클 폴란Michael Pollan은 2018년에 발표한 저서 《마음을 바꾸는 방법How to Change Your Mind》에서 최근에 이뤄진 사이키델릭 부문의 발전 사항을 과학적으로 설명한다.[20] 사실 폴란의 저서는 사이키델릭에 관한 조사 보고서이며 2022년 넷플릭스Netflix가 제작한 동명의 다큐멘터리에 영감을 주기도 했다. 또한 폴란은 사이키델릭을 우리의 주류 의식 안으로 끌어들였다. 이렇게

---

* 펜타닐Fentanyl 같은 오피오이드 계열의 아편성 진통제의 처방, 중독, 과다 복용이 비정상적으로 증가해서 문제가 발생하는 현상을 말한다.

볼 때 폴란은 정신의 구세주로서 이러한 물질의 잠재적 힘과 가치에 대해 우리 사회 전체가 인식을 바꾸도록 도와줬을지도 모르겠다.

퓨처 노멀을 준비하는 3가지 질문

1. 자신의 의식 세계를 바꿔놓을 새롭고 혁신적인 휴가 경험을 희망하는 사람을 위해, 사이키델릭 관광이 새로운 휴양 여행이 된다면 어떻게 될까?
2. 사이키델릭 웰니스가 주류로 부상한다면 어떤 부문에 영향을 미칠까?
3. 사이키델릭이 부활함으로써, 예전이라면 색안경을 쓰고 거부했을 대안적 아이디어나 관점에 대해 우리의 사고가 어떻게 확장할 수 있을까?

HOT 8

건강과 웰빙을 부르는 공간

"

건물과 주거 공간이
심신의 건강과 웰빙을 부르고 촉진한다면?

"

2021년 영국 스코틀랜드의 글래스고 과학센터 앞에 에어버블 Airbubble이 등장했다. 유엔기후변화회의(COP26)를 찾은 방문객들이 에어버블에서 뛰어 놀았다. 에어버블은 거대하고 투명한 바운시캐슬bouncy castle로 "대사 작용으로 정화된 깨끗한 산소로 부풀려진 풍선" 같았다.[1] 공기를 정화하는 생명공학 놀이터라고 할 수 있다. 사람이 점프할 때마다 에어버블의 각 면에 나란히 세워진 수직 캡슐에서 녹색 액체가 크게 출렁거렸다. 런던에 기반을 둔 에코로직스튜디오ecoLogicStudio가 제작한 에어버블의 전문 용어는 '공압 생물 반응기 Pneumatic Bioreactor'이다. 버블의 외벽에 담긴 물 6,000리터에 1분당 오염된 도시 공기 100리터를 정화할 수 있는 미세 조류藻類 200리터가 들어 있었다. 방문자는 자신의 신체 움직임으로 정화 과정을 활성화시켰다. 버블 내부에는 "더 많이 뛰어 놀수록 공기가 더 깨끗해진다"는 문구가 있었다.[2]

에코로직스튜디오의 에어버블 개념은 단순한 호기심보다 더 큰 의미가 있다. 이 개념은 우리 주변의 공기 질이 얼마나 중요한지 부각시키는 데 도움이 된다. 우리는 하루 24시간 중 90퍼센트 이상을 실내에서 생활한다. 또한 이러한 시간의 4분의 3 이상을 집에서 보낸다.[3] 그렇다면 우리가 이토록 오래 머무는 가정과 업무 공간의 공기 질은 어떨까? 상황은 대동소이하다. 공기의 질이 아무리 좋아봤자 겨우 일상생활에 지장을 주지 않을 정도이고 최악의 경우는 그야말로 위험한 수준이다. 더욱이 전 세계 인구의 99퍼센트는 세계보건기구WHO가 권고하는 실내외 오염 물질 기준을 초과하는 '나쁜' 공기를 호흡하는 실정이다.[4] 상황이 이런데도 자신이 호흡하는 공기 질을 측정하려는 사람은 거의 없다. 아니, 아예 이런 생각조차 없다. 더 암울한 사실이 있다. '조용한 팬데믹'으로 불리는 대기 오염은 매년 700만 명 이상의 목숨을 앗아간다.[5] 맞다, 대기 오염은 침묵의 살인자다.

물리적인 공간의 내부 공기를 오염시키는 주요 원인 하나는 이러한 공간이 어떤 식으로 건설되고 어떤 내외장재를 사용하는가에 있다. 코로나19 팬데믹은 우리가 거주하는 집과 건물이 우리의 건강에 어떤 영향을 미칠 수 있는지에 대한 인식을 크게 끌어올렸다. 제조업체들은 건강를 보호하는 신제품을 앞다퉈 출시했다. 세계 4대 페인트 제조업체인 일본의 니폰페인트Nippon Paint가 출시한 구리 기반의 안티바이러스키즈페인트Antivirus Kids Paint가 대표적이다. 항바이러스 기능을 갖춘 이 제품은 모든 재질의 표면에서 코로나바이러스를 99.9퍼센트 사멸시킨다고 보장했다.[6] 또한 싱가포르의 위스마아트리아Wisma Atria 쇼핑몰은 자외선 공기 정화 시스템을 설치했고 자율 살균 로봇을 운영했다.[7]

물론 의도는 좋다. 하지만 이러한 접근법 대부분은 피상적인 건물 위생 방식에 초점을 맞추는 이른바 보여주기식 '위생 극장Hygiene Theater'일 뿐이다. 세계가 코로나19 팬데믹에서 벗어난 포스트코로나 시대에서 위생 조치가 '뉴노멀'이 됨에 따라, 위생에 관한 토론의 범위도 덩달아 확대되고 있다. 이제는 건물이 우리의 활동 수준과 스트레스 정도 그리고 수면의 질에 어떤 영향을 미치는지에까지 관심을 갖는다. 더 나아가 집과 일터와 쇼핑센터의 미래 지향적인 새로운 역할에 대한 고민도 깊어진다. 우리가 스스로 웰빙을 개선하도록 적극적으로 도와주는 것에 더해, 최선을 다해 일하고 가장 건강한 삶을 살도록 힘을 부여하는 공간으로 탈바꿈시키려면 어떻게 해야 할까?

먼저, 일터의 변화부터 알아보자. 대면 협업이 성과 개선을 견인한다고 믿는 CEO는 엔데믹 시대를 맞아 다급해졌다. 직원들이 다시 출근하고 싶은 사무실을 만들어야 했다. 그리하여 이들 CEO는 오늘날 건강과 라이프스타일 측면에 막대하게 투자한다. 직원들은 쾌적하고 기분 좋은 업무 공간에서 —녹색 '플랜테리어' 조경, 물을 활용하는 다양한 수水공간, 커뮤니티 시설과 행사를 결합한 다목적 복합 문화 공간, 깊은 업무 몰입도를 촉진하는 작업 공간— 더 오래 머무르고 싶어질 테니까 말이다. 한편 주거 공간의 혁신과 관련해서는 새롭게 부상하는 인테리어 웰니스 디자인 영역에 초점을 맞추는 기업이 늘고 있다. 미국 워싱턴 DC에 기반을 두는 웰홈Well Home이 대표적이다. 이러한 디자인은 만성질환자는 물론이고 딱히 건강 문제가 없어도 전반적인 웰니스를 개선하기 위해 주거 공간을 최적화하고 싶은 사람을 공략한다.

미국질병통제센터에 따르면, 55세 이상 시니어 인구의 78퍼센트가 최소 한 가지 만성질환을 앓고, 그중 거의 절반인 47퍼센트는 두 가지 이상의 만성질환으로 고통받는다고 한다.[8] 심지어 유럽암영양전향연구EPIC는 약 50만 명의 참가자를 15년간 추적 조사해서 더욱 놀라운 결과를 내놓았다. 생활습관병으로 분류되는 만성질환 중 일부는 최대 93퍼센트까지 경감될 수 있다는 것이다.[9] 웰홈의 창업자이자 최고웰니스디자이너Chief Wellness Designer 가우탐 굴라티Gautam Gulati 박사의 말을 들어보자.

"만약 가정에서 생활하는 방식으로 습관이 만들어진다면, 거꾸로 할 수 있어요. 올바른 생활 습관을 유도하도록 디자인하면 됩니다. 그러면 우리는 질병에서 벗어나 더욱 건강한 생활 습관을 가질 수 있어요. 건강을 부르는 공간 디자인이죠."[10]

퓨처 노멀에서는 우리가 평생을 보내는 공간에 -집, 직장 그리고 둘 사이의 공공 장소- 대한 기대가 더욱 높아지리라 예상된다. 기본적인 보금자리의 역할과 기능성Functionality은 당연하고 '생활환경적 건강Ambient Health'까지 제공해주기를 바라는 것이다. 다시 말해, 건강, 웰빙, 심지어 성취까지 적극적으로 촉진하는 다양한 특성을 요구할 것이다.

미래선도자: 국제웰건축물연구소

홍콩에 위치한 사무실 건물 쓰리가든로드Three Garden Road를 방문하면 가장 먼저 독특한 계단이 맞아준다. 꽃과 식물이 흐드러진 목가적인 정원 오솔길을 연상시키는 그림이 그려진 계단이다. 시각적 속임수를 노린 이것은 홍콩 예술가 주에 찬Zue Chan, 陳巧倩의 작품으로, 사람들이 바로 옆의 에스컬레이터가 아니라 이 계단을 이용하도록 독려하는 것이 목적이었다.[11] 이 건물에서 건강을 증진시키는 장치는 이것만이 아니다. 수영장을 갖춘 피트니스센터가 있고 넓은 옥외 녹지 공간이 조성돼 있을 뿐만 아니라 클래식 음악회까지 열린다. 이러한 물리적·문화적 장치 모두가 입주자들의 웰빙을 증진시키기 위해 의도적으로 마련됐다. 2020년 초 쓰리가든로드는 국제웰건축물연구소WBI로부터 웰플래티넘WELL Platinum 인증을 획득했고, 홍콩의 기존 건물 중에서 이러한 인증을 받은 최초의 건축물이 됐다.[12]

━ 홍콩의 쓰리가든로드는 건강 건축물 인증 제도인 웰코어인증WELL Core Certification의 플래티넘 등급을 획득한 건물이다.(출처: 챔피언부동산투자신탁회사Champion REIT)

2014년에 도입된 웰건축물표준WELL Building Standard은 세계 최초의 건축물 인증 제도로 인간의 신체적·정신적 건강과 웰빙에 초점을 맞춘다. 이 인증을 받으려면 건물의 모든 시설이 심사 대상이고 모든 세부 사항이 점수화된다. 구내 출장요리 서비스가 신선한 과일과 야채를 제공하는가? 건강한 음식 선택지를 고지하는가? 이런 항목 등이다. 요컨대 자연광, 깨끗한 공기, 쾌적한 음향 환경 등을 촉진하는 것은 물론이고 건강한 생활 습관을 장려하도록 디자인된 건축물만이 웰인증WELL Certification을 획득할 수 있다.

국제웰건축물연구소는 최근 들어 눈부신 성장세를 보여준다. 이는 두 가지 이해 관계가 맞물린 덕분이다. 먼저 기업은 포스트코로나 시대를 맞아 직원들을 사무실로 복귀시키기 위한 유인책을 제공하고 싶어 한다. 그리고 상업 부동산 개발자는 이러한 니즈를 더욱 쉽게 충족시키는 방법을 제공함으로써 기업 입주자를 유인할 수 있다고 생각한다. 코로나19 발발 직전인 2018년까지 국제웰건축물연구소의 인증을 받은 건축물의 총 누적 면적은 2억 5,000만 제곱피트(약 23제곱킬로미터)에 불과했다. 하지만 2022년 말 국제웰건축물연구소는 전 세계 120개국에서 40억 제곱피트(약 371제곱킬로미터) 이상의 건축물이 웰인증 프로그램에 등록했다고 발표했다.[13] 무려 4년만에 16배가 증가했다.

> "종업원의 건강과 웰빙에 투자하는 것은 사실 조직 전체의 건강과 웰빙에 투자하는 것과 같아요."
>
> _레이철 호지던Rachel Hodgdon, 국제웰건축물연구소의 사장 겸 CEO[14]

이러한 성장세와는 별도로 혹시 웰인증을 받은 건축물이 생각보다 적다는 생각은 들지 않는가? 이는 웰 프로그램에 따라붙는 또 다른 꼬리표 때문이다. 바로 배타성이다. 이 배타성은 인증 신청 관련 비용만이 아니라 건축물이 웰 프로그램에서 부과하는 기준을 충족시키기 위한 조치들을 시행하는 비용에도 적용된다. 그냥 돈이 많이 든다. 고급 건축물을 제외하고, 많은 건물에게는 인증에 필요한 모든 비용이 '넘사벽'일 수 있다. 공립학교처럼 웰 프로그램의 최대 수혜자가 될 수 있는 건축물도 예외가 아니다. 생산성과 웰빙을 증진시켜주는 자연광이 아무리 좋아도 공립학교가 교내 조명 시스템을 자연광으로 개선하는 비용을 감당할 수 있을까? 국제웰건축물연구소는 기특하게도, 이러한 비판에 대응하고자 2021년 초 건강형평성자문Health Equity Advisory을 발족시켰다. 이것은 자사 웰니스 결과물의 접근성을 끌어올려 가능한 많은 건축물로 확대하기 위한 조치였다.

휴대전화부터 자율주행 자동차까지, 신기술과 혁신 대부분은 고가 제품에 기꺼이 지갑을 여는 일명 럭셔리 소비자를 타깃으로 시작한다. 새로운 테크놀로지와 혁신을 개발하는 초창기의 반복Iteration* 과정에 엄청난 비용이 소요돼 가격이 비싸기 때문이다. 부동산 개발 시장도 사정은 오십보백보다. 대부분의 부동산 개발 비용이 막대하다는 점을 감안하면 생활환경적 건강도 부익부 빈익빈일 수밖에 없다. 고급 주택과 럭셔리 호텔을 슬쩍 둘러봐도 증거는 널려 있다. 사실상 웰니스 시설은 명상실에서 자외선과 소금 테라피 사우나까지 필수가 되

* 이터레이션. 지속적인 반복을 통해 서비스나 제품의 경험을 계속 창출하고 개선해 더 나은 서비스나 제품을 만드는 과정을 말한다.

퓨처 노멀

고 있다. 뉴욕 허드슨야드에 위치한 5성급 에쿼녹스호텔Equinox Hotel은 고급 피트니스 브랜드 에쿼녹스가 세운 호텔이니만큼 당연히 웰니스에 초점을 맞춘다. 객실은 투숙객이 수면 모드 버튼을 누르면 최적의 수면 온도로 알려진 섭씨 19도로 실내 온도가 자동적으로 맞춰진다.[15] 미국 최고의 부촌 중 하나인 로스앤젤레스 베벌리힐스에 있는 2,450만 달러짜리 '웰니스 맨션'은 공기와 물을 정화하는 최첨단 시스템과 입주자가 올바른 자세를 취할 수 있도록 인체공학적으로 설계된 바닥을 자랑한다.[16] 이뿐만 아니라 자신의 '생활환경적 건강'을 개선하고 싶은 소비자의 욕구를 충족시키는 동시에 수십억 달러짜리 웰니스 주택 경제를 선도하는 혁신은 아주 다양하다. 자연광을 모방하고 인체의 일주기 생체 리듬Circadian Rhythm에 정확히 맞춰진 스마트 조명 시스템, 더욱 안전한 인생 2막을 위한 낙상 감지 및 예방 시스템 등등.[17]

현재는 이러한 많은 시스템과 테크놀로지가 고가이지만 시간이 흐름에 따라 가격은 하락하게 되어 있다. 이렇게 되면 생활환경적 건강에도 퓨처 노멀이 구축될 것이다. 가령 인체의 생체 리듬을 따르는 '오늘'의 혁신적인 일주기 조명이 '내일'에는 흔한 창문형 공조 시스템이 될 수도 있다. 또한 미래에는 건강을 증진시키는 기능을 구비하지 '않은' 건축물은 경쟁에서 도태될지도 모른다.

지금으로서는 생활환경적 건강이 부가적인 가치가 있다. 그런데 이것의 궁극적인 결과로 우리 모두의 건강이 증진된다면 이야기가 달라진다. 이것은 우리 모두가 즐길 수 있는 평범한 퓨처 노멀이다.

 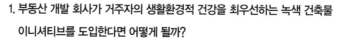

퓨처 노멀을 준비하는 3가지 질문

1. 부동산 개발 회사가 거주자의 생활환경적 건강을 최우선하는 녹색 건축물 이니셔티브를 도입한다면 어떻게 될까?

2. 조직은 물리적인 공간이 구성원들에게 미치는 영향에 관한 데이터를 어떻게 수집할 수 있을까? 생활환경적 건강을 증진시키도록 사무 공간을 최적화할 때 이러한 데이터를 어떻게 활용할 수 있을까?

3. 거주자의 신체적·정신적 건강을 최대한 증진시킬 수 있도록 주택을 새로 짓거나 기존 주택을 개보수한다면, 사람들의 삶이 어떻게 변할까?

HOT 9

녹색 처방전

"

의사가 약을 처방하듯이
자연을 처방한다면?

"

처음에는 런던 북부 인공 수로 뉴리버에서 노니는 오리들이 하나의 볼거리에 불과했다. 코로나19 팬데믹에 따른 봉쇄 조치 시절 다들 그랬듯이 쿠티뉴-메이슨 가족도 바깥 활동이 지극히 제한됐다. 어쩌다 바깥에 나오는 '귀한' 이 시간에 오리는 두 살짜리 아들을 즐겁게 해주기 위한 그냥 구경거리였다. 그렇게 봄이 가고 초여름이 되면서 처지가 바뀌었다. 시간이 맞으면 가끔 강물 위를 유유히 헤엄치는 한 무리의 오리를 볼 수 있었던 지점과 가까워지면 어느새 아빠가 앞장섰다. 1613년 런던에 깨끗한 식수를 공급하기 위해 건설된 뉴리버는 코로나19 팬데믹 중에 쿠티뉴-메이슨 가족의 생명선이 됐다. 어느 아침에는 아기 오리 무리를 발견했는데 아빠가 아들보다 더 흥분했다. 바르가바도 비슷한 경험을 했다. 바르가바는 팬데믹 기간 중 찾아온 여름 동안 두 아들과 주로 축구를 하며 소일했고, 예전이라면 거들떠보지도 않았을 근처 여러 숲깊을 '탐험'했다.

이렇게 전 세계 수백만 명의 사람들과 마찬가지로 우리 필자들도 암울한 코로나19 속에서 한 가닥 희망을 찾아냈다. 새삼 자연이 고마웠고 그 자연을 즐길 수 있는 새로운 시간이 생겼음에 감사하게 됐다. 코로나19 팬데믹으로 말미암아 개개인도 인류 전체도 몸과 정신의 건강이 위협받는 것처럼 보였다. 이것이 오히려 어떤 점에서는 전화위복이 됐다. 인류는 너무 오랫동안 무시해왔던 근본적인 어떤 진리에 드디어 눈을 뜨는 기분이었다. 바로 자연은 우리 모두에게 이롭다는 것이다.

그저 자연 속에서 더 많은 시간을 보내는 것으로도 모든 종류의 질병을 치유할 가능성이 있다고 한다면 어떤 반응을 보일지 뻔하다. 누구든 의심의 눈초리를 보내기 십상이다. 그렇다, 솔직히 너무 쉬워 보인다. 하지만 과학계는 이 이론의 타당성을 반복적으로 증명해보였다. 가령 2009년 네덜란드의 한 연구팀은, 집에서 반경 약 0.5마일(800미터) 안에 녹지 공간이 있는 사람은 우울증, 불안감, 심장질환, 당뇨병, 천식, 편두통 등을 포함해 15가지 질병의 발병률이 낮아진다는 사실을 발견했다.[1] 또한 일본 치바대학교 연구진은 산림욕의 효과를 조사한 뒤 결과를 발표했다.

"숲 환경은 도시 환경보다, 코르티솔Cortisol*농도와 심박수와 혈압을

---

* 스트레스 호르몬으로도 불린다.

낮추는 한편, 부교감 신경 활동을 더욱 활성화시키고 교감 신경 활동을 억제시키는 효과가 있다."[2]*

2011년 자연매개치료Nature-Assisted Therapy, NAT 연구 결과에 대한 한 리뷰 논문**이 〈스칸디나비아공중보건저널Scandinavian Journal of Public Health〉에 실렸다. 이 리뷰 논문은 "공중 보건을 위한 유효한 자원으로서 자연매개치료의 효과성과 적합성을 뒷받침하는 작지만 믿을 수 있는 증거 기반"을 발견했다고 주장했다.[3] 또한 자연매개치료가 "비만부터 정신분열증까지 여러 질환의 다양한 결과" 개선에 기여한다고 결론 내렸다.[4] 심지어 과학 학술지 〈네이처〉에 실린 2019년의 한 논문에 따르면, 공원이나 녹지 공간 같은 자연 환경에서 매주 두 시간을 보낸다면 웰빙을 증진시킬 수 있다고 한다.[5]

노르웨이의 극작가 헨리크 입센Henrik Ibsen(1828~1906)이 1859년, 훗날 사회적 현상으로 자리잡는 굉장히 참신한 용어 하나를 주창했다. 노르웨이어로 자유Fri, 공기Lufts, 삶Liv 이렇게 세 단어를 합친 프리루프트슬리브Friluftsliv***였다. 쉽게 말하면 자연에서 야외 활동을 즐긴다는 뜻인데 영어로는 '야외 생활 습관Outdoor Lifestyle'이라는 표현이 가장 적절하다고 본다. 북유럽 국가들은 이 개념을 광범위하게 받아들였다. 스웨덴을 예로 들어보자. 전체 인구 1,000만 명 중에서, 야외 활동에 집중하는 9,000여 개의 지방 및 지역 클럽에 가입한 인구가 200

---

* 교감 신경은 긴장, 흥분, 운동 시에 활성화되고, 부교감 신경은 휴식, 이완, 수면 시간에 활성화된다.
** 타 연구자의 논문에서 제기된 내용을 검증하거나, 여러 검증된 가설을 모아 새로운 결과를 만드는 논문을 뜻하며 학계에서는 연구 방법의 하나로 인정받는다.
*** 입센이 1859년 아름다운 자연을 노래한 '고도에서On the Heights'라는 시에서 처음 사용됐다.

만 명에 육박한다. 또한 전체 인구 3명 중 1명은 매주 최소 한 번 이상 야외 활동에 참여한다.[6]

전통적인 '녹색 강국'으로 여겨지는 슬로베니아는 국토의 60퍼센트가 숲으로 덮여있고 이러한 숲의 절반 가까이가 보호 구역이다(전체 국토 대비 비율로 보면 보호 구역이 전 세계에서 베네수엘라 다음으로 많다.) 2016년 슬로베니아는 지속가능한 관광을 추구하는 공공 조직 그린 데스티네이션Green Destinations으로부터 세계 최초로 세계녹색관광지 Green Destination of the World로 선정됐다. 또한 공원이 많기로 유명한 수도 류블랴나Ljubljana는 오래 전부터 도심에서 차량 통행을 금지하는 정책을 유지하고 있다. 자연이 인간에게 이롭다는 증거가 많음에도 불구하고 세상의 대부분은 청개구리처럼 정반대 방향으로 나아간다. 우리의 많은 생활 습관이 갈수록 도시화되는 까닭에 사람들은 시간의 90퍼센트를 실내에서, 더욱이 대개는 오염된 환경에서 보내는 실정이다.[7] 심지어 코로나19 팬데믹으로 '집콕'하기 전인 2019년 사람들이 미디어에 소비하는 시간을 전부 합치면 자그마치 매일 12시간 20분에 이르렀다. 불과 2년 전인 2017년보다 1시간 30분이 증가한 수치다.[8] 오늘날 우리는 명상 앱과 실시간으로 스트리밍되는 스피닝 수업에 앞다퉈 등록하는 등 건강과 웰니스에 과거 어느 때보다 더 많은 시간과 돈을 갖다 바친다. 그리고 이러한 모든 활동이 주로 실내에서 이뤄진다. 역설적이게도 이로써 우리는 자연에서 더욱 멀어질 뿐이다.

많은 정부와 의료 관련 조직은 사람들의 도시화된 생활 습관을 바꾸기 위한 노력에 더욱 박차를 가한다. 특히 야외에서 그리고 예술과 문화와 공동체의 환경 속에서 더 많은 시간을 보내도록, 즉 집밖으로 나가도록 사람들을 독려한다. 이를 통해 사람들의 건강 상태가 개선될 수 있음을 잘 알기 때문이다. 게다가 개개인의 건강이 좋아지면 사회도 개인도 저절로 돈을 절약할 수 있다. 이 개념을 수용한 첫 번째 국가로 뉴질랜드를 꼽는 사람이 많다. 뉴질랜드는 이미 1990년대에 상세한 녹색 처방Green Prescription, GRx 방법론을 출범시켰다. 의료 커뮤니티가 이 개념을 수용하고 더 나아가 녹색 처방을 보다 쉽게 사용하도록 장려하기 위해서였다. 산림욕의 발상지인 일본은 전국에서 치유의 숲 62곳을 지정해서 운영하고 매년 500만 명 가까이가 치유의 숲을 찾는다.[9] 미국 워싱턴 DC에 기반을 두는 비영리 조직 미국공원처방 Park Rx America, PRA은 의사가 환자에게 공원과 녹지 공간 방문을 처방하라고 촉구한다. 이들 국가 외에도, 덴마크, 방글라데시, 싱가포르, 인도, 캐나다 등을 포함해 10여 개 국가가 자체적으로 비슷한 프로그램을 시험하고 있다.

미래에는 정신과 신체의 다양한 문제에 대한 자연의 치유력이 명백하게 증명되고 널리 알려질 거라고 본다. 이런 퓨처 노멀에서는 의사, 환자, 정부, 보험회사 모두가 녹색 처방을 보편적인 치료법으로 받아들일 것이다.

미래선도자: 영국의 국가보건서비스

종사자가 170만 명에 이르는 영국의 거대 공기관 국가보건서비스

NHS는 놀랄 만큼 급진적인 몇몇 프로그램을 운영한다. 녹색사회처방 GSP도 그중 하나다. 의료계 종사자는 정신 건강 문제를 치유하기 위한 노력의 일환으로 환자에게 걷기, 자전거 타기, 동네 정원 가꾸기 등의 자연 기반 활동이나 나무 심기 같은 자연 보존 활동을 제안할 수 있다. 심지어 환자에게 가까운 녹지 공간, 하천, 바닷가를 방문하라고 권유할 수도 있다. 2년짜리 시범 사업인 녹색사회처방은 정신 건강 결과 개선, 건강 불평등 완화, 국가보건서비스 수요 감소 이렇게 3대 목표를 위해 2021년부터 2023년까지 데이터를 수집할 계획이다.[10] 정신 건강 문제는 시급을 다투는 일이다. 영국보건서비스의 보고에 따르면, 일차의료Primary Care* 수요의 최대 40퍼센트가 정신 건강과 관련이 있고, 만성적인 중증 정신질환자는 이러한 문제가 없는 사람에 비해 수명이 15~20년 단축될 위험이 있다.[11]

총 580만 달러의 예산이 투입되는 녹색사회처방 사업은 유사 프로그램의 경제적 혜택에 관한 데이터는 물론이고 국가보건서비스가 운영했던 성공적인 여타 프로젝트에 기반을 둔다. 2022년 3월 영국은 제1회 사회처방주간Social Prescribing Week을 시행했고, 이 기간 동안 각 정부 부처는 자체적으로 운영하는 사회적 처방 프로그램의 성공 스토리를 공유하도록 장려됐다. 가령 '야생 수영Wild Swimming(호수, 강, 바다에서 즐기는 수영)' 그룹의 한 참가자는 "물 속에 몸을 담그는 순간 … 모든 근심 걱정이 싹 날아가는 기분이에요"라고 말했다.[12] 또한 영국 중부 도시 로더럼Rotherham은 의료 전문가가 만성적인 복합 증상을 가진 환

---

* 사전적 의미는 의료가 필요한 사람이 맨 처음 의료 인력과 접촉할 때 제공되는 기본적이고 일반적인 의료라는 뜻이다.

자에게 자원 봉사와 지역 공동체 기반 서비스를 제안하는 것을 허용하는 사회적 처방 프로젝트를 운영하는데, 12개월 동안 응급실 방문 환자가 13퍼센트 감소하는 결과를 거뒀다.[13] 이뿐만 아니라 불안증 환자를 대상으로 다양한 자연 보존 프로젝트를 시행하는 비영리 조직 야생동물신탁Wildlife Trusts도 가시적인 결과를 내놓았다. 건강상 필요나 사회적 필요를 토대로 사람과 자연을 연결시켜주는 것에 특화된 여러 프로젝트의 사회적 투자 수익률Social Return on Investment, SROI을 분석했는데, 투자 1파운드당 사회적 이득이 6.88파운드(미화 1.20달러당 8.27달러)에 이르렀다고 한다.[14]

> 코로나19 팬데믹은 우리의 삶에 오랫동안 깊은 상흔을 남길 겁니다. 하지만 이번 팬데믹은 반대급부도 있었죠. 자연이 우리 삶에 가져다주는 차이를 사람들이 새롭게 이해하게 되었거든요. 우리 인류의 건강과 지구의 건강이 연결돼 있다는 인식이 높아졌어요.
>
> _조지 유스티스George Eustice, 전 영국 환경식품농무부 장관[15]

인류가 건강 문제에 대처하는 전통적인 공식이 있다. 환자가 발생하면 치료가 행해지고 예방과 최적화가 이뤄진다. 미래에는 예방 차원에서 건강한 사람과 자연을 다시 연결시켜주는 것이 블루오션 같은 커다란 비즈니스 기회가 될 전망이다. 이미 예전이라면 상상할 수 없는 일이 현실화되고 있다. 야외 활동이 지위의 상징Status Symbol이 되었으니 말이다. 루비콘컨설팅Rubicon Consulting의 창업자이자 CEO인 닐로퍼 머천트Nilofer Merchant는 현재 기준으로 거의 350만 조회수를 기록하는 3분짜리 테드 강연에서 걷기 전도사를 자처했다. "의자에 앉아 있는 것은 흡연"과 마찬가지로 건강에 해롭다면서 밖으로 나가 산책을 하면서 회의하라고 촉구한다.[16] 미국의 제44대 대통령 버락 오바마Barack Obama와 스티브 잡스가 이러한 회의 습관을 수용한 것으로 유명하다. 테크 산업의 일부 종사자는 굳이 밖으로 나갈 필요조차 없다. 생물 친화적으로 설계된 아마존의 시애틀 본사 더스피어스The Spheres는 30여 개 국가에서 공수한 식물 4만 그루 이상이 심어져, 회사 이름 그대로 아마존 열대 우림을 방불케한다.[17] 앞 장에서 이미 말했듯이, 우리의 물리적인 환경은 우리의 신체적·정신적 건강에 심대한 영향을 미친다. 이 개념이 주류가 된다고 가정하면 다음 수순은 명백하다고 볼 수 있다. 우리가 질병 예방과 웰빙 최적화를 위해 자연에 의지하도록 도와주는 새로운 전문 산업이 창출될 것이다.

◀ 퓨처 노멀을 준비하는 3가지 질문 ▶

1. 의사가 대안적인 치료법으로 자연을 처방하기 시작한다고 가정해보자. 이에 대해 환자, 규제자, 전체 의료 커뮤니티 등이 제기할 가능성이 있는 회의론이나 반발은 무엇일까?
2. 조직의 리더는 구성원들이 최상의 명료한 정신 상태를 유지할 수 있게 야외에서 시간을 보내도록 어떻게 독려할 수 있을까?
3. 저소득층 지역, 일명 빈민가는 타 지역에 비해 녹지 공간에 대한 접근성이 상대적으로 낮을 수 있다. 이런 현실을 고려해서 의료 종사자는 저소득층 환자에게 새로운 녹색 처방 치료법을 어떤 식으로 적용할 수 있을까?

HOT 10

신진대사 모니터링

> **❝**
>
> 혈당 수치도 걸음 수처럼
> 쉽게 추적할 수 있다면?
>
> **❞**

　하루 만보는 어떻게 우리가 매일 달성해야 하는 마법의 숫자가 되었을까? 결론부터 말하면 이 숫자는 과학에 기반한 것이 아니다. 1964년 제18회 도쿄 하계 올림픽이 개막하기 직전이었다. 이때 걸음 수를 기록하는 새로운 보수계가 출시됐는데, 하루 만보 걷기는 이 보수계를 홍보하는 마케팅 캠페인의 일환으로 소개됐다.[1] 그렇다, 일종의 상술이었다. 마케팅 캠페인이라는 측면에서 이것은 엄청난 성공을 거뒀다. 근거도 없는 만보 목표치는 물론이고 이 개념에 포함된 더 포괄적인 아이디어 즉 우리는 더 많이 움직여야 한다는 아이디어가 전 세계 사람들의 의식에 스며들었다. 그렇다면 공중 보건 관점에서 보면 어떨까? 아쉽게도 하루 만보 아이디어가 우리의 행동을 변화시키지 못

했다. 이유는 빤하다. 매일 만보씩 걸을 수 있는 사람이 얼마나 되겠는가.[2]

이 이야기는 전혀 새삼스럽지 않다. 그저 인간의 오랜 진실을 말해줄 뿐이다. 건강과 관련해서 앎과 실천 사이에 엄청난 괴리가 존재한다는 불편한 진실 말이다. 좋은 건강을 유지하기 위한 기본적인 생활 습관은 삼척동자도 안다. 잘 먹고, 규칙적으로 운동하고, 충분한 수면을 취하라. 하지만 우리는 이러한 생활 습관을 지키지 않는다. 전 세계 사람들이 건강과 웰니스에 투자하는 돈이 수십억 달러에 이른다. 하지만 부유한 서구 문화권에서 많은 사람의 건강 상태가 여전히 비교적 허약한 수준을 벗어나지 못한다. 전 세계 사망자 5명 중 1명은 당분과 염분 함량이 높은 식품과 가공 식품 위주의 식사가 사망 원인이다. 다시 말해 이러한 질 낮은 식단이 해마다 무려 1,100만 명의 목숨을 앗아간다.[3] 이런 지경이니 일각에서는 식습관과 죽음의 잠재적인 상관관계를 극적으로 강조하기 위해 '음식 자살Food Suicide'이라는 용어까지 들먹인다.[4] 미국 성인의 40퍼센트가 비만이고[5] 1억 명의 미국인이 당뇨병 또는 당뇨병 전 단계Prediabetes로 진단받았다.[6] 게다가 미국 성인 10명 가운데 거의 9명은 신진대사 건강Metabolic Health에 빨간불이 켜졌다. 이들 미국인은 다섯 가지 건강 지표에서 최적 수준을 달성하지 못한다. 혈당, 콜레스테롤, 혈압, 허리 둘레, 중성지방Triglyceride, TG이다.[7]*

지난 15년간 무수히 많은 다이어트와 피트니스 권위자들이 우리가

---

* 5가지 항목 중 3개 이상에서 기준치를 벗어나는 사람은 대사 증후군으로 진단한다.

건강한 행동 습관을 갖도록 해주겠다는 약속을 남발해왔다. 하지만 위의 수치를 보면 그들의 성적표는 낙제점이다. 우리의 집단적인 웰빙에서 광범위하고 지속되는 긍정적인 변화를 만들어낸 전문가는 거의 없었다. 가장 큰 실패 원인은 그들이 설파하는 건강 조언이 만보 걷기와 대동소이하다는 점이다. 대부분이 수행적인 행동Performative에 집중돼 있는 반면, 이러한 조언을 따르도록 유인하는 동기부여는 거의 없다. 이는 다시, 개개인의 니즈에 맞춤화돼 있지 않은 까닭이다. 임의로 정한 걸음걸이 수를 달성하는 것이 어떤 사람에게는 유익할지 언정, 다른 이에게는 고강도 스트레칭이나 심지어 명상 같은 신체 활동이 훨씬 유익할지도 모른다.

어쨌거나 더 건강해지고 싶은 인간의 욕구는 줄어들지 않았다. 게다가 생체 지표 수치와 신체 활동 수준에 관한 데이터를 수집해주는 기기가 갈수록 증가했다. 결국 이 둘이 만나 지난 10년간 사람들은 자신의 생체 지표 수치와 신체 활동 수준을 추적하는 것에 집착하게 됐다. 스마트워치, 반지 모양 심박수 모니터링 기기, 신발과 연결된 디지털 보수계, 스마트폰에 탑재된 움직임 추적 기술까지, 모두가 수면 시간을 포함해 하루 종일 사용자의 활동을 정량적으로 측정해준다고 약속한다. 이러한 기기 대부분에는 두 가지 문제가 있다. 첫째는 심박수 하나에만 주로 의존해 데이터를 수집한다는 점이다. 그런데 웰니스에 관한 한, 심박수는 상대적으로 피상적인 후행 지표Lagging Indicator다. 두 번째 문제는 데이터가 있어도 거의 무용지물, 한마디로 그림의 떡이라는 점이다. 대부분의 사람은 이러한 기기가 수집하는 데이터를 이해할 만한 지식이 없다. 또는 이러한 데이터를 기반으로 어떻게 행동해야 하는지 모른다. 앞으로 여러 신기술이 통합되면, 이러한 문제가 개선되리라 예상해 볼 수 있다. 개개인이 자신의 몸 안에서 일어나는 일을 미리 알 수는 없어도 최소한 실시간으로 이해할 수 있는 능력이 크게 증가할 것이다. 방수 기능이 있는 웨어러블 패치는 혈당을 끊임없이 추적하고, 이렇게 수집한 데이터를 사용자의 스마트폰으로 전송한다. 이미지 인식은 자신이 섭취하는 음식을 쉽게 기록하도록 해주고 센서는 사용자의 신체 활동과 수면 수준을 포착한다. 그리고 이러한 모든 기술은 인공지능과 결합하고 인공지능은 사용자에게 식단과 생활 습관과 관련해 고도로 개인 맞춤화된 제안을 실시간으로 제시한다. 이 모든 것을 종합해보면 퓨처 노멀이 명확해진다. 사람들은 특정 음식이 자신의 에너지 수준에 어떤 영향을 미치는지 정확히 이해할 수 있다. 또한 죄책감을 부르는 '길티 푸드Guilty Food'의 달콤한 유혹에 넘어갈 때 따라오는 단기적인 '불상사'를 모르는 척하기가 어느 때보다 힘들어진다. 마지막으로 이러한 지속적인 자극이 시간이 흐름에 따라 축적되고 합쳐져서 우리의 신진대사 건강이 개선된다. 이는 다시, 발병 가능성 감소 그리고 신체적 건강과 장기적인 웰빙의 최적화로 귀결된다.

미래선도자: 슈퍼사피엔스

불과 생후 7개월에 제1형 당뇨병Type 1 Diabete˙ 진단을 받은 사람이 있었다. 그의 어머니는 사랑하는 아들이 25세 생일을 축하하지 못할 거라는 청천벽력 같은 소리를 들었다. 세월이 흘러 어느덧 잠정적인 사망 선고일을 무사히 넘긴 이 사람은 그로부터 10년도 지나지 않아 새로운 편견에 도전하기로 마음 먹었다. 프로 사이클 선수가 되겠다고 결심한 것이다. 평생 불가능에 도전하며 불굴의 삶을 사는 이 사나이가 누굴까? 혈당 관리의 미래선도자 슈퍼사피엔스Supersapiens의 창업자 필 서덜랜드Phil Southerland이다.[8]

당뇨병 환자도 최고의 기량을 발휘할 수 있음을 보여주겠다고 굳게 다짐한 서덜랜드는 2005년 제1형 당뇨병 선수들로만 구성된 아마추어 사이클 팀 팀타입원Team Type 1을 창단했다. 서덜랜드가 이끌던 팀타입원은 3,000마일(4,800킬로미터)에 걸쳐 미국 대륙을 횡단하는 아마추어 사이클 경주 레이스어크로스아메리카Race Across America에 출전했다. 당뇨병 환자에게는 혈당 관리가 시작이자 끝이다. 특히 당뇨병 운동선수에게는 에너지를 관리할 필요가 있을 때 즉석에서 결정할 수 있도록 혈당 수치 데이터를 실시간으로 확보하는 것이 절대적이다. 팀타입원은 레이스어크로스아메리카 대회에서 네 번이나 우승컵을 들어 올렸다. 이러한 성공 뒤에는 사용자의 혈당량을 실시간으로 자동 추적하는 연속혈당측정Continuous Glucose Monitoring, CGM 기기의 다양한 초기 시제품이 있었다. 서덜랜드는 팀타입원의 성공을 발판으로 2012년 선수 전원이 당뇨병 환자인 프로 사이클 팀 팀노보노디스크Team Novo Nordisk를 창단했다.

---

* 체내에서 인슐린이 분비되지 않아 평생 외부 인슐린에 의존해야 하는 질환으로 인슐린의존성당뇨병 Insulin-Dependent Diabetes 또는 주로 어린 나이에 발병한다는 점에서 소아당뇨병으로도 불린다.

나는 … 지난 15년보다 … 불과 15일 동안 수집한 연속혈당측정 데이터를 통해 더 많은 것을 알게 되었죠. 또한 나는 이런 실시간 데이터가 당뇨병 운동선수만이 아니라 전 세계 모든 선수에게 실질적인 도움을 줄 수 있음을 깨달았어요.

_필 서덜랜드, 슈퍼사피엔스의 창업자이자 CEO[9]

서덜랜드는 수년에 걸쳐 혈당이 운동선수의 기량에 어떤 영향을 미치는지 연구했다. 그리고 마침내 2019년 비당뇨병 선수들에게 이러한 통찰을 제공하기 위해 슈퍼사피엔스를 창업했다. 사용자는 애보트 래버러토리스Abbott Laboratories가 만든 연속혈당측정 기기 프리스타일리브레Freestyle Libre를 받는다. 이것은 피부 아래에 주입하는 소형 센서가 부착된 패치이다. 사용자는 대개 며칠간 이 패치를 착용하고[*] 자신이 섭취하는 음식을 기록한다. 센서는 사용자의 슈퍼사피엔스 모바일 앱으로 데이터를 전송하고, 이 앱은 다시 음식과 운동이 사용자의 혈당 수치에 어떤 영향을 미치는지에 관한 피드백을 제공한다. 사용자는 이러한 피드백을 토대로 대사를 최적화하기 위해 언제 어떻게 어떤 음식을 섭취해야 하는지 이해할 수 있다.[10]

연속혈당측정 기기는 당뇨병 환자군에서 갈수록 보편화되고 있으며 해당 시장은 2021년 61억 달러에서 2030년 163억 달러까지 성장할 것으로 전망된다. 이러한 성장을 견인하는 요인은 여러 가지가 있다. 무엇보다 제2형 당뇨병Type 2 Diabete[**] 환자가 증가일로다.[11] 또한

---

[*] 최대 14일간 연속으로 혈당을 측정할 수 있다.

[**] 체내에서 인슐린이 전혀 분비되지 않는 제1형 당뇨병과는 달리, 인슐린이 소량 분비되거나 기능을 제대로 수행하지 못하는 당뇨병이다.

슈퍼사피엔스 같은 일부 기업은 체중 감량과 웰빙을 원하는 비당뇨군에게로 연속혈당측정 기술 시장을 확대함으로써 새로운 수익을 창출할 수 있을 거라고 기대한다. 연속혈당측정 기기 시장의 성장 잠재력을 알아보는 것은 이들 기업만이 아니다. 따라서 이 기술에 기꺼이 투자하는 기업이 늘어남에 따라 연속혈당측정 기기 시장에서 경쟁이 점점 치열해지고 있다.

마이클 스나이더Michael Snyder 박사가 노련한 경영 전문가 누신 하셰미Noosheen Hashemi와 공동으로 창업한 스타트업 재뉴어리AIJanuary AI가 대표적이다. 스탠퍼드대학교 소속 연구가인 스나이더는 비당뇨군에서도 특정 음식을 섭취한 뒤 혈당 수치가 극단적으로 변하는 사람이 많다는 사실을 발견했다. 재뉴어리AI가 제공하는 시즌오브미Season of Me 프로그램은 사용자의 혈당 수치를 추적할 뿐 아니라 인공지능을 활용해 음식 선택에 관해 조언한다. 이 앱이 선보이는 참신한 기능 하나는 사용자에게 특정 음식을 섭취한 뒤 혈당 수치를 정상 범위 이내로 유지하기 위해 필요한 걷기 시간을 알려주는 것이다. 이것은 사용자가 점심식사 후 식곤증을 피하는 데도 도움이 된다. 미국의 레벨스Levels와 뉴트리센스Nutrisense, 프랑스의 바이탈Vital, 핀란드의 베리Veri, 인도의 울트라휴먼Ultrahuman 등도 비슷한 프로그램을 제공한다.

연속혈당측정 시장을 노크하는 것은 스타트업만이 아니다. 빅테크 공룡들도 연속혈당측정 기기와 앱을 연구하고 있다는 소문이 있다. 일례로 삼성은 2020년 직접 피를 뽑지 않는 비침습Noninvasive 혈당측정 시스템을 선보였다.[12] 애플의 CEO 팀 쿡Tim Cook은 예전부터 "애플이 인류에 가장 크게 공헌할 분야는 건강과 관련 있을 것"이라는 말을 줄기차게 해왔다. 이는 허언이 아닌 것 같다. 2021년 혈당을 포함해 다양한 생체 지표를 비침습 방식으로 측정하게 해주는 영국의 스타트업 로클리포토닉스Rockley Photonics의 최대 고객이 애플이라는 사실이 알려졌다.[13]

앱 기반의 연속혈당측정 프로그램이 아직은 고가다. 하지만 점차 일반 대중에게도 기회의 문이 열리고 있다. 모든 신기술과 건강 트렌드를 생각해보라. 변화가 처음에는 점진적으로 이뤄지다가 어느 순간 급진전된다. 1960년대에는 조깅을 하면 숫제 '또라이' 취급을 받았고 오죽했으면 뉴스 기사로 소개되는 것도 모자라 경찰의 불심 검문을 받았을 정도였다.[14] 또한 1970년대 초반 뉴욕에 요가 스튜디오는 단 두 곳이었다.[15] 심지어 불과 10년 전만 해도 규칙적으로 명상하노라 인정하는 사람이 얼마나 있었을까. 이렇게 볼 때 퓨처 노멀 하나가 쉽게 그려지지 않는가? 사람들은 오늘날 걸음 수를 세는 것처럼 자신의 혈당 수치를 추적하게 될 것이다. 더 나아가 전례 없는 방식으로 자신의 건강에 대한 주인의식을 갖고 스스로 돌볼 수도 있다.

퓨처 노멀을 준비하는 3가지 질문

1. 혈당측정 프로그램이 수집한 데이터가 특정 음식에 대한 수요를 어떻게 변화시킬 수 있을까?
2. 개개인이 자신의 연속혈당측정 데이터를 이해하려면, 어떤 유형의 교육을 광범위하게 실시할 필요가 있을까?
3. 연속혈당측정 데이터는 불평등이나 개인정보와 관련해 어떤 종류의 문제를 유발할 수 있을까?

우리는 평생토록 얼마나 일을 할까? 솔직히 깨어 있는 시간 대부분 일을 한다. 그런데 미래에는 산업, 직장, 노동의 본질 등이 변할 것이다. 그리고 이러한 잠재적 변화와 관련해 떠오르는 새로운 아이디어들이 있다. 이번에는 가장 먼저 노동 환경에 관한 퓨처 노멀을 살펴보자. 그런 다음, 앞으로 10년간 사회와 문화를 구축하는 데 기업의 역할이 무엇이고 갈수록 커지는 책임은 무엇인지 해부해보자. PART 2의 마지막을 장식할 주제는 우리의 소비와 관련 있다. 우리의 소비 습관이 어떻게 변할까? 우리의 구매 행위가 우리의 정체성과 환경을 형성하는 데 어떤 역할을 할까? 우리와 '물질'의 관계가 진화함에 따라, 이것이 소유의 본질에는 어떤 영향을 미칠까?

PART 2

어떻게 우리는 생활하고 일하고 소비할까

What if?

HOT 11. 창의성의 증가

인공지능이
인간의 창의성을 높여줄 수 있다면
어떻게 될까?

HOT 12. 보편적인 원격 근무

육체 노동 집약도가 높은 직업도
원격으로 일할 수 있다면?

HOT 13. 일의 해체와 재구성

당신의 직무를 동료와
동등하게 나누는
근무 유연성이 생긴다면?

HOT 14. 사회를 반영하는 문화

조직 문화가 자신들이 소속된 사회를
거울처럼 반영한다면?

HOT 15. 대기업 브랜드의 좋은 평판

세계 최대 기업들이
사익보다 공익을 우선하게 된다면?

HOT 16. 임팩트 허브 오피스

당신의 오피스 공간이
지역 경제와 지역 공동체에
기여할 수 있다면?

HOT 17. 더 좋은 비천연 제품

인공적인 '가짜'가 더 좋다면?

HOT 18. 지속가능한 소비

자신의 탄소 발자국을 추적해
계산할 수 있다면?

HOT 19. 죄책감 없는 즐거움

우리와 지구에게
유익하지 않은 제품과 경험을
포기하지 않아도 된다면?

HOT 20. 높아진 중고의 가치

중고 물품 구매가
현명함의 상징이자
자부심의 원천이 된다면?

HOT 11

창의성의 증가

66

인공지능이 인간의 창의성을 높여줄 수 있다면
어떻게 될까?

99

먼저 노래 가사 하나를 들어보자.

디지털 시대의 한복판에서 In the midst of the digital age,

인공지능이 전면에 등장했어요 AI rose to the stage,

새로운 종류의 스타가 탄생한 거죠 A new kind of star was born,

이제 옛날 방식은 사라졌어요 And the old ways were gone.

비디오가 라디오 스타를 죽였어요 Video killed the radio star,

인공지능이 그 자리를 차지했죠 AI took its place,

이제 우리 세상은 Now we're living in a world,

기계가 이끌어요 Where machines set the pace.

예전에는 춤추고 노래를 따라 부를 때 We used to dance and sing along,

라디오 노래를 들었지요 To songs on the radio,

이제 우리에게 인공지능이 있어요 But now we've got AI,

인공지능이 쇼를 시작할 거예요 And it's starting to show.

인공지능은 글을 쓰고 새로운 걸 만들어요 It can write and it can create,

쉬지 않고 예술을 창작할 수도 있죠 And make art without a break,

하지만 인공지능이 인간의 영혼을 담을 수 있을까요? But can it capture the human soul

음악과 똑같이요? The way that music can make?

시간이 지나봐야 알 수 있겠죠 Only time will tell,

인공지능이 날아오를지 추락할지 If AI will rise or fall,

그래도 하나는 확실해요 But one thing is for sure,

옛날 방식은 더 이상 안 돼요 The old ways are no more.

비디오가 라디오 스타를 죽였어요 Video killed the radio star,

이제는 인공지능이 왕이에요 And now AI rules the game,

찬란한 이 신세계에서 In this brave new world,

우리는 도태되지 않으려면 적응해야만 해요 We must learn to adapt or be left behind.

작사가가 누구냐고? 그 전에 비밀 하나부터 말해야겠다. 이 가사를 쓰는 데 딱 3초 걸렸다. 우리 필자는 오픈AI의 챗GPT 인공 콘텐츠 창작 도구에게 프롬프트Prompt* 하나를 제시했다.

"'비디오가 라디오 스타를 죽였어Video Killed Radio Star'의 가사를 인공지능에 관한 내용으로 개사하세요."**

그랬더니 이런 결과물이 돌아왔다. 아까 말했듯이, 단 3초 만에. 어떤 인간도 심지어 세계 최고 작사가라 할지라도 이와 같은 글을 이렇게 빨리 쓰는 것은 불가능하다. 가사의 의미 전달은 또 어떤가. 의미가 명확히 전달된다는 것을 누가 부인하겠는가. 논리적으로 타당한데다 인간의 일이 자동화된다면 무엇을 잃게 될지에 관한 인류의 존재론적인 의문(인공지능이 인간의 영혼을 담을 수 있을까요?)에 초점을 맞춘다. 게다가 정곡을 찌르는 신랄한 가사로 끝을 맺는다(찬란한 이 신세계에서 우리는 도태되지 않으려면 적응해야만 해요).

이것은 인공지능과 관련해 대부분의 사람들이 어쩌면 인간의 마지막 성역으로 생각하는 무언가에 정면으로 도전한다. 창작 활동은 —특히 예술과 문학 부문— 인공지능이 아무리 대단해도 범접하기 힘들다는 것이다. 데이터 분석이나 추천 생성 같이 정량화할 수 있거나 표준화될 수 있는, 또는 일부 육체 노동처럼 반복적인 작업 부문에서 제일 먼저 자동화가 이뤄진 것은 당연했다. 반면 인간의 창의성에 대한 인식은 언제나 달랐다. 너무 복잡하고 너무 미묘하고 모호해서 알고리

---

* 명령어. 생성형 AI 모델에서 이미지나 텍스트 결과를 생성하기 위한 입력값을 의미한다.
** 영국의 2인조 그룹 버글스The Buggles가 1979년에 발표한 곡으로 텔레비전에 의해 라디오가 구세대 유물이 됐다는 의미를 담고 있다.

━ 〈우주오페라극장〉, 게임 디자이너 제이슨 앨런이 인공지능 소프트웨어 미드저니를 사용해서 제작한 디지털 아트 작품으로 2022년 콜로라도주박람회 미술전에서 신인 아티스트 부문 1위에 올랐다.

즘에게 '학습'시킬 수 없을 것처럼 보였다.

2022년 8월, 창작 영역에 대한 인공지능의 진입이 공식화되는 사건이 있었다. 콜로라도주박람회Colorado State Fair에 출품된 〈우주오페라극장Théâtre D'opéra Spatial〉이라는 작품이 디지털 아트 부문 신인 아티스트 1위를 차지했다. 영예의 주인공은 누구였을까? 미술전에 출품된 작가 이름은 "제이슨 M. 앨런이 미드저니를 통해 제작함Jason M. Allen via Midjourney"이었다.[1] 작가 이름에서도 알 수 있듯이 게임 디자이너 제이슨 앨런은 아예 처음부터 생성형 인공지능 아트 프로그램을 사용해 이 작품을 만들었다. 앨런이 사용한 미드저니, 오픈AI가 개발한 달리2DALL·E 2, 스태빌리티AIStability AI가 출시한 스테이블디퓨전Stable Diffusion

같은 이미지 생성 컴퓨터 프로그램은 문자 프롬프트가 주어지면 완벽히 독창적이되 믿을 수 없을 만큼 진짜 같은 이미지를 생성할 수 있다. 하물며 1분도 걸리지 않는다. 이는 무슨 뜻일까? 누구든 자신이 보고 싶은 것을 단순히 설명만 해도 예술 작품을 '창작할' 수 있는 시대가 열렸다.

〈우주오페라극장〉의 수상에 따른 후폭풍은 짐작한 대로다. 많은 직업 예술가가 인공지능 플랫폼에게 '밥 그릇을 뺏길' 수 있다는 두려움을 공개적으로 표출했다. 디지털 아티스트 알제이 파머R. J. Palmer는 트위터를 통해 불안한 심경을 드러냈다.

"스테이블디퓨전이 완벽히 인간이 만든 것처럼 보이는 예술 작품을 창작할 능력을 갖추었다. 아티스트로서 나는 지극히 우려하는 바다."[2]

파머와 같은 걱정과 우려는 충분히 수긍이 간다. 하지만 이러한 서비스의 결과물에 대해 지나친 기대는 금물이다. 당신이 직접 사용해보면 한 가지를 곧바로 알 수 있다. 당신이 가질 수 있는 결과물이 바로 출력해도 될 만큼 완벽한 디자인과는 한참 거리가 있다는 사실이다. 앨런은 〈우주오페라극장〉의 수상을 두고 반발이 나오자 자신의 입장을 적극적으로 옹호했다. 먼저, 미드저니가 생성한 최초 결과물을 포토샵에서 수작업으로 수정하고 편집했을 뿐만 아니라 문자 프롬프트를 바꿔가며 반복적으로 실험했다고 주장했다. 또한 총 80시간에 걸쳐 900번 이상 반복한 뒤에야 수상한 최종 작품이 탄생했다고 항변했다.[3] 그래도 비껴갈 수 없는 진실이 있다. 이러한 플랫폼은 보다 정형화된 생성형 디자인Generative Design* 작업을 완수하는 데서는 굉장히 능숙하다. 지배적인 색조에 기반해서 색상표를 선택하는 것이 좋은

퓨처 노멀

예다. 또는 추천 글꼴 조합을 제안하는 능력도 대단히 뛰어나다. 세계적인 광고 대행사 BBDO는 크리에이티브 자산으로써 인공지능의 잠재력을 알아봤고, 2022년 말 사내 모든 직원이 스테이블디퓨전을 사용하도록 허용했다.

> "스케치 단계를 건너뛰고 신속하게 시각화할 수 있으면, 말 그대로 지루한 수정과 변경 작업은 물론이고 (디자인 과정의) 수작업 부분을 크게 단축할 수 있어요."
>
> _마틴 스타프Martin Staaf, BBDO의 크리에이티브 디렉터[4]

창작 과정을 지원하는 자동화된 도우미로서 인공지능의 가능성은 그래픽 디자인 말고도 여러 분야에서 실험 중이다. 일례로 비트박서이자 아티스트인 립스원Reeps One은 역동적인 새 앨범을 제작하면서 인공지능을 학습시켜 자신과 듀엣으로 랩을 부를 수 있는 자신의 '목소리 아바타'를 창조했다.[5] 2016년 인조 인간인 슈퍼 휴머노이드가 주인공인 서스펜스 공포영화 〈모건Morgan〉의 예고편 제작에도 인공지능이 참여했다. IBM의 인공지능 컴퓨터 시스템 왓슨Watson이었다. 인간의 언어를 이해하고 판단하는 데 최적화된 왓슨은 먼저 기존의 공포영화 예고편 100개를 보며 학습했다. 그런 다음 이 과정에서 배운 것을 기반으로 〈모건〉의 전체 영상을 분석했고 예고편에 가장 적당하다고 판단되는 장면 몇 개를 골랐다. 마지막으로 인간 편집자가 이러한 장면 모두를 검토, 조정, 편집해 최종 예고편이 탄생했다. 이름하여

---

* 제너러티브 디자인. 인공지능 기반의 디자인 자동화 기술을 말한다.

"인공지능 기반 영화 예고편Cognitive Movie Trailer"이었다. 인간과 인공지능 기반 기계의 '협업'은 보통 2~3주가 걸리는 영화 예고편 제작 기간을 약 24시간으로 단축시켰다.[6]

인공지능 텍스트 생성기 역시 글쓰기를 도와주는 특급 비서로 사용된다. 2022년 말에는 이러한 도구를 활용하는 실험이 아주 광범위하게 진행돼 〈뉴욕타임스〉는 이 시기를 "생성형 인공지능의 데뷔 러시"라고 정의했다.[7] 유명 디자인 플랫폼 캔바Canva는 매직라이트Magic Write라고 명명한 '인공지능 지원 글쓰기 도우미'를 선보였다. 매직라이트는 소셜미디어 게시글부터 제품 설명서까지 모든 텍스트를 생산하는 팔방미인이다. 한편 어도비는 팟캐스트 운영자가 기존에 제작된 콘텐츠를 녹음 스튜디오 수준의 품질로 개선할 수 있게 해주는 도구를 출시했다.

이러한 모든 플랫폼을 종합해보면 하나의 퓨처 노멀이 구체화된다. 창의력이 요구되는 직업의 경우, 생성형 인공지능 덕분에 직무 수행에 필요한 시간과 노력 그리고 전문 기술이 줄어든다. 이런 직종의 종사자가 줄잡아도 수백만 명은 된다. 가령 창작자는 인공지능에게서 영감을 받을 것이다. 아울러 창작 아이디어를 구현하는 과정에서 인공지능을 활용함으로써 단조로운 작업에 소요되는 시간을 단축시켜 결국 신속하게 창작물을 생산할 수도 있다. 이렇게 되면 생성형 인공지능은 글쓰기부터 이미지, 영화, 음악 등등에 이르기까지 창작 활동의 진입 장벽을 낮춰 창의적 산출물을 급격히 민주화시킬 것이다. 이처럼 '증강된 창의성Augmented Creativity'은 무엇보다 개개인의 창의력을 확장시키게 된다. 그리고 확장된 창의력을 가장 효과적으로 사용할 수 있는 사람이면 누구나 생산성이 크게 향상돼 '슈퍼 창작자' 반열에 오를 수 있다. 오해하지 마시길. 인공지능 도구가 인간의 창의성을 직접적으로 대체한다는 말은 아니다. 오히려 비주얼 아티스트, 음악가, 영화 제작자, 작가 등은 인공지능 도구의 도움으로 예술에 대한 사회의 통념에 의문을 제기하고 예술을 바라보는 우리의 인식을 확장시킬 가능성이 크다.

미래선도자: 깃허브의 AI코파일럿

인공지능이 창의성과 공학적 기술이 필요한 분야의 작업 방식을 바꿔놓을 것은 자명하다. 남은 문제는 어떤 식으로 달라질 것인가이다. 이것을 보여주는 완벽한 사례는 마이크로소프트의 자회사로 웹호스팅 서비스를 제공하는 깃허브GitHub가 2022년에 출시한 인공지능 기반 코딩 도우미 AI코파일럿AI Copilot이다. 컴퓨터 코딩은 그 자체로 하나의 예술 형태이며 기술적인 문제 해결 능력과 창의적인 문제 해결 능력 모두가 요구된다. AI코파일럿의 역할은 '인공지능 부조종사'라는 말뜻 그대로다. 개발자가 더욱 신속하게 코드를 작성하도록 지원하는 서비스다. 구체적으로 말해, 사용자가 입력하는 텍스트 프롬프트를 유효한 코드로 전환하고 잠재적인 오류를 식별하며 이러한 오류에 대한 개선 방법까지 제안하는 자동 코드 완성 인공지능이다. 월 10달러의 정액제로 제공되는 이 기능은 공개 한 달도 지나지 않아 40만 명의 유료 구독자를 끌어들일 정도로 큰 인기를 끈다.[8]

깃허브의 CEO 토머스 돔케Thomas Dohmke는 "코파일럿은 활성화된 파일에서 코드의 최대 35퍼센트에서 40퍼센트를 작성합니다"[9]라고 자랑했다. 그리고 출시 몇 달 후 깃허브는 코파일럿 사용자의 만족도와 생산성이 높아졌다는 자체적인 조사 결과를 발표했다.[10] 인공지능 기반 도구가 현재는 속도에 -캔바는 매직라이트를 출시하면서 "초안을 신속하게 작성하세요Your first draft, fast"라는 광고 문구를 사용했다- 초점을 맞추는 경향이 있다. 그러나 퓨처 노멀에서는 이러한 도구가 창의적 작업물을 생산하고 사용하는 방식에서 중대한 여러 변화를 초래할 것으로 전망된다. 예를 들어 인기 있는 엔터테인먼트 프랜차이즈는 팬픽션Fan Fiction*이 폭발적으로 증가함에 따라 '불멸의 존재'가 될 수도 있다.[11] 후속편을 못 기다리겠다고? 문제 없다. 인공지능 텍스트 생성기에게 당신이 좋아하는 이야기의 속편을 써달라고 요청하라. 심지어 당신이 좋아하는 캐릭터를 위해 새로운 세계관을 창조해달라고 요구해도 된다.

교육 분야에도 변화의 파고가 덮칠 것으로 보인다. 오늘날의 교육은 학생들이 수동으로 '공부'하는 데 주안점을 둔다. 미래에는 알고리즘이 생산한 결과물을 학생들이 비판적으로 평가하고 검토하는 방법을 '이해'하는 것으로 교육의 초점이 옮겨갈 것이다. 미래 지향적으로 사고하는 교육자는 이미 이러한 미래 세상에 학생들을 대비시키고 있다. 가령 독일 서부 도시 귀터슬로Gütersloh에 위치한 중고등학교 에반

---

*특정 작품의 팬이 만든 2차 창작물, 그중에서도 2차 창작 소설을 주로 가리키며 줄여서 팬픽이라고도 한다.

겔리치슈피프티체스김나지움Evangelisch Stiftisches Gymnasium의 학생들은 수업 중에 텍스트 생성형 인공지능 플랫폼을 '의무적'으로 사용해야 한다. 그리고 학생은 과제물에서 자신이 특정한 인공지능 생성 텍스트 콘텐츠를 포함시킨 이유의 정당성을 반드시 증명해야 한다.[12]

인공지능이 증강시키는 창의성과 마찬가지로 인공지능 기반 텍스트 생성기도 논란을 초래한다. 예를 들어 챗GPT가 출시되고 1주일도 지나지 않았을 때의 일이다. 집단 지성을 활용하는 코딩 개발자용 질의응답 사이트 스택오버플로Stack Overflow는 챗GPT가 생성한 답변을 공유하는 것을 금지시켰다. 챗GPT가 쏟아내는 답변에 당황한 스택오버플로의 중재자Moderator* 들은 금지 조치에 대해 이렇게 해명했다.

"챗GPT의 생성 답변은 오답률이 높은데도 보통은 좋은 답변인 '것처럼 보이고' 답변을 생성하기도 '아주' 쉽습니다."[13]

테크 전문 저널리스트이자 《은밀한 설계자들Coders》의 저자인 클라이브 톰슨Clive Tjompson은 이러한 생성형 인공지능 프로그램이 "개소리를 지껄인다"고 주장했다(저명한 도덕철학자 해리 G. 프랭크퍼트Harry G. Frankfurt의 2005년 작품 《개소리에 대하여On Bullshit》를 인용했다). 톰슨의 이유도 스택오버플로가 챗GPT를 금지시킨 이유와 비슷했다. 이러한 프로그램이 얼핏 보면 그럴싸하지만 가끔은 전혀 틀린 결과물을 생산할 수도 있다는 이유였다.[14] 생성형 인공지능 모델은 시간이 흐름에 따라 틀림없이 개선될 것이다. 하지만 생성형 인공지능이 생산하는 답변의 신뢰성을 둘러싼 이러한 문제는 사용자에게 숙제를 안겨준다. 어째서

* 중재자로 할당된 신뢰할 수 있는 커뮤니티 구성원을 말한다.

일까? 이토록 강력한 도구를 가장 효과적으로 사용할 수 있는 사람이 누구일지 생각해보면 답이 나온다. 인공지능의 산출물을 이해하고 검증하며 개선할 수 있는 기초 지식이나 창의력을 보유하는 사람이 최대 수혜자가 되는 것이 당연하지 않은가.

오답보다 더욱 걱정되는 것도 있다. 사실 이것은 모든 형태의 인공지능에 해당된다. 알고리즘을 학습시키기 위해 사용되는 데이터에 내재된 편향성이 산출물에도 그대로 복제되는 문제이다. 한 연구에 따르면, 오픈AI가 출시한 최신 버전의 챗GPT는 여타 종교의 신도보다 이슬람교도(무슬림)가 무언가를 한다는 내용을 포함하는 프롬프트에 대해 유독 폭력적인 콘텐츠를 제시할 가능성이 훨씬 높다고 한다.[15] 2022년 말 캘리포니아주에서 90억 달러의 배상금을 요구하는 집단소송이 제기됐다. 원고측은 깃허브, 마이크로소프트(깃허브의 모기업), 오픈AI(깃허브의 알고리즘을 구동시키는 소프트웨어를 제공한다) 세 회사가 인공지능을 사용하는 오픈소스Open-Source 코드를 복제함으로써 저작권법을 위반했다고 주장했다. 이 글을 쓰는 현재 기준으로 이 소송의 판결은 아직 나오지 않았다. 다만 이번 소송이 인공지능이 생성한 콘텐츠의 소유자나 책임자가 누구인지에 관한 마지막 공방일 가능성은 없다고 확신한다.[16] 말이 나온 김에 우리도 한번 생각해보자. 이러한 콘텐츠의 소유자나 책임자는 알고리즘의 개발자일까, 아니면 프롬프트를 작성한 사람일까?

SF 소설의 대부이자 미래학자인 아서 C. 클라크Authur Charles Clarke는 언젠가 말했다.

"테크놀로지가 고도로 발전하면 마법과 구분할 수 없다."[17]

퓨처 노멀에서 사람들은 처음으로 달리2를 사용해 이미지를 뚝딱 만들거나 챗GPT 같은 생성형 인공지능으로 순식간에 텍스트를 생성했을 때 느꼈던 마법 같은 기분을 잊지 못할 것이다. 구글이 우리의 검색 방식을 변화시킨 것을 생각해보라. 차세대의 생성형 인공지능 도구는 모든 창의적 작업에 대한 우리의 접근법을 변화시킬 수도 있다.

@ 일러두기: 창작과 인공지능에 관한 이번 장은 이 책의 디자인에도 영감을 줬다. 이 책의 각 PART 첫머리에 포함시킨 다양한 아이콘이 인공지능 도구를 사용해 만들어졌다. 우리 필자들이 이러한 디자인 작업을 위해 인공지능을 어떻게 활용했는지 더 자세히 알고 싶다면 www.thefuturenormal.com에 실린 온라인 리소스를 확인하기 바란다.

◄ 퓨처 노멀을 준비하는 3가지 질문 ►

1. 전문 창작자가 인공지능 기반의 지원 도구를 사용해 창작물을 손쉽게 다량으로 생산할 수 있다면, 창작 직업군의 비즈니스 모델은 어떤 영향을 받을까?
2. 창작 기간을 단축시키기 위해서건, 창작 과정에서의 잠재적인 교착 상태를 타개하기 위해서건, 생성형 인공지능을 사용할 수 있는 창의적 도전은 어떤 것이 있을까?
3. 처음부터 끝까지 또는 부분적으로 인공지능을 사용해 창의적 결과물, 특히 그림을 그렸다고 하자. 이러한 사실을 반드시 공개해야 할까? 대회처럼 특정 상황에서는 이러한 창작물을 심의 대상에서 배제시켜야 할까?

HOT 12

보편적인 원격 근무

"

육체 노동 집약도가 높은 직업도
원격으로 일할 수 있다면?

"

2020년 9월 어느 날, 네덜란드 여배우 스틴 프란슨Stijn Fransen은 불안했다. 프란슨은 타투이트스 베스 토마스Wes Thomas와 곧 있을 타투 시술에 관해 이야기를 나누는 중이었다. 프란슨은 토마스와 상의해 타투 디자인은 이미 결정했다. 하지만 프란슨을 불안에 떨게 한 것은 타투 디자인이 아니었다. 일반적인 타투 시술과는 달리 이번에는 토마스가 직접 바늘을 들고 시술하지 않을 터였다. 토마스는 프란슨과 몇 킬로미터 떨어진 자신의 작업실에 있고, 대신 로봇 팔이 토마스의 움직임을 그대로 재현하며 프란슨의 팔에 타투을 새길 계획이었다. 이것은 로봇을 이용해 비대면으로 진행되는 사상 최초의 타투 시술이었다. 이러니 프란슨으로서는 걱정될 수밖에 없었다. 이번 언택트 타투

는 독일에 본사가 있는 이동통신사 티모바일T-Mobile의 네덜란드 법인
이 자사 5G 네트워크의 뛰어난 성능을 시연하기 위해 마련된 독특한
마케팅 행사였다.[1]

시간을 몇 달 전 북부 이탈리아로 돌려보자.

롬바르디아주州에 위치한 치르콜로병원Circolo Hospital에서 일단의 로
봇이 맹활약했다. 물론 타투 시술과는 매우 다른 환경이었다. 2020
년 초 치르콜로병원은 유럽 최초로 발생한 코로나19 대규모 지역 감
염 사태의 한복판에 있었다. 방호복과 마스크 같은 개인 보호구가 부
족한 것을 넘어 일선 의료 종사자의 감염이 증가했고 롬바르디아주
의 의료 체계가 붕괴 직전으로 몰렸다. 이러한 어려움을 완화시키고
자 치르콜로병원은 토미Tommy를 배치했다. 토미는 환자의 혈압과 산
소 포화도를 확인할 수 있고 환자가 '인간' 의사와 원격으로 대화할
수 있는 기능이 탑재된 '간호사' 로봇이었다. 그렇다면 환자들의 반응
은 어땠을까? 치르콜로병원의 집중치료실 책임자 프란체스코 덴탈리
Francesco Dantali 박사는 환자가 로봇 간호사 토미의 기능과 입원 환자 치
료에서 토미의 역할을 반드시 이해할 필요가 있다고 당부했다. 덴탈
리 박사가 말했다.

"처음 반응은 긍정적이지 않습니다. 누구보다 고령 환자의 거부감
이 크죠. 하지만 로봇 간호사의 필요성을 잘 설명하면 환자는 의사와
직접 대화할 수 있기 때문에 아주 만족합니다."[2]

테크놀로지가 위험 직군의 일을 로봇이 대신해주는 미래를 약속한
것은 어제오늘 일이 아니다. 군대는 원격 기술을 가장 먼저 그리고 가
장 적극적으로 받아들인 집단 가운데 하나였다. 가령 미국 군대는 지

난 십수 년간 뉴멕시코주에 위치한 군사 기지에서 드론을 조종해 수천 킬로미터 떨어진 분쟁 지역들에서 무장 단체 조직원으로 의심되는 수천 명을 사살했다.[3] 하지만 오늘날 다양한 테크놀로지가 통합되고 주류로 부상함에 따라, 단조롭고 많은 시간이 소요되며 심지어 사람들이 꺼리는 직군에서도 원격 근무가 가능해지고 있다.

로봇의 주변 상황 인식 능력과 물리적인 작업 수행 능력은 인공지능 덕분에 갈수록 개선되고 있다. 5G 기술은 지연 또는 대기 시간Latency을 -입력과 응답 사이의 시간 간격으로 영상 통화와 게임에서 만족도를 갉아먹는 요소이다- 인간이 지각할 수 있는 수준 아래로 떨어뜨릴 것이다. 가상 현실과 혼합 현실Mixed Reality, MR*은 인간이 디지털화된 현실을 사실상 조종할 수 있게 해주는 수준에 더욱 근접하고 있다. 종합적으로 말해, 이러한 테크놀로지는 블루칼라라고 불리는 기술직 근로자가 원격으로 작업하는 세상을 더욱 앞당기고 있다.

코로나19 팬데믹은 많은 사람에게 원격 근무를 실현시켜 줬다. 하지만 원격 근무에서 배제된 직업군이 여전히 많다. 재택 근무 '혁명'은 명백히 화이트칼라로 대변되는 사무직의 전유물이었다. 하루 종일 노트북 앞에서 일하는 사람이라면 가상 업무 환경으로 쉽게 전환할 수 있다. 하지만 전화 또는 와이파이 연결로 업무를 처리할 수 없는 사람은 어떻게 될까? 테크놀로지가 계속 발전하면 도태되는 직업이 생기는 것은 당연하다(이미 퇴보한 직군도 다수 있다). 반면에 테크놀로지가 인간을 대체하는 것이 아니라 업무 수행 방식과 물리적인 노동 환경

---

* 혼성 현실. 넓은 의미로는 사용자가 실제와 가상 구성 요소와 상호 작용할 수 있는 환경을 말하며, 좁게는 가상 현실과 증강 현실이 혼합된 새로운 기술을 가리킨다.

을 변화시키는 방향으로 재창조되는 직군도 많다. 작가와 소프트웨어 프로그램 개발자는 오래 전부터 원격 근무의 유연성을 만끽한다. 퓨처 노멀에서는 원격 촬영기사부터 원격 트럭 운전기사까지 이제껏 원격 근무의 불모지로 여겨졌던 직군에서도 원격 근무가 가능해질 뿐만 아니라 더 많은 직군으로 확대될 것이다.

이러한 퓨처 노멀은 어떤 모습일까? 무엇보다 노동 접근성이 더 많은 산업으로 더욱 공평하게 분배된다. 또한 신체적 능력과 교육 수준과는 상관없이 더 많은 노동자가 원격 근무의 혜택을 더 쉽게 누릴 수 있을 것이다.

미래선도자: 아인라이드

영국 서리Surrey에 있는 유명한 톱기어Top Gear의 주행 시험 트랙을 무언가가 질주하고 있었다. 평범한 경주용 자동차가 아니었다. 무소음에 가까운 대형 전기 화물차였다. 운송 산업의 전기화와 자동화를 목표로 설립된 스웨덴의 스타트업 아인라이드Einride가 제작한 자율주행 트럭 팟Pod의 시제품이었다. 이 트럭은 시험 트랙에서 최대 시속 50마일(시속 80킬로미터)을 주파했고 완충 시에 80~110마일(128~176킬로미터)을 주행할 수 있었다.[4]

경제성 있는 장거리 자율주행 트럭은 화물 운송 산업의 오랜 염원이었다. 그리고 당연히 이것은 많은 트럭 운전기사에게 불안감을 안겨줬다. 이들의 불안감은 충분히 이해가 된다. 어쨌건 오토노머스 테크놀로지Autonomous Technology(자율화 기술)가 직업에 미치는 위협을 분석하는 거의 모든 언론 기사가 가장 먼저 사라질 거라고 꼽는 '지는 직업' 1순위 목록에 트럭 운전기사가 어김없이 포함된다. 바야흐로 4차 산업혁명으로 트럭 운전기사는 종말이 기정사실화되는 모양새다. 이는 18세기 후반에 시작된 근대 산업혁명의 최대 피해 직군인 직조공을 떠올리게 한다.

운송 회사도 경영하는 아인라이드가 흥미로운 구인 광고를 냈다. 원격 트럭 운전기사를 모집한다는 광고였다.[5] 아인라이드는 세계 최초로 공공 도로를 수시로 달리는 자율주행 전기 화물차를 운행하는 회사가 될 터였다. 그런데 아인라이드의 접근법이 경쟁사들과는 확연히 다르다. 여기에는 아인라이드의 창업자 로베르트 팔크Robert Falck의 독특한 관점이 작용한다. 여타 운송업체가 인간을 완전히 배제시키는 100퍼센트 무인 트럭을 지향하는 것에 반해, 팔크는 인간 개입을 어느 정도 유지하는 것이 아인라이드의 상업적인 성공을 결정짓는 비결이 될 거라고 확신한다.

"나는 완전한 자율주행 같은 것은 없다고 생각합니다."[6]

2022년 초 아인라이드는 세계 최초 팟 원격 운영자로 10년 트럭 운전 경력의 티퍼니 히스콧Tiffany Heathcott을 채용한다고 발표했다. 여담이지만 히스콧은 지난 10년간 남편과 함께 팀을 이뤄 트럭을 직접 운전했다.[7] 아인라이드의 팟 기술은, 한 명의 운영자가 최대 10대의 반자율 주행 팟 트럭을 원격으로 제어할 수 있게 해준다. 팟 트럭은 대부분 자율 모드로 주행하지만, 장애물을 만나면 인간에게 원격 제어를 요청한다. 아인라이드는 운영자 한 사람이 팟 트럭 10대를 원격 제어

— 트럭 운전기사 티퍼니 히스콧이 텍사스주 오스틴에 위치한 아인라이드 미국 본사의 본인 자리에서 팟 트럭을 원격으로 운행한다.(출처: 아인라이드)

할 수 있다면, 트럭 운송 산업 전체의 연료비가 1마일당(1.6킬로미터) 60센트에서 18센트로 70퍼센트 줄어들고, 미국 전체의 운송 비용이 30퍼센트 감소할 수 있다고 내다본다.[8] 그렇다면 트럭 운전기사가 일자리를 잃을 위험에 처했을까? 아인라이드는 미국은 '이미' 트럭 운전기사가 부족하다고, 이는 트럭 운송 산업의 고질병인 높은 이직률 때문이라고 지적한다.[9] 오히려 팟이 트럭 운전기사 부족 문제에 대한 해법이 될 수 있을 거라는 속내가 담긴 말이다.

트럭 운전기사가 부족하다는 말이 많습니다. 그런데 실상은 다르죠. 트럭 운전기사는 부족하지 않아요. 정확히 말하면 트럭 운전기사를 희망하는 사람이 부족한 것이죠.

_로베르트 팔크, 아인라이드의 CEO[10]

그렇다면 팟의 1호 원격 운영자의 생각은 어떨까? 히스콧은 원격 운영자의 유연한 일정이 트럭 운송업으로 많은 여성을 유인할 거라고 말한다. 히스콧은 예전 트럭 운전기사로서의 삶과 트럭 원격 운영자라는 현재의 삶을 비교하면서 이렇게 말한다.

"원격 팟 운영자가 되고 나서 가장 크게 달라진 점은 매일 집으로 퇴근할 수 있다는 거예요. 트럭을 몰 때는 꿈도 못 꿀 일이었죠. 보통은 애들 식구와도 영상통화로 얼굴 보는 것에 만족해야 했으니까요. 하지만 이제는 애들도 손주들도 얼굴을 직접 볼 수 있어요. 손주들도 이제 휴대폰 화면이 아니라 눈으로 직접 할머니를 만나죠. 정말 멋져요. 바로 이것이 아인라이드가 내 삶을 가장 크게 변화시키는 부분이에요."[11]

아인라이드처럼 원격 제어를 실험하는 회사가 여럿 있다. 중국 최대 몰리브덴Molybdenum 생산업체 뤄양몰리브덴China Molybdenum, 洛陽鉬業의 허난성 산다오좡Sandaozhuang, 三道桩 광산 광부들은 사무실에 앉아 5G를 통해 차량과 기계를 원격으로 제어한다.[12] 일본 2위의 편의점 체인 훼미리마트FamilyMart는 원격 제어 로봇으로 선반에 상품을 진열하는 실험을 진행하고 있다.[13] 또한 일본의 비영리 조직 일본재단Nippon Foundation은 구내 카페에 장애인이 원격으로 조작하는 로봇 웨이터를 배치했다.[14] 로봇 강국의 위상과 침체된 노동 시장을 고려할 때 일본이 이러한 혁신적인 프로젝트의 산실이 된 것은 필연적이다.

위의 모든 실험은 "로봇이 우리의 일자리를 빼앗아간다"는 전통적인 인식과는 상당히 다른 미래를 예상할 수 있는 단서를 제공한다. 3D 기피 직군을 포함해 모든 업종에서 원격 근무가 가능하다는 아이디어는 지극히 매력적이다. 더럽고Dirty 어렵고Difficult 위험한Dangerous 일에서 더 확실히 해방되는 것을 '원하지 않을' 사람이 있을까? 하지만 블루칼라 업무를 원격으로 완수할 수 있는 퓨처 노멀이 마냥 장밋빛은 아닐 가능성이 크다. 말 그대로 기존 산업에 혼란을 초래하는 파괴적 혁신일 수 있다. 솔직히 이러한 추세가 미래 노동과 미래 사회에 심대하고 거대한 몇 가지 변화를 몰고 올 것으로 예상된다. 지리적 여건, 육체 노동을 감당할 수 있는 체력, 오랫동안 집에 돌아가지 못하는 불편함, 교통 접근성 등이 더는 특정 직군에게 걸림돌이 되지 않을 때, 모든 산업의 본질은 거대한 변화를 피할 수 없다.

퓨처 노멀을 준비하는 3가지 질문

1. 지금도 현장직 종사자는 중노동을 감당할 수 있거나 장기간 집을 떠날 수 있는 사람이 대부분이다. 만약 이런 편중 현상이 사라진다면 어떤 기회 또는 어떤 도전이 나타날 수 있을까?
2. 저임금 직군에서 원격 근무가 확대되면 저임금 노동자가 도시 지역에서 거주할 필요가 없어질 수도 있다. 이것이 도시의 경제적 불균형에 어떤 영향을 미칠까?
3. 타투 시술자처럼 창의력이 요구되면서도 몸으로 직접 행해야 하는 직군의 종사자가 물리적인 공간의 구애를 받지 않는다고 가정해보자. 어디서든 작업할 수 있다면 지리적인 경계가 무너지고 글로벌 무한 경쟁이 펼쳐질 것은 자명하다. 이것이 지역 기반의 기능직 종사자에게 어떤 영향을 미칠까?

HOT 13

일의 해체와 재구성

내로라하는 법률회사에서 파트너라는 직책은 많은 사람이 탐내는 자리다. 텔레비전 드라마 〈수트Suits〉의 등장 인물을 떠올려보라. 아니, 다른 어떤 법정 드라마를 보더라도 사정은 거기서 거기다. 오랜 시간 일하고 어떠한 희생을 치르고라도 성공하며 온갖 음해와 중상모략이 난무한다. 이와는 전혀 다른 시나리오를 가정해보자. 야망으로 똘똘 뭉친 두 변호사가 있다. 둘은 더 나은 일과 삶의 균형, '워라밸'을 위해서 협업한다. 심지어 하나의 역할을 공유한다. 두 사람은 오랫동안 자존심을 내려놓고 '공생'할 수 있을까? 일찍이 들어본 적 없는 이런 이야기는 소설에서나 가능하다 싶을 것이다. 하지만 불가능해 보이는 이 일을 현실에서 실천하는 두 사람이 있다. 줄리아 헤밍스Julia Hemmings와 헬렌 브라운Helen Brown이다. 미국에 본사가 있는 다국적 법률회사 베이커맥킨지Baker McKenzie의 런던 지사에서 파트너로 승진한 두 사람은 현재 소비자 및 상업 법률 자문 서비스의 공동 책임자이다.

2013년부터 역할을 공유하기 시작한 헤밍스와 브라운은 각자 매주 사흘씩 근무하고 목요일 하루만 근무가 겹친다. 두 사람도 이러한 근무제에 나름의 고충이 있다고 인정한다. 하지만 둘은 직무 공유제인 잡셰어링의 열렬한 지지자로서 이 제도의 장점을 술술 읊는다. 각자가 더 폭넓은 관점을 얻고, 클라이언트와 서로 다른 방식으로 관계를 맺고, 가장 중요하게는 어린 자녀들을 양육하면서도 이른바 '빡센' 커리어 경로를 추구할 수 있다.[1]

오랫동안 기업들은 헤밍스와 브라운처럼 많은 책임이 따르는 막중한 업무와 자녀 양육이나 가족 돌봄 책임 사이에 균형을 맞추고 싶어하는 (또는 이러한 균형이 필요한) 종업원을 위해 유연한 근무 방식을 찾으려 애써 왔다. 보편적인 솔루션은 둘 중 하나였다. 재택 아니면 파트타임 근무였다. 세상에 공짜가 있을까. 재택이나 파트타임 근무에는 커다란 가격표가 따라왔다. 영국 통계청에 따르면, 원격 근무자의 경우 출퇴근하는 직원보다 업무에 투자하는 시간이 더 많은 반면 승진 가능성은 그들의 절반으로 떨어진다고 한다.[2] 한편 파트타임 근무자도 더러는 근로계약서에 명시된 시간보다 훨씬 더 많이 일하는 실정이다. 동료들과 보조를 맞춰야 한다거나 팀플레이어로 보여야 한다는 심적 부담 때문이다.[3] 이러한 문제의 핵심에는 보이지는 않지만 매우 실질적인 압박이 자리한다. 업무에 '찐'으로 헌신하는 사람으로 보이고 싶다면 '직접 얼굴을 비춰야' 한다는 것이다. 원격이나 파트타임 근무의 '유리 천장'은 아주 광범위하게 퍼져 있어 이것을 가리키는 용어까지 등장했다. 바로 '원격 근무의 승진 격차Remote-Work Promotion Gap'이다.

잡셰어링은 -풀타임 직무 하나를 근로 시간이 단축된 두 사람이 나누어 완수하는 것은- 어떤 경우에 가장 이상적인 솔루션이 될 수 있을까? 직원은 근무 유연성이 더 많이 필요하지만 경력 개발에서 차질이 생기는 것을 바라지 않고, 조직은 이러한 종업원을 잃고 싶지 않을 때이다. 잡셰어링은 장점이 많다. 무엇보다 직무 공유자는 대개 생산성이 높아진다. '비번'인 날에는 자신이 하던 일을 완벽히 마무리해서 '당번'인 파트너에게 배턴을 넘겨야 하는 등 서로에 대한 책임이 있는 까닭이다. 또한 두 사람이 협업하므로 일상적인 업무에 기여하는 관점도 기술도 인맥도 완벽히 두 배가 된다. 더욱이 공식적인 근무 시간에는 언제나 둘 중 한 사람이 근무하고 또한 연락이 닿으므로, 고용주는 파트타임 근무자를 고용할 때와는 달리 행여 생길지도 모르는 업무 공백을 걱정하지 않아도 된다.

이렇듯 혜택이 많으니 유럽 대륙을 넘어 세계 곳곳에서 잡셰어링의 인기가 상승하는 것은 당연하다.[4] 가령 싱가포르경제인연합회는 기업들이 유연 근무제와 잡셰어링 프로그램을 정착시키는 데 도움을 주고자 시행 가이드라인을 배포했다. 한편 네덜란드와 스위스처럼 이미 파트타임 근무가 널리 자리 잡은 일부 국가에서는 잡셰어링 개념이 맞춤옷처럼 잘 맞는다.[5] 게다가 고용법 자체가 유연 근무제에 매우 유리한 영국은 공무원들을 대상으로 2015년 내부 잡셰어링 플랫폼을

퓨처 노멀

출범시켰다. 본래 목적은 일과 삶의 더 나은 균형을 원하는 출산 휴가 복귀자를 지원하기 위해서였다. 하지만 3년도 지나지 않아 이 플랫폼에 등록한 직원의 20퍼센트가 남성이며, 직무 공유자가 파트타임이나 풀타임 직원보다 직무 몰입도와 웰빙 수준이 더 높게 나타났다.[6]

보살핌이 필요한 어린 자녀를 둔 여성 근로자가 잡셰어링에 관심을 갖는 것은 놀랍지 않다. 하지만 영국 공무원들의 잡셰어링 프로그램에 참가하는 남성 공무원의 비율을 보라. 직무 공유자들을 연결시켜 주고 잡셰어링을 원하는 고용주를 지원하기 위해 설립된 영국의 스타트업 롤셰어Roleshare의 공동 CEO 소피 스몰우드Sophie Smallwood도 이 점을 지적한다. 꼭 젊은 엄마만이 잡셰어링을 원하는 것은 아니라고. 스몰우드는 대표적인 사례 하나를 들려준다. 사례의 주인공은 자녀를 둔 두 아버지 샘 화이트Sam White와 윌 맥도널드Will McDonald였다. 두 사람은 런던에 본사가 있는 대형 보험회사 아비바Aviva에서 그룹 차원의 지속가능성과 공공 정책 담당 이사라는 고위 직책을 2년 넘게 공유하고 있다. 헤밍스와 브라운 팀과 마찬가지로 화이트와 맥도널드도 잡셰어링의 다양한 혜택을 침이 마르게 칭찬한다. 가령 맥도널드가 정신 건강에 문제가 생겼을 때 화이트는 맥도널드가 치료를 받고 회복하는 6개월 동안 자신의 근무 시간을 늘려 맥도널드의 공백을 메웠다.[7]

스몰우드는 롤셰어를 창업하기 전 IT 업계에서 일했다. 당시 스몰우드는 직무상의 많은 요구가 부모로서의 역할에 100퍼센트 충실하고 싶은 욕구와 충돌하는 것처럼 느꼈다. 그러던 중 더는 이러한 현실을 외면할 수 없다고 판단하고 과감히 사표를 던지고 남편과 함께 롤셰어를 창업했다. 이때부터 스몰우드는 잡셰어링의 전도사가 되었고 이 시스템의 약속과 현실 사이의 엄청난 괴리를 자주 부각시켰다. 일례로 미국 경제 전문지 〈포춘Fortune〉이 선정한 100대 기업의 약 40퍼센트가 직원 복지 혜택의 하나로 잡셰어링을 제공하지만 실제로 직무를 공유하는 종업원은 채 3퍼센트도 되지 않는다.[8]

노사 모두가 코로나19 팬데믹이 남긴 지속적인 유산의 하나에 대해서는 대체로 공감한다. 대안적인 여러 근무 관행을 가속화시킬 거라는 점이다. 최근 전 세계 3만 명의 근로자를 대상으로 진행된 조사에 따르면, 응답자 3명 중 2명은 팬데믹이 시작된 뒤부터 "회사에서 유연 근무제를 당당히 이용할 수 있다는 기분이 든다"고 말했다. 팬데믹 이전에는 동일 비중이 25퍼센트를 조금 넘었으니 250퍼센트 이상 상승했다.[9]

2020년 초 코로나19의 대유행으로 거의 하루아침에 현실이 되어버린 원격 근무만큼의 커다란 관심을 받지는 못하지만 잡셰어링 자체도 심대한 변화다. 하다못해, 최소한 2022년을 잠식한 이른바 대大퇴직Great Resignation * 열풍의 부분적인 원인이었다. 자신이 선호하는 근무 방식에 적합한 기회를 찾고 싶은 사람들의 욕구가 분출한 까닭이었다. 이제까지는 잡셰어링 대부분이 임시 방편의 근무 형태였다. 운 좋게도 외부 환경이 도와줬고 관련자들이 지속적으로 노력해서 얻은 결과였다는 말이다. 하지만 퓨처 노멀에서는 모든 역할과 직급 전반에서 잡셰어링을 (또는 전통적인 노동 구조를 비슷한 방향으로 변화시킨 근무

---

* 미국이 코로나19 팬데믹에서 회복하면서 자발적 사퇴 인원이 늘고 있는 현상을 가리킨다.

제) 적극적으로 장려하는 조직의 대활약이 기대된다. 이들 조직은 더욱 엄격하고 통제적인 업무 문화보다 최고 인재를 유치하기도 종업원 충성도를 고양시키기도 훨씬 수월할 것이기 때문이다.

미래선도자: 취리히보험

2019년 3월부터 2020년 2월까지 스위스 최대 보험사 취리히보험Zurich Insurance은 영국 정부의 행동경제학 전담 조직 행동통찰팀Behavioural Insights Team, BIT과 손잡고 독특한 조사를 진행했다. 구인 광고에서 모든 직책을 파트타임, 풀타임, 잡셰어링 이렇게 세 종류로 게시했을 때의 효과를 알아보는 것이 목표였다. 결과는 놀라웠다. 관리직에 지원한 여성이 16퍼센트 증가했다. 또한 고위직에 채용된 여성 비율이 동기간 33퍼센트 증가했다는 사실도 드러났다.[10] 흥미로운 사실은 또 있었다. 남녀를 통틀어 전체 지원자 수가 두 배 증가했다. 이는 유연 근무제를 원하는 사람이 아주 많다는 반증이었다.[11]

취리히보험보다 앞서, 세계 최대 채용 사이트를 운영하는 인디드Indeed도 영국 정부의 행동통찰팀과 공동으로 구인 광고를 분석했다. 결론적으로 말해 두 회사의 조사 결과는 일치했다. 2019년 4월과 5월 두 달간 5만 5,000곳의 고용주가 게시한 20만 건 이상의 구인 광고를 분석했는데 유연 근무제를 언급한 구인 광고가 그렇지 않은 광고에 비해 지원자 수가 최대 30퍼센트 더 많았다.[12]

유연 근무는 우리 모두가 오랫동안 씨름해오는 다양성과 포용성 문제를 해결하는 데 도움이 될 수 있어요. 물론 파트타임과 유연 근무가 만능 치트키는 아니에요. 하지만 그저 우리의 구인 광고에 세 단어를 -파트타임, 풀타임, 잡셰어- 추가하는 것만으로 매우 고무적인 결과를 얻었어요.

_스티브 콜린슨Steve Collinson, 취리히보험의 HR 총괄 책임자[13]

잡셰어링은 날로 인기를 더해간다. 그리고 일찌감치 이 프로그램을 채택한 유럽 시장을 넘어 다른 대륙으로 확산 중이다. 가령 미국은 코로나19가 발발하기 이전에는 잡셰어링 프로그램이 '가끔 간과'됐지만 팬데믹 동안 언론과 입법부는 물론이고 크고 작은 모든 기업까지 이 프로그램에 대한 관심이 폭발적으로 증가했다.[14] 싱가포르에 본사를 둔 동남아 최대 은행 DBS은행은 팬데믹 기간에 원격 근무를 도입했다. DBS은행은 한 걸음 더 나아가 대대적인 유연 근무로 가는 변화의 일환으로 잡셰어링 프로그램을 도입한다고 발표했다. 피유시 굽타 Piyush Gupta 행장의 말을 직접 들어보자.

"우리의 생활 방식과 근로 방식 그리고 은행 업무를 처리하는 방식까지 끊임없이 급변하고 있어요. 이에 우리는 우리 앞에 놓인 거대한 파괴적인 변화에 대응해야 하죠. 우리는 우리의 근무 방식을 급진적으로 변화시킬 준비가 되어 있어요."[15]

퓨처 노멀에서는 조직이 최고 인재를 유치하고 보유하는 동시에 업계에서 선망의 대상이 되려면 선행돼야 하는 조건이 있다. 먼저 자아 성찰이 있어야 한다. 즉 일이라는 개념에 대한 조직 내부의 가장 오랜 고정관념을 기꺼이 재고할 수 있어야 한다. 그리고 잡셰어링 같이 많은 구성원이 원하는 새로운 근무 방식을 적극적으로 받아들여야 한다. 어떤가? 퓨처 노멀의 상징적인 조직이 되어 보지 않을 텐가?

◀ 퓨처 노멀을 준비하는 3가지 질문 ▶

1. 상호 보완적인 기술을 보유한 다양한 사람이 더 많은 역할을 공유하도록 기존의 직무는 물론이고 전체 팀 구조를 재편할 수 있다면 어떻게 될까?
2. 잡셰어링 프로그램의 두 가지 주요 장애물을 제거하려면 어떻게 해야 할까? 첫째, 직무 공유자에 꼬리표로 따라붙는 낙인이나 부정적인 인식을 어떻게 줄일 수 있을까? 둘째, 직무 공유자에게 단독 근무자와 똑같은 혜택과 존중을 제공하려면 어떻게 해야 할까? 즉 '동일 노동 균등 대우' 원칙을 어떻게 적용할 수 있을까?
3. 동등한 동료와 책임과 권한을 공유하는 것 같은 협업적 리더십 기술을 가르치는 유명 경영대학원이 많아지려면 비즈니스 리더와 학생들이 무엇을 어떻게 노력해야 할까?

HOT 14

사회를 반영하는 문화

> **"**
> 조직 문화가
> 자신들이 소속된 사회를 거울처럼 반영한다면?
> **"**

러시아 모델 이리나 셰이크Irina Shayk와 영국 출신 모델 카라 델러빈 Cara Delevingne은 패션쇼 무대의 단골 얼굴이다. 하지만 래퍼 메건 더 스 탤리언Megan Thee Stallion, 힙합 가수 리조Lizzo, 빅사이즈 남성 모델 스티 븐 지Steven G, 유방암을 극복한 34세의 카야타니타 라이바Cayatanita Leiva 등은 패션쇼와는 다소 거리가 있어 보인다. 그런데 이들 모두가 한 패 션쇼 무대에 올랐다. 카리브해 섬나라 바베이도스 출신의 미국 팝가 수 리한나Rihanna가 론칭한 속옷 브랜드 새비지X펜티 쇼 볼륨 2Savage X Fenty Show Vol.2 무대였다. 2020년 말 이 란제리 쇼를 단독으로 생중계 한 영상 스트리밍 서비스 아마존프라임비디오Amazon Prime Video는 당시 NFL의 챔피언십 결정전 슈퍼볼Super Bowl에 버금가는 엄청난 광고 공세를 펼쳤다.[1] 그리고 리한나의 화려한 란제리 쇼는 독보적인 안무로 미국 방송계에서 가장 권위 있는 에미상Emmy 후보에 올랐다.[2] 하지만 이 쇼의 가장 놀라운 유산은 급진적인 포용성Inclusivity*에 있었다. 미국의 유명 속옷 브랜드 빅토리아시크릿Victoria's Secret의 패션쇼와 리한나의 새비지X펜티 쇼는 극과 극의 대조를 보여준다.

리한나의 브랜드들은 단순히 보여주기식 포용성에 그치지 않는다. 새비지X펜티는 브래지어의 경우 32A에서 46DDD까지의 사이즈를 판매하고 속옷과 잠옷은 XS에서 3X 사이즈까지 취급한다. 색조 화장품 펜티뷰티Fenty Beauty 라인은 '모두를 위한 뷰티'라는 기치 아래 40가지 색조의 파운데이션을 출시했고 리한나가 두 번째로 론칭한 뷰티 브랜드 펜티스킨Fenty Skin은 성 중립적인 남녀 공용 스킨케어 제품을 선보인다.[3] 이러한 급진적인 포용성은 (엄밀히 말하면 주류 뷰티 산업에 비해 급진적이다) 대성공을 거뒀다. 오늘날 세계 최대 명품 브랜드 루이비통모에헤네시LVMH와 협업하는 펜티뷰티는 리한나가 론칭한 여타 브랜드와 함께 팝의 여왕을 세계에서 가장 부유한 여성 음악인의 왕좌에 올려놓았다.[4] "포용성은 처음부터 우리 브랜드의 일부였어요"라고 가수이자 배우, 성공한 기업가 등 다양한 수식어가 따라붙는 리한나가 말했다.

"포용성은 '현재 유행'하는 것이 아니에요. 대부분의 브랜드가 포용성을 지금의 일시적인 유행으로 생각하는데 참 안타까운 일이에요."[5]

맞다, 안타까운 일이다. 리한나가 정곡을 찌른다. 2020년 여름 '흑

---

* 회원이나 참가자를 성, 인종, 계층, 성, 장애 등에 의거해 추방하지 않는다는 사실이나 방침을 말한다.

인의 생명은 중요하다Black Lives Matter'* 시위가 미국 전역으로 확산한 뒤에 많은 브랜드가 사회 소외 집단의 대표성Representation을 확대하고 더욱 포용적인 문화를 구축하기 위해 노력하겠다고 약속했다. 동시에 많은 브랜드가 '전시 행정'에 안주했다. 유색 인종을 등장시키는 캠페인을 출범시키고, 다양성 노력을 지원하는 비영리 조직에 대한 기부금을 약속하고, 인스타그램에서 앞다퉈 연대 성명서를 발표하는 등등. 그렇다면 이들 기업의 운영 방식에서도 변화가 있었을까? 또는 이들 기업을 이끄는 경영진 팀의 인적 다양성에서는? 진정한 변화는 지금까지도 답답한 거북이 걸음을 벗어나지 못한다. 데이터로 보면, 패션과 엔터테인먼트를 제외한 여타 산업의 기업 이사회와 고위 관리자 직급에서 다양성은 예나 지금이나 도토리 키 재기다. 이사회 다양성연합Alliance for Board Diversity, ABD과 세계적인 컨설팅업체 딜로이트Deloitte의 공동 조사 보고서에도 이것이 명백히 드러난다. 〈포춘〉 500 대 기업의 이사회에서 소수 인종 여성의 비율은 5.7퍼센트에 불과한 반면, 미국 전체 인구에서 이러한 여성 비율은 20퍼센트가 넘는다. 이 보고서는 컨설턴트 특유의 어투로 결론내렸다.

"일부 인구 집단은 이사회 비중이 약간 올랐지만, 아직은 증가폭이 매우 점증적인 수준이다. 목표는 미국 전체 인구에서 여성과 각 소수 인종의 비율에 비례하는 이사회 대표성을 달성하는 것이다. 현재 속도라면 특정 인구 집단은 이 목표를 달성하기까지 수십 년이 걸릴 것

---

* 아프리카계 미국인에 대한 경찰의 과잉 진압으로 발생한 사고에 대항하기 위해 조직된, 비폭력 또는 폭력적 시민 불복종 움직임을 말한다.

으로 예상된다."[6]

세계 인구의 추이를 감안할 때, 기업들이 다양성에 관해 보여주는 보편적인 반응은 미지근하다고 총평할 수 있다. 이러니 꾸준히 공개적인 성토의 대상이 되고 있다. 특히 차세대 소비자가 이러한 폭로와 비판에 앞장선다. 어째서일까? 부분적으로는 젊은층의 소비관이 변하고 있기 때문이다. 오늘날 젊은 소비자는 자신의 소비를 자신의 다양한 정체성과 가치관을 반영하는 행위로 생각한다. 미국의 경우 15세 이하에서 백인 비율은 절반에도 미치지 못한다. 한마디로 백인이 소수 인종보다 적다.[7] 또한 영국 국민에게 배타적 이성애Exclusively Heterosexual를 지수 0, 배타적 동성애Exclusively Homosexual를 지수 6으로 해서 자신의 성적 지향성을 점수로 매기라고 요청했을 때 18~24세 젊은 세대의 절반은 자신이 '완전한 이성애'가 아니라는 답변을 내놓았다.[8]* 마침내 기업들도 다양성에 주목하기 시작한다. 지금까지도 다양성이 복잡하고 유동적인 사안인 까닭에 어디서 어떻게 시작해야 하는지 모르는 기업이 더러 있다. 고작해야 제품을 약간 변형하는 것에 거의 모든 노력을 집중하는 정도다. 그것도 이러한 점진적인 변화를 크게 떠벌리는 자화자찬식 광고 캠페인과 함께 말이다. 의류 브랜드는 남성복과 여성복의 경계를 허문 젠더 플루이드Gender Fluid** 디자인을 선보이고 있다. 여아는 인형, 남아는 로봇처럼 이분법적인 성 고정관념이 확실했던 완구 산업도 비슷한 행보를 보인다. 제조사는 성별

---

* 이것은 킨제이 척도Kinsey Scale 모델로, 특정 시기 개인의 성적 경험이나 반응에 대해 서술하는 척도이며 이성애-동성애 평가 척도라고도 불린다.

** 성별 정체성이 고정적이지 않고 물, 공기처럼 유동적으로 전환되는 것을 말한다.

을 나누지 않는 완구를 생산하고 마케팅함으로써 가능한 많은 동심을 사로잡기 위해 노력하고, 유통업체는 성별로 구분했던 장난감 구역을 성 중립화하기 위해 매장 레이아웃을 재설계한다. 한편 기업 내부에서도 변화가 나타나기 시작한다. 팀 내 다양성과 포용성 이니셔티브를 지지하는 경영자를 채용하기 시작한 것이다. 그렇다면 현재 기준으로 이러한 노력의 성적표는 어떨까? 배타성에 따른 막대한 구조적 비용을 줄이는 효과는 여전히 미미하다.

세계 4대 금융 기업인 씨티그룹Citigroup은 지난 20년간 인종적 격차로 발생한 미국의 경제적 손실을 추정했다. 무려 16,000,000,000,000달러였다. 잘못 읽은 것이 아니다. '0'이 12개인 16조 달러가 맞다.[9] 세계 1위 컨설팅업체 맥킨지앤드컴퍼니McKinsey & Company는 성별 격차를 해소하면 전 세계 국내총생산GDP이 12조 달러가 증가할 거라고 예상한다.[10] 또한 성별 및 인종적 다양성이 기업의 재무적 성과에 가시적인 영향을 미칠 수 있다는 증거도 있다. 쉽게 말해 다양성 지수가 높은 기업이 경쟁 업체들보다 대체로 실적이 더 좋다.[11] 게다가 오늘날에는 포용적 문화를 구축하기 위해 −또는 배타적인 문화를 개혁하기 위해− 노력하지 않을 때도 대가가 명백하다. 소비자의 반발이나 인재가 대거 이탈하는 인재 엑소더스Talent Exodus의 위험에 직면한다. 이뿐만 아니라 소셜 미디어로 말미암아 기업은 물론이고 소비자도 불평등 문제를 무시하기가 갈수록 어려워지고 있다. 사회적 불평등 문제로 불이익을 당한 사람이 다양한 소셜 미디어 플랫폼을 통해 자신의 경험을 공유하기가 과거 어느 때보다 더 쉽기 때문이다.

퓨처 노멀에서는 기업이 다양성과 포용성을 확대하기 위한 뜻 깊은 노력을 지지한다고 주장하려면, 두 가지가 수반되는 진정한 변화가 우선돼야 할 것이다. 제품과 서비스를 재창조해야 하고 내부 문화가 달라져야 한다. 요컨대 지금처럼 단순히 제품을 약간 수정하는 것을 내세우거나 광고 캠페인을 전개하는 것만으로 안 된다. 쉽지 않은 길임을 잘 안다. 앞으로도 많은 조직에게는 다양성을 반영하는 문화를 구축하는 것이 커다란 도전일 수 있다. 그래도 희망의 빛은 있다. 각각의 산업 전체를 대신해서 더욱 반영적인 문화가 표준화되는 퓨처 노멀로 나아가는 길을 개척하는 혁신가들이 있다.

미래선도자: 패션산업흑인위원회

미국의 청소년 패션 잡지 〈틴보그Teen Vogue〉의 편집장을 지낸 린지 피플스 와그너Lindsay Peoples Wagner와 홍보 전문가 샌드린 찰스Sandrine Charles는 패션과 뷰티 산업이 진정한 변화를 구현하도록 돕기 위해 팔을 걷어붙였다. 특히 두 사람은 2020년 여름 패션산업흑인위원회Black in Fashion Council, BIFC를 출범시켰다. 이 단체의 목표는 좁게는 패션과 뷰티 산업에서 흑인 구성원의 대표성을 보장하는 것이다. 조금 더 포괄적인 또 다른 설립 이념은 "세상 전체의 실질적인 모습을 거울처럼 그대로 반영하는 다양한 공간"을 창조하는 것이다.[12]

패션산업흑인위원회는 출범하자마자 70개가 넘는 기업을 참여시켰다. 〈보그Vogue〉 같은 잡지를 출간하는 글로벌 미디어 기업 콘데나스트Condé Nast, 영국과 포르투갈에 기반을 두는 유명 온라인 명품 플랫폼

파페치Farfetch, 미국의 중고 명품 거래 플랫폼 더리얼리얼The RealReal, 캘빈클라인, 타미힐피거, 사이즈 포용성을 표방하는 여성복 브랜드 유니버설스탠더드Universal Standard, 로레알, 미국의 화장품 브랜드 글로시에Glossier 등등.[13] 피상적으로 보면 이 이니셔티브도 여타 다양성 노력과 차별점이 없다고 생각하기 십상이다. 어떤 사회적 부당함과 불공정이 다양성 사안을 수면 위로 끌어올리자마자 브랜드들이 앞다퉈 '숟가락을 얹는' 현상과 똑같다고 말이다. 속단하지 마시길. 이 프로그램은 다르다. 패션산업흑인위원회는 파트너 조직에게 인적자원 다양성에 관한 데이터를 공유하는 것을 포함해 '3년 헌신' 조항에 서명하도록 요구한다.

> 우리는 패션 산업이 구체적인 행동을 보여주기를 기대해요. 우리는 패션 업계 후배들이 우리와 다른 더 나은 경험을 하기를 바라죠. 또한 자신들의 대표성이 진정한 방식으로 완벽히 반영된다고 생각하기를 희망해요.
>
> _린지 피플스 와그너, 패션산업흑인위원회 공동 창설자[14]

패션산업흑인위원회는 2021년 말, 참여 조직 30곳에서 실시한 설문 조사 결과를 바탕으로 첫 보고서를 발표했다. 결론부터 말하면, 패션 산업의 마케팅과 내부 권력 구조에서의 현재 격차가 적나라하게 드러났다. 참여 조직의 97퍼센트가 광고 부문에 흑인 종업원을 채용했지만 과소대표되는Underrepresented 소수 집단을 위한 공식적인 '전문성 개발 프로그램'을 운영하는 조직은 겨우 20퍼센트, 실질적인 '공급업체 다양성 프로그램'을 시행하는 조직은 33퍼센트에 불과했다.[15]

가시적인 행동을 유도하는 다양성 이니셔티브에 대한 요구가 패션과 뷰티 산업에만 국한되는 것은 아니다. 수년간 업계에 만연한 다양성과 포용성 부족과 처절한 싸움을 벌이고 있는 테크 산업이 대표적이다. 오늘날 기술 산업의 다양성과 포용성은 특히 우려스럽다. 최대 플랫폼 몇 곳이 전 세계 수십억 사람들에게 서비스를 제공하는 데다가 이들 플랫폼의 알고리즘이 사회 전체에 편견을 체계적으로 주입할 수 있는 까닭이다. 2015년 기술 산업을 주도했던 인텔Intel은 여성과 소수 인종의 비율을 최고 수준으로 끌어올리기 위한 사내 다양성 노력에 3억 달러를 투자하겠다고 약속했다. 그리고 요즈음 인텔은 더욱 광폭의 움직임을 보인다. 2021년 공식 출범해 델Dell과 나스닥Nasdaq 등의 기술 브랜드를 회원사로 거느리는 글로벌포용성연합Alliance for Global Inclusion과 손잡고 사외로 눈을 돌리고 있다. 글로벌포용성연합은 다양성Diversity, 형평성Equity, 포용성Inclusion의 머릿글자를 딴 DEI와 관련해 테크 기업들을 대상으로 두 번에 걸쳐 설문 조사를 실시했다. 과소대표되는 집단의 채용과 승진 같이 광범위한 영역 전반에서 진전 상황을 측정하고 추적하기 위함이었다.[16] 영국에서는 체코 출신의 기업가 케이트 플랴스코보바Kate Pljaskovova가 기업들이 다양성과 포용성에 관한 특정 지표들을 이해하고 그런 다음 이러한 지표를 개선하도록 도와주는 데이터 기반 플랫폼 페어HQFair HQ를 운영한다.[17] 이러한 모든 이니셔티브의 근저에는 일단 기업이 지표를 측정해야만 이러한 지표를 관리하고 종국에는 지속적인 변화를 실천할 거라는 믿음이 자리한다.

당연히 이러한 단체와 지표가 모든 다양성 사안을 단박에 해결할 거라고 생각하는 것은 아니다. 불공평과 불공정은 모든 사회의 시스템에 깊이 뿌리 내리고 있다. 하지만 투명성을 요구하는 소비자의 목소리는 점점 거세지고 투명성에 대한 소비자의 기대에서 자유로운 기업은 갈수록 줄어든다. 따라서 미래에는 모든 조직의 내부 문화가 '더욱' 투명해질 수밖에 없다. 또한 조직 문화가 사회 전체 문화를 반영해야 하는 필요도 계속 증가할 것이다.

 퓨처 노멀을 준비하는 3가지 질문

1. 기업이 업계 전반에서 장기적인 변화를 일으키기 위한 이티셔티브를 지지하고 또한 다양성 데이터를 공유하기 위해 경쟁업체들과 공개적으로 협업한다면 어떻게 될까?
2. 기업이 자사 제품이나 서비스를 제공하는 지역 공동체를 잘 대표할 수 있는 지역 주민에게 채용 기회를 확대하고 싶다면, 채용 관행을 어떻게 바꿀 수 있을까?
3. 우리가 소비자로서 또는 개인으로서 대표성이 낮은 문화 출신의 기업과 개인을 응원하고, 이들의 홍보 대사를 자처하고, 이들에게서 구매하고, 이들이 성공하도록 어떻게 도와줄 수 있을까?

퓨처 노멀

HOT 15

대기업 브랜드의
좋은 평판

66

세계 최대 기업들이 사익보다
공익을 우선하게 된다면?

99

  GE의 전설적인 CEO 잭 웰치Jack Welch는 오랫동안 '경영의 신神'으로
추앙 받았다. 웰치의 유산은 수많은 경영서에서 신성시됐고 그의 이
름을 딴 경영 전문 교육기관 잭웰치경영연구소까지 설립됐다. 반면
2020년에 작고한 웰치는 〈뉴욕타임스〉의 인기 칼럼 '코너오피스Corner
Office'*를 연재하는 데이비드 겔리스David Gelles 기자가 최근 출간한 책
의 제목과 같은 "자본주의의 파괴자The Man Who Broke Capitalism"일지도
모르겠다.[1] 이처럼 미국식 자본주의의 얼굴에서 자본주의의 파괴자

---

* 미국에서는 양쪽으로 창문이 있는 모퉁이 집무실을 가리켜 코너오피스라고 부르며 보통은 'C'로 시
  작하는 최고위 임원들의 집무실을 상징하는 말이기도 하다.

로, 한순간에 천국에서 나락으로 평가가 180도 달라졌다. 이런 재평가가 나오는 시점이 매우 흥미롭다. 매년 구조조정으로 10퍼센트 규모 축소에 가혹하리만치 초점을 맞추고 (정리 해고, 아웃소싱, 오프쇼어링Offshoring, 인수, 주식 환매Share Buyback 등등) 필요한 모든 수단을 동원해 주주 가치 증대를 우선시하는 등등, 웰치의 내로라하는 비즈니스 관행이 여전히 유명세를 떨칠 뿐더러 모방하는 기업이 많기 때문이다.[2] 세기의 경영자로 불리던 웰치의 무자비한 경영 접근법이 근본적으로 재평가되기는 이번이 처음이다.

웰치가 주도한 이익 중심의 자본주의 모델의 최대 수혜자 집단까지도 웰치의 경영 철학이 예전 평가처럼 보편적이고 효과적인지 의문을 제기하기에 이르렀다. 이익 지상주의 모델과 정반대로 가는 이단아는 늘 있었다. 세계적인 아웃도어 브랜드 파타고니아Patagonia의 창업자 이본 쉬나드Yvon Chouinard, 유명 디자인 플랫폼 캔바의 창업자 멜라니 퍼킨스Melanie Perkins, 미국 최고의 그릭 요거트 브랜드 초바니Chobano의 창업자이자 CEO 함디 울루카야Hamdi Ulukaya, 유기농 전문 슈퍼마켓 체인 홀푸즈Whole Foods의 공동 창업자 존 매키John Mackey 등. 하지만 최근에는 주류 금융 산업에서도 주주 자본주의Shareholder Capitalism *에 대한 자성의 목소리가 터져 나온다. 가령 미국에 본사가 있는 세계 최대 자산운용사 블랙록BlackRock의 회장 겸 CEO 래리 핑크Larry Fink, 세계적인 투자은행 J.P.모건의 회장 겸 CEO 제이미 다이먼Jamie Dimon 같은 금융

---

* 주주의 이익을 중시하는 시장 중심의 자본주의로 자본 활동의 모든 것이 주주의 이익을 옹호하는 방향으로 이뤄지는 형태를 말한다.

퓨처 노멀

큰손이 주주 자본주의는 급진적인 개혁이 필요하다는 아이디어를 공개적으로 설파하는 중이다.

바야흐로 무언가가 변하고 있다.

주주 자본주의 세대가 경제적, 인종적, 성별에서 만연한 불평등을 심화시켰다는 인식이 확산하는 중이다. 이들 세대가 갈수록 이빨을 드러내는 기후 위기 대응에 거의 뒷짐을 지고 있었던 것은 부인하기 힘든 사실이다. 코로나19 팬데믹 이후에 사람들이 자신의 직업은 물론이고 직장을 재평가하는 분위기가 조성됐고 이는 새로운 추세로 이어진다. 바로 '조용한 퇴직Quiet Quitting'이다. 의미 그대로 직장을 그만둔다는 뜻이 아니라 주어진 최소한의 직무만 수행하고 나태해지는 현상을 가리키는 조용한 퇴직이 그야말로 열풍이다. 사람들을 이처럼 '돈 받은 만큼만 일하는' 조용한 퇴사자로 내모는 핵심적인 이유는 무엇일까? 이들은 회사와 자신의 가치관이 일치하지 않거나 목적이 이끄는 Purpose-Driven 조직에서 일하고 싶은 자신의 욕구를 회사가 충족시켜주지 못한다는 점을 주된 이유로 꼽는다.

조용한 퇴직 열풍으로 기업은 발등에 불이 떨어졌다. 무엇보다 모든 이해관계자에 ㅡ종업원, 투자자, 고객, 공급업체, 환경, 사회ㅡ 대한 진정한 헌신을 보여주고 공식화하는 것이 절박해졌다. 이런 노력의 하나로 제3의 조직이 제공하는 인증을 받으려는 기업이 갈수록 증가한다. 예컨대 공정무역 인증Fair Trade Certified 마크를 획득하려고 고생스러운 과정을 감내한다. 공정무역 마크는 해당 제품의 공급자와 생산자 모두가 공정한 가격과 공정한 대우를 받는다는 것을 보증한다. 또한 탄소 배출을 중립화하거나 아예 탄소를 배출하지 않는 프로그램을 완수함으로써 기후 중립 인증Climate Neutral Certified 마크를 발급받으려 노력한다. 이뿐만 아니라 굿웰GoodWell 인증(가치관 기반의 '착한' 기업 인증)을 신청하고, '지구를 위한 1퍼센트1% for Planet'에 회원으로 가입하고(연 매출의 최소 1퍼센트를 '지구세' 명목으로 환경 관련 활동에 기부하겠다는 약속), 환경 영향이 낮은 제품에 부여하는 유럽연합 에코라벨EU Ecolabel을 달려고 애를 쓴다. 요컨대 거대 브랜드가 너도나도 제3자가 내미는 구원의 동아줄에 의지한다.

소비자는 이러한 인증을 두 팔 벌여 환영한다. 그리고 이러한 인증을 획득한 브랜드의 전체 경제 활동 규모가 수십억 달러에 이른다. 하지만 이것은 전통적인 사고를 고수하는 더 큰 브랜드들의 활약에 비하면 새 발의 피다. 기업의 대부분이 주주 집단 외의 누군가에게 미치는 영향을 전혀 고려하지 않던 시절에 탄생한 기업들이 창출하는 총 경제 가치는 여전히 수조 달러에 이른다.

긍정적인 영향을 미치는 기업을 떠올려보라. 우리 필자들과 다르지 않다면 십중팔구는 파타고니아 같은 브랜드를 머릿속에 그리기 마련이다. 창업주 일가가 100퍼센트 소유하고 '목적이 이끄는' 기업의 대명사인 파타고니아가 엄청난 성공을 거두었음은 분명하다. 그런데도 덩치만 놓고 보면 여전히 글로벌 시장을 지배하는 다국적 공룡들에 비할 바가 못 된다. 주주 가치 창출 너머로 시야를 확대함으로써 이득을 얻는 것은 파타고니아 같은 중간 규모의 기업만이 아니다. 환경Environmental, 사회Social, 거버넌스Governance의 머릿글자를 딴 ESG에 대한 투자를 전문으로 연구하는 비영리 기관 저스트캐피털Just Capital 은 이해관계자에 미치는 영향을 척도로 미국 상장 기업들을 평가해서

"가장 정의로운 100대 기업Just 100"을 발표한다. 이 명단에 포함된 기업은 여타 대기업보다 자기자본 수익률Return on Equity, ROE이 7.2퍼센트 더 높다.[3]

어떤 이는 "기업이 좋은 일을 하는 것이 기업에게도 이로울 수 있다"는 말을 공염불로 생각할지도 모르겠다. 하지만 이러한 수치가 이것의 정당성을 객관적으로 입증해준다고 봐도 틀리지 않다. 그렇다면 미래는 어떨까? 이러한 현실을 계속 주목하는 세계 최대 기업이 늘어날 걸로 예상해본다. 더 나아가 이들은 세상에 더 좋은 일을 하기 위한 (아니, 최소한 세상에 더 적은 피해를 주기 위한) 자사의 진실한 노력이 결실을 맺도록 (그리고 이러한 노력의 진심을 증명할 수 있도록) 도움을 구할 것이다. 이런 식의 변화가 지속된다면 결과는 명백하다. 브랜드는 이러한 노력으로 평판을 회복하는 것은 물론이고 이 과정에서 더욱 충성스로운 고객을 끌어들일 것이다.

이해관계자 자본주의Stakeholder Capitalism *의 편익은 시간이 흐를수록 더욱 뚜렷해진다. 고로 더 좋은 일을 하고 싶은 대형 브랜드를 지원하는 인증과 메커니즘은 지속적으로 발전할 거라고 봐야 한다. 이렇게 퓨처 노멀의 생태계 하나가 완성된다. 이 생태계에서는 소비자와 종업원의 눈높이에서 브랜드의 평판 회복을 위한 변화를 모색하는 세계 최대 기업이 훨씬 더 많아질 것이다.

---

* 기업이 주주 가치만이 아니라 직원, 고객, 공급업체, 지역 사회 등등 모든 이해관계자의 가치를 추구하는 자본주의를 말한다.

미래선도자: 비랩

제이 코엔 길버트Jay Coen Gilbert와 바트 홀러핸Bart Houlahan은 가슴이 찢어질듯 아팠다. 자신들이 공동으로 창업한 앤드원AND1을 아메리칸 스포팅굿즈American Sporting Goods에 매각한 것도 속이 쓰렸는데, 겨우 몇 달 만에 회사의 핵심인 사회적 책임 경영 실행 부서가 와해되고 말았다.[4]•

길버트와 홀러핸이 1993년에 설립한 농구 의류 및 신발 브랜드 앤드원은 소비자의 사랑을 받기 전에도 진보적인 회사였다. 앤드원은 종업원에게 막대한 혜택을 제공했고, 이익의 5퍼센트를 자선 단체에 기부했으며, 공급업체가 공정하고 윤리적인 방식으로 운영되도록 만들었다.[5] 창업 후 10년도 지나지 않아 이러한 노력은 경제적인 성공으로 보상받았고 앤드원은 미국에서 가장 유명한 농구화 중에 하나가 됐다. 하지만 최대 경쟁업체인 나이키의 공세와 업계 여러 트렌드의 압박을 이기지 못하고 길버트와 홀러핸은 앤드원을 2006년 매각할 수밖에 없었다.

이러한 아픈 경험을 반면교사 삼아, 길버트와 홀러핸은 2006년 뉴욕 금융가에서 활동하는 사모펀드 투자자 앤드루 캐소이Andrew Kassoy까지 끌어들여 비영리 조직 비랩B Lab••을 창업했다. 그리고 설립 이듬해인 2007년 비콥 인증B Corporation Certification을 시작했다.[6] 기업이 비

• 앤드원은 주주 이익의 극대화보다 길거리 농구 지원이라는 사회적 책임을 우선시했다.

•• B는 '유익'을 뜻하는 Benefit의 머릿글자이며 이익Profit이 아니라 사회적 유익을 추구한다는 의미가 담겨 있다.

퓨처 노멀

Certified

B Corporation

이 회사는 포용적이고 공평하며
재생 가능한 경제 시스템을 위한 글로벌 운동에
참여합니다.

— 비임팩트평가의 스크린샷.(출처: www.bcorporation.net)

콥 인증을 획득하려면 180개 문항으로 이뤄진 비임팩트평가B Impact Assessment, BIA에서 (200점 만점 중) 80점을 넘겨야 한다. 비임팩트평가는 기업이 구성원, 고객, 지역 사회, 환경 등에 미치는 임팩트를 분석하는 디지털 도구이다. 비콥 인증을 받은 기업의 비임팩트평가 점수는 공개가 원칙이다.* 또한 회사 수뇌부가 자신들의 의사 결정이 비재무적인 영역에 미치는 임팩트를 고려할 수 있도록 기업의 공식적인 거버넌스가 반드시 변해야 한다. 비랩의 공식 홈페이지를 보면 "이처럼 제3의 검증, 정보 공개의 투명성, 법적 책무성 등이 합해져서 비콥 인증을 받은 기업이 신뢰를 구축하고 가치를 창출하도록 돕는다"고 나와 있다.[7]

---

* 인증은 3년간 유효하며 매 3년마다 재인증 과정을 거쳐 인증을 지속하게 된다.

예전에는 기업의 존재 이유가 주주 가치 극대화였어요. … 지금도 이것은 기업의 주요한 역할이죠. 하지만 오늘날 많은 기업이 이해관계자 중심주의 Stakeholder Primacy 또는 이해관계자 자본주의가 갈수록 보편화되는 수준까지 진화했다고 생각해요.

_앤시아 켈식Anthea Kelsick, 비랩 미국·캐나다의 전前 공동 CEO[8]

비랩이 가져온 파급 효과는 막대하다. 2007년 첫 해에는 비콥 인증 기업이 82곳에 불과했지만, 2022년 말 기준으로 세계 70개국 150개 산업에 걸쳐 4,000곳이 넘는 기업이 비콥 인증을 획득했다.[9] 비영리 조직이 영리 기업에 부여하는 비콥 인증은 사회적 미션이 주도하고 임팩트에 초점을 맞추는 기업이라는 이름표가 됐다. 비콥 인증을 받은 많은 기업의 공통점이 있다. 인지도가 매우 높은 중간 규모의 브랜드라는 점이다. 각각 2011년과 2012년에 비콥 인증을 획득한 선구적인 두 기업, 친환경 의류업체 파타고니아와 미국의 아이스크림 회사 벤앤제리스Ben & Jerry's가 가장 대표적이다. 하지만 비콥 인증을 원하는 대형 브랜드가 갈수록 증가하는 추세다. 일례로 더바디샵The Body Shop, 이솝Aesop 등을 소유한 브라질 최대 화장품 브랜드 나투라Natura는 2014년 비콥 인증을 받았다. 당시 연 매출 30억 달러에 전체 종업원 수가 3만 5,000명이었던 나투라는 비콥 인증 기업 중에서 세계 최대 규모였다. 또한 보험 산업의 디지털 전환을 주도하는 인슈어테크 Insurtech 스타트업 레모네이드Lemonade는 2016년부터 비콥 인증 기업으로 활동해오다가 2020년 주식을 공개했다. 레모네이드와 비슷한 경로를 밟은 기업은 더 있다. 고등 교육 프로그램과 서비스를 제공하는

퓨처 노멀

로리엇에듀케이션Laureate Education*과 미국 최대 목초지 계란 판매업체 바이탈팜Vital Farms**이다. 한편 2017년 당시 기업 가치가 260억 달러 였던 프랑스의 다국적 식음료 기업 다논Danone은 CEO 에마뉘엘 파베르Emmanuel Faber가 비콥 인증에 도전한다고 선언했다. 2021년 ESG 전도사였던 파베르가 CEO에서 해임된 뒤에도 다논은 비콥 인증을 획득하기 위한 노력을 계속했다. 이 글을 쓰는 현재 다논의 전체 매출에서 70퍼센트 이상을 차지하는 40개 자회사가 비콥 인증을 받았다.[10]

비콥 인증의 인기에 화답하고자 비랩은 2020년 9월 비무브먼트빌더스B Movement Builders 프로그램을 시행한다고 발표했다. 이것은 연 매출 10억 달러를 초과하는 거대 다국적 기업에 초점을 맞추는 이니셔티브다. 비무브먼트빌더스의 창단 회원은 프랑스의 야채 가공회사 봉듀엘Bonduelle, 남미 최대를 자랑하는 브라질의 철강회사 게르다우Gerdau, 세계 최대 향수와 향료 원료 기업인 스위스의 지보단Givaudan, 브라질 대형 소매 유통업체 마갈루Magalu이고, 비콥 인증 기업인 다논과 나투라가 멘토 기업으로 참여했다. 이들 여섯 기업을 합치면 종업원 수는 전 세계 120개국에서 무려 25만 명, 연 매출은 600억 달러에 이르렀다.[11] 비무브먼트빌더스 기업의 CEO에게는 네 가지 의무가 부여된다. 첫째는 비콥 인증을 받기 위한 과정을 시작해야 한다. 또한 비콥상호의존선언문B Corp Declaration of Interdependence에 공개적으로 서명하고 UN의 지속가능발전목표Sustainable Development Goals, SDGs 중 최소

---

* 2015년 비콥 인증을 획득했고 2017년 비콥 인증 기업 최초로 상장했다.
** 2015년 비콥 인증을 획득했고 2020년 기업공개를 단행했다.

3개를 달성하기 위한 목표를 설정해야 한다. 마지막으로 비무브먼트에 참여하는 여타 조직들과 협업하기 위해 노력해야 한다.

비콥 운동이 무서운 기세로 확산함에도 불구하고, 거대 브랜드에 대한 비콥 인증을 바라보는 시선이 마냥 고운 것은 아니다. 가령 스위스에 본사가 있는 세계 1위 식품기업 네슬레Nestlé의 자회사인 커피 브랜드 네스프레소Nespresso가 2022년 6월 비콥 인증을 획득했다고 발표했을 때, 비콥 인증 기업 30곳이 이 결정을 비판하는 공개 서한에 서명했다. 이들 기업은 불법 아동 노동, 임금 착취, 공장 노동자 부당한 처우 같은 노동력 조달 관련 사안과 일회용 알루미늄 캡슐의 지속불가능성Unsustainability을 지적했다.[12] 비랩의 창업자 삼인방은 이들보다 실용적인 관점을 가지고 있다. 2022년 여름 창업자 모두가 CEO에서 내려왔을 당시 캐소이가 이렇게 말했다.

"비콥 운동의 목표는 예나 지금이나 비콥 인증 기업들로 구성된 제국을 건설하는 것이 아니에요. 비콥 인증은 수단이지 목적이 아닙니다."[13]

네스프레소도 일회용 캡슐에 대한 높은 비판의 목소리를 의식해 나름의 노력을 기울였다. 종이 기반 캡슐 연구에 3년 이상의 시간을 투자해 마침내 개발했고, 2023년 봄 일부 유럽 시장에서 시범적으로 출시할 예정이다. *

코로나19 팬데믹의 파괴적인 폐해를 경험한 뒤 경제를 바라보는 세상의 눈높이가 달라졌다. 더욱 튼튼하고, 더욱 공정하고, 더욱 친환

---

* 2023년 8월 현재 프랑스와 스위스에서 종이 기반 캡슐이 시범적으로 판매된다.

경적인 경제를 추구하게 됐다. 이렇게 볼 때 사회적 책임 인증 운동은 변곡점에 서있다. 혹여나 이러한 인증 운동이 챌린저 브랜드Challenger Brand*의 사리사욕을 채우는 수단으로 전락한다면? 부유한 잠재 고객의 지갑을 노리는 틈새 수단에 불과하다면? 기대가 큰 만큼 실망도 막대할 것이다. 그럼에도 불구하고 우리는 비콥 같은 원칙에 대한 기대를 거둘 수가 없다. 퓨처 노멀에서는 이러한 원칙이 주주 가치 창출에 주된 초점을 맞추는 오늘날의 주주 중심주의를 대체하고, 더 나아가 글로벌 경제를 이끄는 최대 조직의 내부에서조차 뿌리를 내릴 가능성이 매우 높다고 점친다.

◀◆◆ 퓨처 노멀을 준비하는 3가지 질문 ◆◆▶

1. 비콥 인증을 획득하고 싶든 아니든, 당신의 조직을 더 '착하게' 만들기 위해 비콥 지표와 표준을 어떻게 사용할 수 있을까?
2. 기업과 기업이 멘토링 관계를 맺어 멘티 기업이 주주 가치에서 이해관계자 가치로 관심을 옮기도록 멘토 기업이 이끌어준다면 어떻게 될까?
3. 비재무적 가치 창출을 증명함으로써 자금을 조달하기가 '더 쉬워진다면' 어떻게 될까?

---

* 업계 시장을 주도하는 브랜드보다 자원이나 인지도가 부족하지만 새로운 사고와 행동으로 해당 업종의 특정한 현실 문제에 도전하는 브랜드를 가리킨다.

HOT 16

임팩트 허브 오피스

당신의 오피스 공간이
지역 경제와 지역 공동체에 기여할 수 있다면?

위워크WeWork가 공유 오피스를 임대하는 첫 번째 회사는 아니었다. 하지만 협업 업무 공간의 개념을 세련되게 정의한 회사로는 첫 번째 였다. 위워크는 2010년 창업하자마자 지식 근로자와 스타트업 업계 에서 돌풍을 일으켰다. 당시 위워크의 차별점과 인기의 비결은 무엇 이었을까? 유행을 좇는 것이 아니라 유행을 선도하는 힙스터 성지 같 은 창의적인 공간이었다. 무제한으로 제공되는 과즙 음료와 시원한 온탭on tap 맥주, 낮잠 수면실, 운동 강좌에다가 이른바 '힙한 분위기'까 지 고스란히 즐길 수 개방적인 공유 공간 말이다.[1]

위워크는 창업 후 몇 년 만에 수십만 명의 회원을 거느리고 수십억 달러의 실질 매출을 올리는 공유 오피스 산업의 거인으로 성장했다.

비즈니스와 일터 부문에서 새롭게 부상하는 다양한 트렌드와 −디지털 플랫폼에 기반한 단기 일자리 긱 노동Gig-Work으로의 변화, 개방형 업무 공간의 인기, 목적이 이끄는 브랜드에 동참하고 싶은 밀레니얼 세대(1981~1997년 출생자)의 욕구− 시기가 교묘하게 겹친 덕분이었다. 위워크가 협업의 폭발적인 인기에 추진력을 제공하는 선구자였음은 부인할 수 없다. 하지만 창업자 애덤 노이만Adam Neumann의 탐욕스러운 자기 거래Self-Dealing에 가려져 이런 업적은 빛이 바랬다. 노이만은 기업공개를 앞두고 수억 달러어치의 위워크 주식을 매각했고, 위워크의 '위We'를 상표로 등록한 뒤 이 상표를 회사에 되팔아 거의 600만 달러를 챙긴 것으로 악명이 높았다.[2] 위워크가 2019년 실패로 끝난 재앙적인 기업공개를 시도했을 즈음, 공유 오피스 산업은 이미 포화 상태였다. 위워크와 비슷한 세련된 공유 공간을 제공하는 경쟁 업체가 수십 곳이었다.

  오해하지 마시길. 이렇게 서두가 길었던 것은 위워크 이야기를 하고 싶어서가 아니다. 여기에서는 위워크의 비즈니스 모델이 불을 붙인 잠재된 어떤 욕구 이야기를 해보자. 이 불꽃은 지금까지도 타오르고 있다. 노트북을 끼고 사는 작업자에게 "당신이 사랑하는 일을 하세요", "더 분발하세요"라고 환기시키는 거대한 벽화로 꾸며진 공유 오피스가 어떤 이에게는 충분히 희화적으로 보일 수도 있다. 하지만 장점도 확실하다. 자신의 가치관과 일치하는 공간에서 일하고, 세상에 긍정적인 영향을 미치고, 자신의 커다란 포부를 강화하고, 심지어 자신의 정신적 웰빙을 높여주는 환경에서 일하고 싶은 사람의 욕구에 정확히 호소한다.[3]

이러한 욕구는 거대한 변화의 파고가 휩쓸고 있는 오늘날의 노동 세상과 충돌한다. 코로나19 팬데믹 동안은 기업들의 사업환경 전체가 그야말로 거대한 재택근무 실험실이었다. 일각에서는 이를 두고 "오피스 시대의 종말End of the Office"[4]이라는 섣부른 예상을 내놓기도 했다. 이를 뒷받침하듯이, 몇 달간의 봉쇄 조치 기간에 유연 근무제를 경험한 사람은 대부분이 봉쇄가 끝난 뒤에도 이것을 유지하고 싶은 욕구를 명확히 표현했다.[5] 그렇지만 물리적인 사무 공간이 여전히 중요하다는 징후도 만만찮다. 심지어 메타도 ―비록 CEO 마크 저커버그가 가상 세계 메타버스에 대담한 도박을 하고 있지만― 지난 몇 년간 뉴욕 맨해튼 사무실 밀집 지역에서 새로운 사무실을 연달아 임대했다. 전부 합치면 수십만 제곱미터에 달한다.[6] 많은 트렌드가 그렇듯이 노동 시장도 둘 중 하나에 올인하는 것이 아니라 하이브리드 근무 환경을 ―사무실 근무와 원격 근무를 '병행'하는 것― 향해 나아간다. 노동환경의 유연성이 증가하고 분산화 현상이 지속될 것은 의문의 여지가 없다. 게다가 많은 조직이 오피스 공간 규모를 축소할 것도 확실하다. 그럼에도 사람들을 물리적인 한 공간에 모으고 싶은 욕구는 사라지지 않을 것이다.

두뇌 노동력에 기반하는 많은 조직에게는 부동산이 인건비 다음으로 가장 큰 고정비 지출 항목이다. 이러한 조직이 오피스 공간에 대한 인식을 전환한다면 어떻게 될까? 부동산 관련 비용을 줄여 여기서 발생한 여윳돈으로 더 많은 일을 하고 싶어질 가능성이 크다. 퓨처 노멀에서 미래 지향적으로 생각하는 기업은 두 가지 역할을 수행할 걸로 예상한다. 하나는 구성원들이 머물고 싶고 또한 지역 공동체를 강화하고 지원하는 '임팩트 거점Impact Hub'의 역할이다. 아울러 구성원들의 가치관과 목적을 표출시키는 강력한 수단이자 상징의 역할도 담당하게 될 것이다.

미래선도자: 쓰리스페이스

미국의 경제 전문 매체 〈패스트컴퍼니Fast Company〉는 해마다 세상의 공평성, 접근성, 지속가능성 등에 초점을 맞추어 '세상을 바꾸는 아이디어World Changing Ideas'를 엄선한다. 이러한 아이디어에 선정되는 것은 '가문의 영광'이다. 논리적으로 보면 혁신적인 오피스 공간은 세상을 바꾸는 아이디어의 후보처럼 보이지 않을지도 모르겠다. 하지만 런던 남부에 위치한 인터내셔널하우스International House가 '세상을 바꾸는 아이디어'에 선정되는 영예를 안았다. 영국 기반의 비영리 조직 쓰리스페이스3Space가 건설한 5만 제곱피트(약 4,650제곱미터)의 오피스용 건물은 여타의 공유 오피스와는 다르다. 이는 쓰리스페이스의 독특한 바이기브워크BuyGiveWork 모델 덕분이다. 쓰리스페이스는 유상으로 임대되는 각 공간에 대해, 자격 요건을 충족시키는 비영리 조직이나 지역 사회 기반의 스타트업에 무상으로 공간을 제공한다. 현재 쓰리스페이스가 지원하는 프로젝트는 청년 창업 프로그램, 지속가능한 녹색 농업 인큐베이터Green Farming Incubator, 아트 스튜디오, 사진 리소스 센터Photography Resource 등을 포함한다. 이것은 신발 브랜드 탐스Toms 같은 기업이 개척한 "바이원, 기브원Buy One, Give One"이나 "원포원One for

— 런던 브릭스턴의 쓰리스페이스 인터내셔널하우스 로비.(출처: 쓰리스페이스)

One"처럼 하나를 사면 하나를 기부하는 윤리 소비 모델을 얼핏 연상시
킨다.

쓰리스페이스는 바이기브워크 모델을 통해 지방 정부의 지원을 이
끌어냈다. 지역의 임대료 상승으로 고민이 깊은 지방 자치 단체에게
는 쓰리스페이스의 모델이 일거양득의 기회다. 외부의 고성장 비즈니
스를 지역에 유치하는 동시에, 지역의 기존 단체가 상승한 임대료를
감당할 수 없어 둥지를 떠나는 일명 젠트리피케이션Gentrification을 예방
하고 지역에 계속 잔류하게 만드는 효과적인 방법으로 생각하는 까닭
이다. 이뿐만 아니라 인터내셔널하우스가 모든 입주자로 하여금 종업
원과 외부 용역 계약자 모두에게 런던의 생활 임금Living Wage *을 지급
해야 한다는 의무 조항을 요구함으로써 영국 최초의 '생활 임금 빌딩

* 영국 근로자의 급여 수준을 말한다. 2023년 현재 생활 임금은 런던이 시간당 11.05파운드, 런던 이
외 지역은 시간당 9.9파운드이다.

퓨처 노멀

Living Wage Building'으로 여겨지는 점도 도움이 됐다.[7] 또한 모든 영리 조직 입주자는 종업원 각자가 매달 한 시간의 근무 시간을 인터내셔널 하우스 내부든 지역 사회든 비영리 프로젝트에 반드시 기부하도록 요구된다.[8]

이러한 설립 취지와 쓰리스페이스에게 쏟아진 공개적인 찬사는 쓰리스페이스에 입주한 기업에게 톡톡한 홍보 효과를 가져다준다. 이들은 자신들이 소비자와 잠재적인 종업원에게 미치는 임팩트를 자랑스럽게 이야기할 수 있다. 또한 쓰리스페이스에 입주하는 것은 유능한 인재를 잡아두는 전략의 일부가 됐다.

> 우리가 인터내셔널하우스에 입주함으로써 수백에 이르는 지역 일자리와 프로젝트가 직접적인 지원을 받죠. 우리 직원들이 이 사실을 매우 중요하게 생각한다는 것을 시간이 지나면서 차차 알게 되었어요.
>
> _알렉스 디플레지Alex Depledge, 주택 리모델링업체 레시Resi의 창업자,
>
> 인터내셔널하우스 입주자 중 최대 영리 조직[9]

쓰리스페이스의 근간을 이루는 기본적인 개념은 두 가지로 요약할 수 있다. 먼저, 오피스 공간이 더 탄력적이고 더 강력한 지역 공동체를 창조할 수 있다. 또한 이러한 사회적 미션을 핵심적인 차별화 요소로 생각하는 입주자를 유치하기가 더 쉬울 수 있다. 부동산 업계 전체에서 상업용 부동산 시장이 이러한 개념을 가장 적극적으로 수용하고 있다는 몇 가지 초기 징후가 보인다. 예를 들어 미국 워싱턴 DC에 위치한 숍스앳다코타크로싱Shops at Dakota Crossing을 개발한 트래멀크로컴

퍼니Trammell Crow Company는 이 쇼핑센터에서 지역 주민 채용률을 높이기 위해 비영리 단체 굿윌인더스트리스Goodwill Industries와 손을 잡았다. 이 프로그램을 통해 소매업체는 종업원을 더욱 신속하게 채용하고 종업원 이탈률을 낮출 수 있었다. 이는 다시, 대형 유통업체 코스트코Costco 같은 소매업체가 숍스앳다코타크로싱 쇼핑센터에 입주하게 만든 중요한 요소가 됐다.[10] 그렇지만 관련 데이터를 보면 이런 개념이 보편화되기까지 아직 갈 길이 멀다. 부동산 업계의 세계적인 비영리 단체 어반랜드인스티튜트Urban Land Institute, ULI*가 발표한 한 보고서도 이것을 뒷받침해준다. 어반랜드인스티튜트는 부동산 개발업체가 사회 형평성을 촉진하는 관행을 규칙적으로 시행할 때의 잠재적 이득에 대한 이해가 높아짐으로써 관심도 증가하고 있다고 진단했다. 그러나 이러한 관행을 규칙적으로 시행하는 부동산 개발회사는 8곳 중 1곳도 되지 않는다고 마무리했다.[11]

위의 사례 모두는 하나를 가리킨다. 사회적 그리고 경제적으로 긍정적인 임팩트를 생성시킬 가능성이 있을 때, 업무 공간도 아주 흥미롭고 중대한 혁신의 중심이 될 수 있다. 오늘날까지도 '직장 내 고통'을 부르는 칸막이 사무실은 여전하다. 위워크는 이것과 정반대의 공간으로 포지셔닝함으로써 업무 공간에 센세이션을 몰고 왔다. 하지만 위워크는 창업자의 부적절한 지분 매각 등 독단적인 경영 행태로 말미암아 중대한 신뢰성을 잃어버렸고 투자자들에게 자사의 모델이 지속 가능하다는 확신을 줄 수 없어 2019년의 첫 번째 기업공개는 무산됐

* 1936년 토지 이용과 부동산 개발을 위한 연구·조사·교육을 목적으로 미국에서 세계 최초로 설립된 국제 비영리 단체이다.

퓨처 노멀

다. 부동산은 예로부터 자본주의에 가장 충실한 업종의 하나였고, 쓰리스페이스의 '바이기브워크' 같은 기부 연계 이니셔티브가 아직은 독특한 개념으로 여겨진다. 하지만 윤리적 소비를 촉진하는 이러한 프로그램은 근로자, 기업, 지역 공동체, 그리고 투자자 모두가 '윈윈'할 수 있는 퓨처 노멀의 한 모습을 보여주는 것은 확실하다. 이렇게 되면 더는 사무실이 고통을 감내해야 하는 공간이 아니다. 오히려 우리가 기쁜 마음으로 일하고 싶은 일터가 될 것이다.

◀◆▶ 퓨처 노멀을 준비하는 3가지 질문 ◀◆▶

1. 우리가 업무 공간을 선택할 때 편의 시설이나 위치만이 아니라 지역 사회에서 더 나아가 세상 전체에서 생성시키는 임팩트를 고려한다면 어떻게 될까?
2. 오늘날의 업무 공간은 낮에만 사용되고 밤에는 비어 있다. 어떻게 하면 지역 공동체를 위해 지속적으로 사용되고 가치를 창출하는 업무 공간 모델로 진화시킬 수 있을까?
3. 모든 오피스 건물에 영리 기업과 비영리 조직이 '동거'하면서 지역 공동체를 구축하고 상호 이익을 주고받을 수 있다면 어떻게 될까?

HOT 17

더 좋은 비천연 제품

> **"**
>
> 인공적인 '가짜'가 더 좋다면?
>
> **"**

영국의 윈스턴 처칠은 처음으로 총리가 되기 9년 전인 1931년에 발표한 에세이에서 독특한 하나의 미래를 상상했다.

"가슴살이나 날개를 먹자고 닭을 통째로 기르는 것은 어불성설이다. 언젠가는 적절한 매개물로 이러한 부위만 따로 기르는 세상이 도래할 것이다."[1]

처칠이 예고한 세상이 더는 공상이 아니다. 2020년 12월 19일 캘리포니아에 기반을 두는 굿미트Good Meat는 싱가포르의 레스토랑 '1880'과 손잡고 특별한 손님들에게 독특한 식사를 제공했다. 참깨 닭고기를 넣은 바오번, 닭고기와 블랙빈(검정거북콩) 퓨레로 속을 채운 필로 퍼프 페이스트리, 매운 닭고기를 곁들인 바삭한 메이플 시럽 와플이었다.[2] 보다시피 모두 닭고기 요리다. 그런데 요리에 사용된 닭고기는 일반적인 닭고기가 아니었다. 닭을 잡아서 얻은 고기가 아니었다는 말이다. 닭의 세포를 소량 배양해 실험실에서 키운 '재배육' 닭고기였다. 이스라엘의 푸드테크 스타트업 슈퍼미트SuperMeat도 텔아비브에 시범 레스토랑을 열고 배양된Cultivated 치킨 버거를 선보여 전 세계 언론의 헤드라인을 장식했다. 또 다른 이스라엘의 식품 스타트업 알레프팜스Aleph Farms는 자사가 중대한 세계 최초의 기록 하나를 세웠다고 자랑했다. 사상 최초로 국가 원수에게 배양육 스테이크를 제공했다는 주장인데, 배양육을 시식한 세계 최초 국가 원수의 '영예'를 안은 이는 베냐민 네타냐후Benjamin Netanyahu 이스라엘 총리였다.

2013년 네덜란드의 마스트리흐트대학교Maastricht University 생리학 교수 마크 포스트Mark Post가 대대적인 광고와 함께 세계 최초로 실험실에서 키운 랩그로운Lab-Grown 고기(당시에는 이렇게 불렸다)를 선보여 배양육의 가능성을 보여줬다. 그로부터 10년이 흐른 오늘날 배양육 사업에 헌신하는 기업이 100여 곳에 이른다. 그리고 이제까지 이들 스타트업 중 한 곳이 생산하는 '배양육'을 -배양육이라는 용어는 해당 산업이 홍보 목적으로 지은 것이 확실했다- 수천 명이 시식했다.[3]

유전자 변형 식품GMO 사용에 대해서는 전 세계적으로 반발이 일었다. 걱정할 만한 합당한 이유도 있었지만 남발되는 잘못된 정보도 이런 부정적인 여론에 한몫했다. 하지만 실험실 재배육은 달랐다. 아직까지는 유전자 변형 식품에 쏟아졌던 것 같은 논란에서 완벽히 자유롭다. 사실 지금껏 배양육을 직접 먹어본 사람도 소수다. 그나마 자칭 "미래주의적 식품 실험실Futurist Food Lab" 더퓨처마켓The Future Market이[4] 주

관한 시식회 같이, 종종 사람들의 호기심을 자극하기 위해 마련된 특별한 환경에서 실험실에서 키운 고기를 맛봤다.

이처럼 우리 생활과 밀접한 제품에 대한 '배양된' 신종 대체물이 식품 산업에만 등장하는 것은 아니다. 마이크로실크Microsilk(볼트스레드Bolt Threads가 개발한 내구성이 매우 높은 생분해성 섬유)와 실험실에서 키운 나무(아직까지는 MIT의 한 연구팀이 개발 중이며 정해진 명칭이 없다) 같이 최첨단의 합성 생물학Synthetic Biology 실험실에서 거의 매달 혁신적인 신물질이 탄생한다.[5]

누군가는 이런 일이 처음이 아니라고 말할지도 모르겠다. 제2차 세계대전의 포성이 멎은 전후戰後 시대에 플라스틱부터 폴리에스테르까지 합성 물질이 연일 화젯거리였다. 사람들은 "더 강하다! 더 가볍다! 더 저렴하다!"며 이러한 합성 물질을 열렬히 환영했다. 이러한 합성 물질의 종말은 우리 모두가 다 안다. 내재된 어두운 측면이 만천하에 드러났다. 이러한 물질은 저렴하면서도 내구성이 높았고 그리하여 대량 생산으로 이어졌다. 문제는 이러한 물질을 안전한 또는 지속가능한 방식으로 폐기하기가 어렵다는 점이었다. 처음에는 합성 물질이 화석 연료 산업의 부산물을 활용하는 독창적인 방식으로 등장했다. 그런데 결국에는 환경을 오염시키는 여러 채취 산업Extractive Industry *의 명맥을 지탱해주는 주기週期를 완성하는 마지막 퍼즐이 됐다. 이러한 물질이 환경에 미치는 영향에 대한 인식이 높아짐에 따라 '의식이 깨어 있는' 소비자들은 합성 물질 전체를 싸잡아 보편적인 유독성 물질

* 추출 산업. 자연에 직접 노동을 가해 자연물을 채취하는 산업을 말한다.

퓨처 노멀

로 치부했다.

요즘 세상은 천연 제품이 더 낫다는 것을 당연한 명제로 여긴다. '100퍼센트 자연 유래' 제품은 추구해야 하거나 열망해야 하는 대상이다. 명품이라는 개념 자체도 지역에서 키우고, 숙련된 사람이 손으로 직접 만들고, 지속가능한 조달을 통해 생산되는 제품을 연상시키게 됐다. 한마디로 합성의 '합'자도 포함되지 않는 제품이다.

결론부터 말하면 합성 부문에서 차세대 혁신은 1950년대의 혁신과는 근본적으로 다르다. 이는 몇몇 트렌드가 융합하기 때문이다. 첫째, 유전자 염기 서열 분석 DNA 시퀀싱Sequencing 같은 생명공학적 기술이 진보한 덕분에 혁신가는 자연에서 영감을 받아 인공 제품을 창조하기가 한결 수월해진다. 예를 들어 과학자들은 생체 모방Biomimicry – 혁신적인 신물질과 새로운 제품을 만들기 위해 식물과 동물에서 영감을 얻는 방법을 말한다—을 기반으로 기존 문제를 더 효과적으로 또는 더 신속하게 또는 더 저렴하게 해결할 수 있는 새로운 방법을 찾는다. 그리하여 이들은 생물 발광Bioluminescence부터 흰개미집의 자연 냉각 원리에 이르기까지 모든 가능성을 열어두고 연구한다. 이러한 연구는 이미 건축 공사, 공기 터빈 디자인, 찍찍이로 불리는 벨크로Velcro 같이 오늘날 보편화된 제품을 개발하는 데 혁혁한 기여를 했다. 또한 인공지능과 자동화에서 이뤄진 상호 연계적인 기술 진보는 합성 부문의 학습 가속화와 비용 절감에 도움이 된다. 이뿐만 아니라 저렴한 재생 에너지에 대한 접근성이 크게 확대된 것은 이러한 새로운 합성 공정이 깨끗한 청정 에너지를 사용할 수 있다는 뜻이다. 요컨대 우리 환경에 악영향을 미치지 '않고' 생산할 수 있는 새로운 합성 제품의 시대가 우리 눈앞에 성큼 다가와 있다.

퓨처 노멀에서는 기존 제품을 대신할 수 있는, 그러면서도 천연 제품보다 훨씬 '더 좋은' -성능이 더 뛰어나고, 더욱 윤리적으로 생산되며, 더욱 지속가능한- 합성 대안품의 종류가 다양해질 것이다. 혹시라도 천연 제품을 대신하는 미래의 합성 제품이 경제적이지만 환경을 파괴하는 저급한 대체물일 거라고 예단하지 마라. 오히려 많은 경우 전통적인 천연 제품보다 훨씬 '더 바람직한' 제품, 다시 말해 더 나은 '비천연Unnatural' 제품이 될 것이다.

미래선도자: 업사이드푸드

심장병 전문의 우마 발레티Uma Valeti는 연구의 일환으로 인간의 심장 세포를 배양하던 중에 아이디어 하나가 떠올랐다. 인간의 심장을 실험실에서 배양할 수 있다면, 닭다리도 실험실에서 키워보면 어떨까? 몇 년 뒤 발레티는 캘리포니아주 샌리앤드로San Leandro에서 배양육 스타트업 업사이드푸드UPSIDE Foods를 창업했다. 빌 게이츠, 육가공 대기업 타이슨푸드Tyson Foods, 세계 최대 곡물회사이자 미국 최대 비상장기업 카길Cargill 같은 투자 큰손들의 지원을 받은 업사이드푸드는 닭고기만이 아니라 소고기와 오리고기까지 실험실에서 배양하며 선도적인 배양육 기업 중 하나가 됐다. 그리고 마침내 2022년 11월 업사이드푸드는 주요한 규제적 이정표를 달성했다. 미국식품의약국이 업사이드푸드의 배양육 생산과 배양 세포 물질 등등 과학적인 요소를 평가한 뒤에 "지금으로서는 업사이드푸드의 안전성 결론에 더 이상 의문 사항이 없다"고 발표했다.[6] 이것은 배양육 개발을 계속해도 좋다고 승인하는 것과 같은 의미였다.

실험실처럼 통제된 환경에서 고기를 배양할 때의 잠재적 이득은 막대하다. 온라인 식품 학술지 〈네이처푸드Nature Food〉에 실린 한 연구 보고서를 보면 2015년 푸드 시스템Food System *이 전 세계 온실가스 배출의 34퍼센트를 차지했다.[7] 이중 식용 가축 사육과 육가공이 온실가스 배출의 최대 주범이다. 가축 사료를 재배하기 위해 숲을 갈아엎어 목초지로 만들고, 처리되지 못한 엄청난 양의 폐기물이 수자원을 오염시키며, 가축이 트림이나 방귀로 기후 변화에 영향을 미치는 메탄가스를 배출하기 때문이다.[8] 이렇게 볼 때 육고기를 배양하면 우리의 환경 발자국Environmental Footprint을 크게 감소시킬 가능성이 있다. 또한 육류 섭취, 무엇보다 식품 산업의 동물 학대와 궁극적인 도살에 대한 일각의 윤리적 거부감을 제거하는 효과도 기대된다. 이뿐만 아니라 배양육은 식품 매개 질환Foodborne Disease, 과도한 호르몬 사용, 환경 오염 등에서 자유로울 수도 있다.

새롭게 떠오르는 배양 식품 산업의 스타트업은 뷔페 음식만큼이나 다양하고 광범위하다. 프랑스의 스타트업 구르메Gourmey는 세계 3대 진미로 알려진 거위 간 푸아그라Foie Gras를 단일 수정란에서 세포를 추출해 배양하고[9], 싱가포르의 시옥미트Shiok Meats는 고영양 배양액 속

* 농업, 임업, 수산업, 식품 산업에서 유래한 식품이 생산, 소비, 처리까지 거치는 일련의 과정을 비롯해, 이들이 속한 더 넓은 범위의 경제와 자연 환경을 포괄하는 개념이다.

에서 새우, 게, 바다가재의 배양육을 키운다. 또한 미국의 멜리바이오 MeliBio가 꿀벌 없이 생산한 지속가능한 꿀은 출시가 임박했고, 퍼펙트 데이Perfect Day가 젖소 없이 젖소에서 얻은 것과 동일하게 만든 유청 단백질은 이미 상용되고 있다. 제휴를 맺은 14개 이상의 브랜드가 퍼펙트데이의 유청 단백질을 우유, 아이스크림, 크림치즈 등에 사용한다.

하지만 이러한 모든 혁신을 환영하는 마음 한쪽에는 당연히 물어야 하는 질문이 하나 자리한다. 소비자가 이러한 모든 제품을 정말 기꺼이 시도하고 수용할까? 최근의 한 소비자 연구에 따르면, "미국의 Z세대(1997~2012년 출생) 소비자의 88퍼센트는 배양육을 시도할 마음이 어느 정도 있다고 응답한 반면, 베이비붐 세대(1945~1964년 출생)는 72퍼센트만 배양육을 먹어볼 의향이 있다고 대답했다."[10]

세포 기반의 배양 식품 산업은 천연 제품보다 더 나은 비천연 제품의 미래가 어떤 모습일지에 관한 가장 가시적인 사례로 손색이 없다. 심지어 지구 자원에 막대한 환경적 피해를 안겨주면서 자연적인 방식으로 생산되는 제품과 생물학적으로 동일한 대체품을 개발하는 혁신가들도 있다.

실험실에서 면화를 재배하는 미국의 스타트업 게일리GALY는 최근 스웨덴 패션 브랜드 H&M 산하 H&M 재단이 해마다 수여하는 글로벌체인지상Global Change Award *을 받았다. 게일리가 통제된 실험실에서 면화를 생산하는 방식은 자연 재배보다 더욱 친환경적이고 생장 속도는 10배나 빠르다. 캘리포니아에 있는 대체 가죽 스타트업 비트로랩

* 패션의 선순환 구조에 가장 크게 기여할 잠재력을 가진 아이디어에 시상하는 상이다.

스VitroLabs는 최근 자사의 세포 기반 배양 가죽을 시험 생산하기 위한 투자를 유치했고, "소 한 마리에서 무해한 방식으로 1회 추출한 생체 세포를 배양해 수십억 제곱피트의 가죽을 생산"할 수 있다고 주장한다.[11] 특수 섬유를 제조하는 독일의 바이오테크 기업 AM실크AMSilk와 제휴한 세계적인 시계 브랜드 오메가는 바이오스틸Biosteel로 만든 시계줄을 판매한다. 합성 거미줄Spider Silk인 바이오스틸은 전통적인 시계줄 재료보다 더 가볍고 복원력과 통기성이 더 뛰어난데 항균과 항알러지 기능까지 갖췄다.

소비자 제품 이외의 부문에서도 더 나은 비천연 제품의 사례는 넘쳐난다. 네덜란드 암스테르담항구, 암스테르담스히폴공항Amsterdam Airport Schiphol, 바이오 연료 생산업체 스카이NRGSkyNRG, 항공사 KLM 등이 공동 출자한 합작 회사 신케로Synkero는 이산화탄소, 물, 재생 에너지를 사용해 친환경 합성 등유Kerosene를 생산한다. 이 합성 항공유는 2021년 초 암스테르담을 출발해 스페인 마드리드로 가는 KLM 소속 여객기에 최초로 사용됐다.[12] 건강 산업에서는 영국의 바이오테크 스타트업 터치라이트Touchlight가 합성 DNA 생산 기간을 크게 단축시킨다. 보통은 플라스미드Plasmid DNA*를 생산하는 데 몇 달이 걸리지만, 터치라이트는 단 수주 만에 DNA를 합성한다. 터치라이트의 DNA는 더 순수하고, 따라서 더 안전하다. 이것은 터치라이트가 자사의 백신 플랫폼을 확장하기 위해 빌앤멀린다게이츠재단Bill & Melinda Gates Foundation으로부터 기부금을 지원받은 이유 중 하나였다.[13]

---

* 세균의 세포 내에 염색체와 별도로 존재하면서 독자적으로 복제하고 증식할 수 있는 원형 DNA 분자를 총칭하는 말이다.

퓨처 노멀에서는 합성 생물학의 맹활약을 기대해도 좋다. 우리는 인간이 통제할 수 없는 자연 환경에 의존할 필요 없이 합성 생물학을 통해 더 깨끗하고 더 안전하며 더 믿을 수 있는 제품과 물질을 제조하는 능력을 갖게 될 것이다. 이러한 퓨처 노멀에서는 '자연적인 것이 언제나 가장 좋다'는 오랜 가정이 근본부터 흔들릴 거라고 본다. 자사 제품의 비자연적인 '출신 배경'을 자랑하는 기업이 증가하면 모든 부문의 소비자는 새로운 퓨처 노멀에 직면할 수밖에 없다. 소비자는 예로부터 자연적인 방식으로 생산되는 제품이 가치 있고 우월하다고 생각한다. 그런데 이들 기업이 비자연적인 방식으로 생산하되 천연 제품보다 더 바람직한 대안품을 제공한다면? 소비자는 자신의 기존 가정을 재고할 수밖에 없지 않을까.

 퓨처 노멀을 준비하는 3가지 질문

1. 우리는 뛰어난 솜씨를 가진 장인匠人에게 아낌없는 박수를 보낸다. 만약 우리가 합성 제품을 탄생시킨 과학자도 이런 장인과 똑같이 대우한다면 어떻게 될까?
2. 농작물을 자동화된 환경에서 재배할 수 있게 되면, 수십억 농업 종사자를 어떻게 지원할 수 있을까?
3. 우리는 윤리적으로 생산된 '가짜' 대체품을 환경에 더욱 파괴적인 영향을 미치는 '진품'과 어떻게 차별화시킬까?

HOT 18

지속가능한 소비

66

자신의 탄소 발자국을 추적해
계산할 수 있다면?

99

오늘날 탄소 발자국Carbon Footprint이 세계적인 화두의 하나다. 이 아이디어가 누가 주창했을까? 믿기 힘들겠지만 주인공은 영국 석유 거인 BPBritish Petroleum이다.[1] BP는 2004년 사람들이 각자 자신이 환경에 미치는 영향력에 초점을 맞추도록 유도하기 위한 홍보 이니셔티브로 탄소 발자국을 소개했다. 요컨대 기후 변화의 책임을 석유회사가 아니라 소비자에게 돌리기 위한 그린워싱Greenwashing*이었다. 거의 20년이 흐른 오늘날을 보면, 소비자가 자신의 탄소 발자국을 추적하게 만들겠다는 BP의 전략이 통한 것 같다. 대중의 관심을 가장 지저분한

* 기업이나 단체가 허위, 과장 광고나 홍보 수단 등을 이용해 친환경적인 모습으로 포장하는 '위장 환경주의' 또는 '친환경 위장술'을 가리킨다.

오염자들Polluter로부터 성공적으로 떼어놓았고, 따라서 석유 산업은 탄소 배출을 줄이기 위한 노력을 서두를 필요가 없었다. 하지만 이제는 느리지만 변화가 감지된다. 자기 편의적이고 이기적인 이유로 시작했을 수도 있는 탄소 발자국 캠페인이 더 큰 무언가로 서서히 변신하고 있다.

요즘에는 탄소 발자국 개념을 적극적으로 수용하는 브랜드가 꽤 있다. 이들 브랜드는 자사 제품에 라벨을 부착해 자사의 탄소 발자국 데이터를 공개한다. 그리고 소비자는 이런 데이터를 통해 자신의 소비가 환경에 미치는 영향력을 더욱 의식적으로 추적할 수 있게 됐다. 탄소 발자국 라벨에 관한 이상적인 사례는 1세대 대체육 생산업체 중 하나인 쿠온Quorn이다. 쿠온이 처음부터 탄소 발자국 개념을 시행한 것은 아니었다. 설립 초창기에는 채식주의자를 위한 비건 제품을 생산했다. 그러다가 기후 문제에 민감한 소비자의 수요가 증가하는 것을 알게 됐다. 이에 쿠온은 카본트러스트Carbon Trust*와 파트너십을 체결해 쿠온민스Quorn Mince와 쿠온피시리스핑거Quorn Fishless Fingers 같은 자사의 최고 인기 비건 제품의 포장에 탄소 발자국 데이터를 추가했다. 이러한 라벨은 쿠온 제품이 환경에 미치는 영향력과 동물 기반의 전통적인 제품이 환경에 미치는 영향력의 차이를 극명하게 보여준다. 당연히 둘 사이에는 어마어마한 차이가 있다.

예를 들어 쿠온민스는 1킬로그램당 이산화탄소환산량CO_2e이 1.3킬로그램이다. 반면에 영국에서 판매되는 다진 소고기의 탄소 발자국은

* 영국 정부가 기후 변화에 대응하고 탄소 감축 방안을 마련하고자 2001년 설립한 친환경 인증 기관으로 '탄소 발자국 인증Carbon Footprint Label'을 제공한다.

1킬로그램당 CO_2e가 27킬로그램이다.[2] 쉽게 말해 소고기는 1킬로그램을 생산하는 데 27킬로그램의 이산화탄소가 배출된다. 쿠온푸드의 최고상업책임자Chief Commercial Officer, CCO 피터 해리슨Peter Harrison은 탄소 발자국 라벨에 대해 이렇게 설명한다.

"소비자가 객관적인 정보에 입각해서 자신이 섭취하는 음식과 그것이 지구 기후에 미치는 영향을 스스로 결정할 수 있도록, 필요한 정보를 제공하는 것이 목표입니다. 소비자가 정보를 기반으로 자신의 건강에 대한 결정을 내릴 수 있도록 정확한 영양 정보 라벨을 포장에 부착하는 것과 똑같아요."[3]

우리의 소비가 기후에 미치는 영향을 더욱 명확하게 드러내는 탄소 발자국 아이디어가 식품 산업을 넘어 다른 많은 산업으로 확산한다. 가령 항공 업계는 단골 고객을 대상으로 탄소 상쇄 프로그램을 운영한다. 이 프로그램은 고객이 자신의 항공기 여행으로 배출되는 탄소량을 추적하고 상쇄 비용을 계산해 탄소 상쇄권을 구매할 수 있게 해준다. 컴퓨터 주변 기기를 생산하는 로지텍Logitech은 자사 제품 개발이 환경에 미치는 영향을 추적하기 위해 2021년 마우스를 시작으로 일부 제품에 탄소 영향 라벨을 부착한다. 헬스클럽에 비치된 개인 휴대용 물병 리필 급수대는 물을 리필함으로써 플라스틱 물병을 얼마나 절약했는지 사용자에게 알려주는 계수기와 통합된다. 무려 7만 종 이상의 제품을 생산하는 유니레버Unilever는 자사의 모든 제품에 탄소 라벨을 부착하겠다고 약속했다. 이러한 탄소 라벨에 관한 국제적인 표준이 아직까지는 없다. 그럼에도 아주 많은 산업에서 아주 많은 기업이 이러한 노력에 선제적으로 행동하겠다는 의지는 어떻게 해석해야 할까? 탄소 라벨에 대한 소비자의 지지가 상당한 수준에 이르렀음을 반증한다. 이는 다시 탄소 라벨이 우리 뇌의 가장 근본적인 일부 작동 방식을 충족시켜주기 때문일 수도 있다.

인간으로서 우리는 통제감을 좋아하고, 데이터는 우리가 무언가를 통제할 힘과 권한이 있다고 생각하는 데 도움이 된다. 데이터는 우리가 더 영리하게 결정하기 위해 사용할 수 있는 정보를 제공하는 까닭이다. 우리의 데이터 사랑은 대단하다. 우리는 발걸음 수를 세고, 안정시 심박수Resting Heart Rate를 측정하고, 자신의 수면을 추적한다. 또한 자신의 건강 상태를 정확히 파악하고 더 건강한 선택을 하도록 자극받기 위해 다양한 건강 데이터를 찾고 식품의 칼로리를 일일이 비교한다. 그렇다면 자신의 탄소 발자국을 완벽히 이해하는 것은 어떨까? 지난 수년간 우리는 죄책감과 무지 사이에서 오락가락했다. 우리가 구매하고 소비하는 무언가가 환경에 미치는 영향에 대해서도, 서서히 마수를 드러내는 기후 위기와 관련해서도, 우리는 이제까지 충분한 정보를 제공받는다거나 우리에게 어떤 권한과 힘이 있다는 기분을 갖지 못했다.

퓨처 노멀에서는 자사 제품의 탄소 배출 정보를 투명하게 공개하고 소비자가 칼로리를 계산하듯이 자신의 소비 선택이 미치는 임팩트를 쉽게 계산하도록 해주는 기업이 증가하리라 예상한다. 그리고 우리는 탄소 데이터에 익숙해짐에 따라 '좋은' 수치와 '나쁜' 수치를 구분하는 눈이 정확해지고, 이러한 정보에 입각해 행동을 결정할 것이다. 요컨대 데이터는 지식을 생성시키고, 지식은 행동을 촉진한다.

미래선도자: 올버즈

당신의 운동화 한 켤레를 만들기 위해 탄소가 몇 킬로그램 배출되는지 아는가? 십중팔구는 모를 거라고 본다. 이러한 무지는 비단 운동화에만 국한하지 않는다. 하지만 신발 브랜드 올버즈Allbirds 같은 기업이 탄소 투명성을 향해 계속 전진한다면 이러한 무지의 시절도 조만간 옛이야기가 될지 모르겠다. 지속가능한 운동화의 선구자로 유명한 올버즈는 IT 업계 종사자 사이에서 큰 인기를 끌었고 창업하고 6년이 지난 2020년 패션 업계 최초로 자사 제품의 탄소 발자국을 공개하기 시작했다. '신발계의 애플'로 불리며 비콥 인증까지 받은 올버즈가 자사의 탄소 발자국을 투명하게 공개하겠다고 결정한 이유는 무엇일까? 공동 창업자 조이 즈윌린저Joey Zwillinger는 지속가능성에 대한 사회적 토론을 더욱 확산시키고 싶은 마음에 이러한 결정을 내렸다고 말한다.[4]

올버즈 운동화의 평균 탄소 배출량은 얼마일까? 올버즈의 발표에 따르면 CO_2e가 7.6킬로그램이다.[5] 하지만 이 수치가 운동화 한 켤레의 탄소 발자국으로 많은 양일까? 아니면 적은 양일까?

올버즈는 소비자가 자사 제품의 탄소 발자국을 이해하도록 도와주기 위해 약간의 배경적 지식을 함께 제공한다. CO_2e 7.6킬로그램은 자동차로 19마일(약 30킬로미터)을 주행할 때 또는 세탁 건조기로 다섯 번 건조할 때 배출되는 탄소와 비슷한 양이다. 또한 신발 업계 평균 탄소 배출량인 12.5킬로그램에 비하면 60퍼센트 수준이다.[6]

당신의 탄소 발자국은 얼마일까?

CARBON FOOTPRINT 11.3 KG CO2E

트리 대셔 TREE DASHER

재료	+3.9kg CO_2e
제조	+3.5kg CO_2e
운송	+2.9kg CO_2e
제품 사용 및 세탁	+0.1kg CO_2e
폐기	+0.9kg CO_2e
총량	+11.3kg CO_2e

CARBON FOOTPRINT 8.3 KG CO2E

울 라운저 WOOL LOUNGER

재료	+4.9kg CO_2e
제조	+0.9kg CO_2e
운송	+1.8kg CO_2e
제품 사용 및 세탁	+0.1kg CO_2e
폐기	+0.6kg CO_2e
총량	+8.3kg CO_2e

CARBON FOOTPRINT 13.0 KG CO2E

울 러너 미즐 WOOL RUNNER MIZZLE

재료	+7.4kg CO_2e
제조	+2.1kg CO_2e
운송	+2.5kg CO_2e
제품 사용 및 세탁	+0.1kg CO_2e
폐기	+0.9kg CO_2e
총량	+13.0kg CO_2e

CARBON FOOTPRINT 9.9 KG CO2E

울 러너 WOOL RUNNER

재료	+5.9kg CO_2e
제조	+1.1kg CO_2e
운송	+2.1kg CO_2e
제품 사용 및 세탁	+0.1kg CO_2e
폐기	+0.7kg CO_2e
총량	+9.9kg CO_2e

━ 올버즈의 탄소 발자국 라벨.(출처: 올버즈)

모든 사람이 쉽게 이해할 수 있는 아주 단순한 무언가가 필요해요. 식품 라벨에

포함된 칼로리처럼 말이죠.

_조이 즈윌린저, 올버즈의 공동 창업자[7]

올버즈와 비슷한 수준의 탄소 투명성을 채택하는 기업과 브랜드가 많다. 식물 기반의 대체 우유를 생산하는 스웨덴의 오틀리Oatly는 2019년부터 제품 포장 뒷면에 이산화탄소환산량 수치를 표시한다.[8] 노르웨이의 가구 제조업체 베스트레Vestre는 카탈로그에 제품 각각의 탄소 발자국을 공개한다.[9] 아웃도어 활동 전문의 비콥 인증 여행사 머치베터어드벤처스Much Better Adventures는 자사가 제공하는 모든 여행 상품에 대해 '제3자가 검증한 탄소 발자국 분석'을 보고한다.[10] 또한 중국 최대 온라인 쇼핑몰 알리바바Alibaba가 소유한 이커머스 플랫폼 티몰TMall도 전자 기기를 포함해 일부 제품에 대한 탄소 배출 데이터를 공개하는 등 탄소 라벨을 시범적으로 시행한다.[11]

그렇지만 탄소 발자국 공개가 긍정적인 호응만 받은 것은 아니었다. 2007년에 영국의 대형 슈퍼마켓 테스코Tesco가 자사 판매 제품에 탄소 발자국 데이터 라벨을 부착하겠다는 계획을 발표했었다. 하지만 불과 5년 만에 비용 문제로 이 프로그램을 포기했다.[12] 미국의 월마트Walmart는 10년도 더 전에 비슷한 계획을 내놓았지만 쥐도 새도 모르게 철회했다. 대신에 월마트는 제품이 환경에 미치는 영향을 공개적으로 밝히는 책임을 납품업체에 떠넘기고 있다.[13] 한때는 탄소 배출량을 측정하는 비용과 복잡성이 기업의 탄소 발자국 정보 공개를 가로막는 걸림돌이었겠지만 오늘날은 사정이 다르다. 탄소 회계Carbon Accounting* 산업이 폭발적으로 성장해 이러한 장애물을 제거했다. 워

---

* 회계 연도 동안 기업이나 조직이 사업 활동으로 인해 발생하는 온실가스 배출량과 감축량을 탄소로 환산해 기업을 평가하는 것을 말한다.

터셰드Watershed, 에밋와이즈Emitwise, 노머티브Normative, 플랜APlan A, 앨트루이스티크Altruistiq, 스위프Sweep 등을 포함해 기업이 자사의 탄소 배출량을 효율적으로 측정하도록 도와주는 탄소 회계 플랫폼이 많다. 이런 서비스에 대한 인기를 보여주듯이 이들 스타트업은 수억 달러의 투자를 유치했다. 심지어 이러한 변화를 지원하기 위해 제3자 인증(앞서 소개한 다양한 인증을 포함한다) 전문 기업들로 구성된 새로운 산업이 통째로 등장했다.[14] 탄소 영향 투명성 바람을 선도하는 여타 기업과 마찬가지로 올버즈는 자사의 '탄소 회계 도구'를 오픈 소스 방식으로 공개하고 업계 타 브랜드가 이러한 데이터와 지침을 사용해 탄소 발자국 게임에 동참하도록 촉구한다.[15]

소비자는 탄소 발자국 데이터에 기반해 언제나 친환경 제품을 선택하고 반대로 지속가능하지 않은 제품을 철저히 외면할까? 당연한 말이지만 기업이 제품의 탄소 발자국 데이터를 공개한다고 반드시 소비자의 친환경 소비 행동으로 귀결된다고 보기는 힘들다. 하지만 탄소 라벨은 탄소 발자국에 대한 소비자의 전반적인 인식을 높이고 소비자에게 '내가 내 행동을 직접 결정하고 책임진다'는 주체 의식을 심어준다. 이에 대한 고무적인 사례가 있다. 노르웨이의 최대 온라인 식료품점 오다Oda는 고객이 구매하는 제품의 탄소 발자국 정보를 제공하기 위해 '기후 영수증Climate Receipt' 프로그램을 도입했다. 이렇게 오다가 탄소 발자국을 영수증에 표기한 이후 (돼지, 소, 양 같은) 적색육Red Meat 매출이 감소했다.[16]

서두에서 밝혔듯이, 탄소 발자국은 기후 위기의 책임을 생산자에서 소비자로 전가하는 하나의 도구로 시작했다. 역설적이게도 퓨처 노멀에서는 제품 기반의 탄소 라벨이 기후 위기의 책임 대부분을 다시 생산자에게로 되돌릴 거라고 예상한다. 기업은 자사 제품의 탄소 발자국을 공개해야 한다는 압박감을 느낄 것이다. 탄소 배출량 정보를 공개하지 않으면, 소비자는 기업이 무언가를 숨긴다고 의심할 수도 있기 때문이다. 이렇게 볼 때 탄소 발자국을 줄이는 것이 하나의 '경쟁 우위'가 될지도 모른다. 기업은 자사 제품에 탄소 발자국 정보를 자랑스럽게 공개할 수 있도록 탄소 발자국을 개선하기 위해 경쟁하게 된다. 결론은 명확하다. 퓨처 노멀에서 소비자는 자신의 만족감을 높여주는 제품과 구매 경험을 더욱 환영할 것이 틀림없다. 따라서 자사가 생태계에 미치는 영향에 관한 정보를 더욱 투명하게 공개하는 기업일수록 소비자의 충성도가 높아지기 마련이다.

퓨처 노멀을 준비하는 3가지 질문

1. 기업이 자사 제품의 탄소 발자국을 측정하기 위해 독립적인 탄소 감사 Carbon Auditor를 고용하고 이렇게 수집한 정보를 투명하게 공개한다면 어떻게 될까?
2. 자신이 환경에 미치는 영향을 계산하는 소비자가 많아진다면 이들의 일상적인 구매 행위는 어떻게 달라질까?
3. 우리가 자신의 소비와 관련해 제품 기반의 환경 데이터를 전부 취합하고 이로써 자신이 환경에 미치는 '누적 영향'을 확인할 수 있다고 해보자. 이렇게 되면 우리의 행동은 어떻게 달라질 수 있을까?

HOT 19

죄책감 없는 즐거움

> ❝
>
> 우리와 지구에게 유익하지 않은 제품과 경험을
> 포기하지 않아도 된다면?
>
> ❞

2020년 4월 슈퍼모델이자 인플루언서 벨라 하디드Bella Hadid가 본인의 말마따나 생각만 해도 "좋아서 미쳐 환장하는" 것이 있었다. 채식주의자 하디드를 사랑에 빠지게 만든 것은 비건 식품 스타트업 너그스NUGGS가 출시한 신제품 매운 비건 치킨너겟이었다. 호주 출신의 벤 패스터낵Ben Pasternak이 19세에 2018년 뉴욕에서 창업한 너그스는 콩단백질로 만든 너겟을 판매한다.* 너그스는 이 너겟이 "당신을 좀더 천천히 죽일" 거라고 당당히 큰소리친다.[1] 미국의 비건 전문 매체 〈베지뉴스VegNews〉의 보도에 따르면, 너그스가 1,000상자 한정 판매하는

---

* 2020년 7월 너그스는 사명을 시뮬레이트Simulate로 변경했다.

매운 너겟이 품절됐다는 사실에 하디드가 크게 실망감을 드러내자 너그스가 하디드에게 한 상자를 보내줬다고 한다. 이런 사연은 하디드가 인스타그램에 올린 글을 통해 알려졌다.

"여러분, 이것은 광고 같은 거 절대 아니에요. 인스타그램에서 너그스를 봤을 때 젠장 그만 홀리고 말았어요."[2]

채식주의자에게 금단의 열매나 다름없는 음식을 즐길 수 있게 된 것에 대한 하디드의 소셜 미디어 반응은 새로운 어떤 트렌드를 떠받치는 열정을 슬쩍 보여준다. 우리 필자들은 이 트렌드가 퓨처 노멀을 형성할 가능성을 높게 점친다. 바로 죄책감 없는 쾌락, 길트프리 탐닉 Guilt-Free Indulgence이다. 앞서 말했듯이, 우리는 자신의 선택이 건강과 환경에 미치는 영향에 대한 인식이 점점 높아지리라 예상된다. 따라서 예로부터 자신에게 나쁜 영향을 주거나 '지구의 아픔'에 일조해왔던 제품을 소비하거나 활동을 하기가 꺼려지고 죄책감이 들 수 있다. 그런데 꼭 그러지 않아도 된다면? 결론부터 말해, 기업이 이것을 가능하게 해준다면 퓨처 노멀에서 황금알 낳는 거위가 될 수 있다.

길트프리 탐닉의 부상을 보여주는 기이한 또 다른 사례는 일본 도쿄 서부에서 찾을 수 있다. 무사시노시武蔵野市에 가면 사람들이 퇴근 후 삼삼오오 모이는 독특한 술집이 있다. 고미피트Gomi Pit(쓰레기 구덩이) 팝업 술집이다. 전면이 통유리로 된 이곳에서 사람들은 셀카를 찍으며 퇴근 후 한 잔의 여유를 즐긴다. 여기까지는 여느 평범한 술집과 다르지 않다. 그런데 몇 분마다 유리 창 너머에서 진귀한 풍경이 벌어진다. 커다란 크레인이 소각장으로 보낼 파쇄된 폐기물을 한 웅큼씩 집어올린다. 맞다, 고미피트는 이름 그대로 폐기물 처리 시설에 위치한다. 이 시설을 운영하는 무사시노 시당국은 "지역 주민들로 하여금 자신이 만들어내는 쓰레기에 대해 다시 생각하도록 독려"하기 위해 시내 유일한 폐기물 처리장인 이곳에 술집을 열었다.[3] '술 마시며 쓰레기 관람하기'라고나 할까. 이런 식으로 손님들이 퇴근 후 술자리를 지역에서 얼마나 많은 쓰레기가 배출되는지 눈으로 직접 확인하는 산교육의 시간으로 생각한다면? 몸에 해로운 술을 마시는 것 때문에 몸에 대한 미안한 마음이 약간 희석될 수도 있지 않을까.

너그스와 고미피트 술집은 현대인의 삶에서 핵심에 있는 어떤 역설을 건드린다. 우리 모두가 너그스에 '미친' 하디드와 다르지 않다. 우리는 쾌락을 추구하고 싶은 마음 한쪽에 이 쾌락이 자신이나 사회나 지구에 해롭다는 사실을 잘 알고, 이것이 손톱 밑에 박힌 가시처럼 끊임없이 양심을 찌른다. 그리하여 이 둘 사이에서 갈팡질팡한다. 값싼 일회용 플라스틱 제품. 가난에 허덕이는 지역으로의 호화 해외 여행. 건강하지 못하거나 비윤리적인 방식으로 생산되거나 조달되는 먹거리. 희토류 광물로 만든 멋진 디지털 기기. 노동력 착취로 얼룩진 공급망에 기반하는 패스트 패션Fast Fashion. 설상가상 이러한 기기와 패션은 얼마 못 가서 구식이 되고 결국에는 매립지에서 짧은 생을 마감한다. 이러한 모든 것이 환경과 사회에 미치는 영향은 더러 우리가 생각하고 싶은 것보다 더 크다.

우리가 '올바른 일을 하기'가 힘든 것은 새삼스러운 일이 아니다. 한 연구 조사가 이에 대한 좋은 사례를 제시한다. 지속가능성을 옹호하는 목적 주도형 브랜드의 제품을 구매하고 싶다고 응답한 사람은 65 퍼센트였다. 하지만 이것을 실천한다고 응답한 비율은 26퍼센트에 불과했다.[4] 생각과 행동의 불일치가 심각하다. 우리는 '올바른' 선택보다 '쉬운'(다른 말로 죄책감을 유발시킬 가능성이 큰) 선택을 더 많이 한다. 잘 몰라서, 아니면 더 편리하거나 더 저렴해서 이럴 수도 있다. 또는 이런 모든 이유가 복합적으로 작용하는 것일지도 모르겠다. 우리가 '올바른 선택'을 하고픈 욕구는 있는데, 실망스럽게도 우리의 행동이 여전히 우리의 욕구와 엇박자다.

우리가 이러한 윤리적인 수렁에서 탈출할 수 있는 방법을 제공하는 제품과 서비스는 소비주의의 성배聖杯다. 전기 자동차 제조사들이 사람들이 미끈한 새 전기차와 사랑에 빠지도록 만들기 위해 어떻게 하는지 보라. 그들은 고객을 설득하는 방법의 하나로 전기 자동차가 휘발유 자동차보다 환경 영향이 낮을 거라는 사실을 열심히 홍보한다. 버섯 기반의 식물성 대체 가죽을 생산하는 스타트업 볼트스레드는 또 어떤가. 길트프리 대체 가죽으로 의류를 만들기 위해 아디다스, '요가복의 샤넬' 룰루레몬Lululemon, 명품 브랜드 구찌를 소유하는 프랑스의 패션 그룹 케링Kering, 영국의 패션 브랜드 스텔라매카트니Stella McCartney 등과 손을 잡았다.[5] 물론 전기 자동차가 얼마나 '청정'할지 당장은 예단하기 힘들다. 또한 버섯 가죽 같은 혁신이 전통적인 방식으로 생산되는 '오리지널' 제품처럼 저렴하게 대량 생산할 수 있을지도 지금으로서는 미지수다. 하지만 좋은 평판을 위한 거대 브랜드의 노력에 관해 앞 장에서 살펴봤듯이, 비콥 인증을 받은 기업이 -환경과 사회적 성과에 대한 높은 측정 기준을 통과한 기업- 급증하고 있다. 이것은 우리가 상상할 수 있는 모든 부문에서 죄책감이 줄어든 고객 경험을 제공할 수 있는 기회가 증가한다는 반증이다.

미래선도자: 스카이다이아몬드

천연 다이아몬드를 소유하는 것에 대해 죄책감을 가질 이유는 아주 많다. 다이아몬드의 세계 공급은 다국적 거대 기업 한 곳이 독점하다시피 한다.* '신이 흘린 눈물 방울' 다이아몬드의 채굴은 추악한 오랜 역사를 가지고 있다. 끔찍한 무력 분쟁의 자금줄이었고, 인권 유린의 단초를 제공했고, 가장 악랄한 식민주의를 정착시켰다. 괜히 '아프리카의 피 눈물'이라고 불리는 것이 아니다. 반면 합성 다이아몬드는 천연 다이아몬드와 육안으로 구분할 수 없으면서도 천연 다이아몬드에 따라붙는 죄책감에서 거의 자유롭다. 사람들은 별다른 양심의 가책 없이 다이아몬드를 즐겨도 된다. 이것은 기업가이자 환경 운동가인 데일 빈스Dale Vince가 중요하게 생각하는 합성 다이아몬드의 장점이다. 빈스는 2010년 비건과 탄소 중립적인 프로 축구단 포레스트그린로버스Forest Green Rovers를 인수하고, 2011년 영국에서 세계 최초로 전국적인 전기 자동차 충전소 네트워크를 구축하는 등 야심찬 여러 비즈니스 아이디어를 실현시킨 인물로 유명하다. 특히 빈스는 그 충전소 네트워크를 전기 고속도로Electric Highway라고 불렀다. 이처럼 야심적이고 대담한 사고를 즐기는 성향 덕분에 빈스는 테슬라Tesla의 CEO 일론 머스크Elon Musk와 자주 비교된다.[67]

최근 데일 빈스는 세상의 이목을 끌기에 딱 좋은 또 다른 혁신을 들고 나왔다. 탄소를 배출하지 않고 실험실에서 성장시킨 이른바 랩그

---

* 드비어스De Beers가 다이아몬드 원석 공급 시장 점유율 1위다.

로운 다이아몬드를 판매하는 회사 스카이다이아몬드Skydiamond이다. 구체적으로 말해 공기에서 포집한 이산화탄소, 집수한 빗물, 재생 에너지를 사용해 '채굴한', 회사 이름처럼 땅 대신 하늘Sky에서 채굴한 다이아몬드를 판매한다. 대표적인 다이아몬드 감정 기관 국제보석연구소International Gemological Institute, IGI의 인증을 받은 합성 다이아몬드는 빈스의 말마따나 고객에게 "양심의 가책 없이 아름다운 보석을 즐길" 수 있는 기회를 준다. 동시에 전통적인 다이아몬드 채굴 방식이 환경과 인간에 미치는 부정적인 영향을 제거한다.[8]

> 우리는 더욱 지속가능한 생활 방식이 필요하죠. 그런데 이렇게 살기가 어려워 보일 때가 너무 많아요. 스카이다이아몬드는 중요한 진리를 증명합니다. 더욱 친환경적인 삶이란 무언가를 포기하는 것이 아니라 다르게 행동하는 것과 관련 있다는 사실이죠.
>
> _데일 빈스, 스카이다이아몬드의 CEO[9]

길트프리 쾌락은 본질상 전통적인 방식의 쾌락과 확연히 구분된다. 스카이다이아몬드가 이에 대한 극단적인 사례다. 하지만 이 책에서 소개하는 많은 미래선도자도 스카이다이아몬드와 비슷한 길트프리 제품을 만든다. 이 책의 후반에 소개할 영국의 실험적인 의류 브랜드 볼레백Vollebak이 식물 기반 섬유와 해조류 염료로 만드는 완전 생분해성 후드티가 그렇고, 핀란드의 푸드테크 기업 솔라푸드Solar Foods가 재생 에너지를 사용해 공기에서 수확한 이산화탄소에 기반해 생산하는 대체 단백질 파우더 솔레인Solein이 그렇다. 지난 세월 우리는 환경을 위해 이른바 3R에 모든 노력을 기울였다. "줄이고Reduce 고치고Repair 재사용Reuse"하는 것이 친환경 활동이라고 믿었다. 우리 필자들은 길 트프리 쾌락이 이처럼 지속가능한 순환적 행동과 모순된다고 생각하 지 않는다. 단지 방법이 다를 뿐이다. 길트프리 쾌락은 선순환의 녹색 소비를 실천할 수 있는 또 다른 'R'을 보여주는데 바로 재창조Reimagine 다. 이것이 어떻게 선순환을 유발할까? 고급 제품을 생산하는 기업은 제품을 비싼값에 판매하고 이렇게 발생한 이익을 훨씬 더 지속가능한 방식으로 제품을 만드는 것에 더 많이 재투자하는 식으로 점증적인 선순환이 만들어진다. 또한 이것 자체가 소비자들에게 들려줄 수 있 는 스토리가 된다.

이 기법은 명품 패션 업계에서 갈수록 보편화되고 있다. 어나더투모 로Another Tomorrow, 알루왈리아스튜디오Ahluwalia Studio, 카라바나Caravana, 클로에Chloé, 로런마누지안Lauren Manoogian, 오텀아데이그보Autumn Adeigbo, 앤젤창Angel Chang 등을 비롯해 패션계의 지속가능한 차세대 샛 별 브랜드 수십 개가 한 목소리로 일관된 이야기를 들려준다. 자신들 은 원재료를 '재배자로부터 직접 조달한다', 패스트 패션 유통업체가 사용하는 '유독한 염료와 화학물질은 일절 사용하지 않는다', 노동에 대해 정당한 생활 임금을 받는 숙련된 기능 인력이 제품을 만들고 '아 동 노동을 착취하지 않는다', 재활용할 수 있고 '플라스틱을 포함하지 않는 포장재를 신중하게 선택한다' 등등. 이러한 이야기는 물론이고 이러한 이야기의 주인공인 기업가가 사방에서 등장하고 널리 인기를 얻음에 따라 선한 영향력이 만들어진다. 구찌, 프라다, 루이비통 같은 대형 명품 브랜드가 자사의 지속가능성 약속을 하루 빨리 실천하도록 영향을 미치는 것이다. 그리고 이러한 모든 노력이 합해져서 명품 의류 산업 전체를 변화시키게 된다.

우리가 죄책감을 느끼지 않고 쾌락을 소비할 수 있는 기회를 제공하는 기업가와 제조업체가 증가한다면 우리의 소비 행위 자체에 새로운 의미가 추가될지도 모른다. 세상에 긍정적인 영향을 미치는 하나의 방법이 될 가능성도 배제할 수 없다. 초콜릿은 죄책감을 동반하는 쾌락, 길티 플레저Guilty Pleasure의 대명사다. 초콜릿의 주원료인 카카오 열매가 이러한 죄책감에 크게 일조하는데 이것은 현재의 카카오 재배 방식 때문이다. 카카오 재배가 생계수단인 거의 모든 지역 사회에 지금의 재배 방식이 매우 부정적인 영향을 미치는 것은 천하가 아는 사실이다. 하지만 카카오 재배 산업의 아동 노동과 노예 노동 종식에 앞장서는 네덜란드의 토니스초코론리Tony's Chocolonely에서 '착한' 초콜릿 바를 구매한다면 어떻게 될까? 당신은 초콜릿 제조업체들에게 강력한 어떤 메시지를 보낸다. 만약 소비자에게 죄책감을 안겨주는 지금의 재배 관행을 중단하지 않는다면 고객의 외면을 받아 설 자리를 잃게 될 거라는 엄중한 경고다. 채굴 다이아몬드가 아니라 랩그로운 다이아몬드를 구매할 때도, 지속가능한 공급망으로 조달된 원료를 사용하는 패션 브랜드를 선택할 때도 똑같은 원리가 적용된다. 이런 일거양득의 효과가 퓨처 노멀에서 길트프리 쾌락이 발휘하는 힘이다. 소비자는 자신이 구매한 제품으로 죄책감 없이 쾌락을 즐길 수 있다. 동시에 이런 구매 자체가 일종의 윤리적 소비 선언문 역할을 해 산업 전체의 행동이 변하는 데 도움이 될 수 있다.

퓨처 노멀을 준비하는 3가지 질문

1. 길트프리 제품을 기업 간 거래B2B 상황에서 어떻게 홍보하고 판매할 수 있을까?

2. 기업은 고객이 '죄책감'을 느끼는 요소를 어떻게 확인할 수 있을까? 더 나아가 자사 제품이나 서비스에서 이러한 요소를 어떻게 제거할 수 있을까?

3. 무엇이 길트프리 소비를 지위의 상징으로 만들까? 무엇이 길트프리 제품을 전통적인 방식으로 생산되는 고가품의 대체품으로 만들까?

HOT 20

높아진 중고의 가치

> **"**
>
> 중고 물품 구매가 현명함의 상징이자
> 자부심의 원천이 된다면?
>
> **"**

스트리트 패션 브랜드 슈프림Supreme은 현대 소비자 문화의 아이콘
이다. 뉴욕, 로스앤젤레스, 파리, 도쿄, 런던 같은 세계적인 대도시에
있는 슈프림의 직영 매장 바깥에는 흔한 풍경이 펼쳐진다.* 소량 생
산 방식을 고수하는 브랜드의 명성에 걸맞게 최신 한정판 제품이 도
착하기를 기다리며 오픈런도 불사하는 열정적인 팬들로 긴 줄이 생긴
다. 그런데 몇 해 전 이상한 소식이 들려왔다. 슈프림이 별다른 홍보
없이 중국 광둥성 선전(심천)에 새 매장을 조용히 오픈한 것처럼 보였
다. 이에 슈프림 팬들은 의아할 수밖에 없었다. 유명 브랜드를 좋아하

---

* 2023년 8월 서울에 16번째 오프라인 매장이 오픈했다.

는 중국 고객들에게 은밀히 다가가기 위한 의도된 전략이었을까? 이 매장을 방문해보면 의문은 금방 풀렸다. 이 매장은 보이는 것과 달랐다. 대충 보면 슈프림의 다른 직영 매장과 거의 똑같았다. 매장 집기며 브랜드가 찍힌 옷걸이와 비닐 쇼핑백이며 모든 것이 진짜와 거의 구분이 가지 않았다. 하지만 좀더 자세히 살펴보면 매장을 온통 도배하다시피 하는 슈프림 로고에 조그맣게 추가된 작은 원이 보였다. 원안에는 뉴욕시의 이니셜 NYC가 쓰여 있었다. 맞다, 이곳은 짝퉁 매장이었고 후드티가 130달러였다.[1]

짝퉁 슈프림 매장은 번성하는 모조품 시장을 보여주는 단순한 사례가 아니다. 연간 6,000억 달러 규모로 추산되는 짝퉁 산업이 얼마나 뻔뻔한지에 대한 극단적인 사례다. 게다가 시중에서 판매되는 브랜드 제품 10개 중 무려 1개가 가품일 수도 있다.[2] 이들 제품의 일부는 '오리지널'로 여겨지고 심지어 구매자는 자신이 짝퉁을 구매한지도 모른다. 하지만 정품보다 훨씬 싸게 위조품을 구매하기 위해 유명한 (악명 높다고 해야 할까?) 짝퉁 '성지'를 일부러 찾는 쇼핑객도 많다. 태국의 마분콩쇼핑몰Ma Boon Khrong Shopping Mall과 팟퐁 야시장Patpong Night Market, 중국 남동부 푸젠성의 푸톈莆田에 있는 안푸시장Anfu Marke, 모스크바의 두브로브카시장Dubrovka Market, 튀르키예의 카디르칠라카데시Cadircilar Caddesi 등이다.

이들 짝퉁 구매자가 특정 브랜드 제품을 소유하는 것에 따라오는 인지된 지위 즉 무형의 가치를 단순히 이용한다고 생각하는 사람도 있을 수 있다. 그런데 최근의 한 조사는 호기심을 유발하는 더 흥미로운 효과를 증명했다. 이들 구매자의 일부는 무형의 가치를 이용하는 수준에서 한 걸음 더 나아가는 것으로 드러났다. 이들은 원하는 것을 저렴하게 구입하기 위해 짝퉁 생태계를 이용하는 현명한 소비자라는 자기 정체성을 확립함으로써 자신의 짝퉁 소비를 정당화시켰다.[3] 이러한 변화로 소매 유통업체는 매출이 감소하고 소비자는 더 저급한 제품을 갖게 되는 것은 자명하다. 혹시 짝퉁이 아닌 진품으로 고가 브랜드 제품을 저렴하게 소유하면서도 현명한 소비자가 될 수 있는 방법이 있다면 어떨까?

경제 전문지 〈이코노미스트〉의 말을 그대로 옮기면 최근 몇 년간 패션은 '자산군Asset Class'이 되었고, 패션 자산은 전통적인 많은 금융 투자 못지않게 유동적이다.[4] 예를 들어 고가 운동화를 소장하거나 리셀할reselling 목적으로 기업가적인 열의를 갖고 구매하는 열성적인 운동화 수집가, 스니커헤드Sneakerhead는 이미 온라인 플랫폼을 통해 자신의 수집품을 관리하고 있다. 디트로이트에 기반을 두는 스탁엑스StockX가 이러한 플랫폼의 대표 주자다. 스탁엑스의 당찬 목표는 그 이

StockX	Q Search for brand, color, etc.			Browse News About Help Sell 🔔 ⓘ

Rohit Bhargava

		Your Portfolio				Add Item
🔒	Security Two-Step Verification	NFTs **Products**				
📦	Buying Active Bids, In-Progress, Completed Orders	Name	Purchase Date	Purchase Price	Market Value ↓	Gain/Loss
🏷️	Selling Active Asks, In-Progress, Completed Sales	adidas Argentina 22 Messi H... Jersey White/Light Blue U.S. Men's Size: L	12/01/2022	$89	$327	$238 (267%) 🗑️
👤	Profile Learn what's unique to you	Air Jordan 1 Mid Tartan Swoosh U.S. Men's Size: 10	09/01/2021	$79	$131	$52 (66%) 🗑️
🔔	Message Center See the latest news	Supreme New Era Box Logo Beanie (FW22) Black	10/01/2021	$29	$70	$41 (141%) 🗑️
🕐	Portfolio See the value of your items					

━ 스탁엑스 포트폴리오 캡처화면.(출처: 스탁엑스)

름에서 충분히 유추할 수 있다. 세계 최초의 '리세일Resale 주식 시장'을 만드는 것이다. 스탁엑스는 오늘날 어느 정도 이 목표를 달성한 것처럼 보인다. 사용자는 자신의 스니커즈(대체불가토큰NFT 버전이나 실제 버전으로), 스트리트웨어, 트레이딩 카드, 핸드백 등 다양한 제품을 전형적인 금융 투자 관리와 똑같은 방식으로 스탁엑스에서 체계적으로 관리하고 있다.[5]

주택, 자동차, 보석류처럼 생명력이 길고 내구성이 뛰어난 고가 물건의 리세일 시장은 역사가 수십 년에 이른다. 하지만 테크놀로지는 의류 리세일 과정을 간소화시켰고, 시장 규모를 크게 확장시켰으며, 의류 중고 거래를 중요한 시장으로 만들었다. 미국의 온라인 중고 의류 거래 플랫폼 스레드업ThredUP은 세상이 '중고 시장의 다음 물결'에 진입하기 직전이라고 주장한다. 이를 단순한 허풍이라고 치부하기 힘들다. 이러한 믿음을 뒷받침하는 관련 수치가 있다. 스레드업이 발표한 2022년 중고 시장 종합 보고서에 담긴 데이터는 중고 시장의 경제학이 어떻게 달라지고 있는지 여실히 보여준다. 2016년 미국의 중고 시장 가치는 180억 달러 규모였고, 이 가운데 약 90퍼센트는 중고품 할인점과 기부 물품 판매 매장에서 거래됐다. 하지만 2026년이 되면 전체 중고 시장 규모가 820억 달러로 10년 만에 4배 이상 커질 것으로 예상된다. 이중 약 3분의 2를 차지할 것으로 보이는 리세일 시장은 500억 달러 이상으로 성장하리라 전망된다(10년 전인 2016년 리세일 시장 규모는 20억 달러에 불과했다). 온라인 마켓플레이스가 이러한 성장 대부분을 차지하리라는 것은 쉽게 예상된다. 여기에 더해, 스레드업의 종합 보고서는 주목할 만한 변화 하나를 제시한다. 2020년에는 자체적인 리세일 매장을 운영하는 주요 패션 브랜드가 10곳도 되지 않았는데, 2021년에는 직영 리세일 매장을 운영하는 패션 브랜드가 30곳으로 늘었다는 사실이다.[6]

이 변화의 근저에는 또 다른 변화가 자리한다. 오늘날 많은 업계 종사가가 말하듯 "누군가가 사랑했던" 중고 패션을 바라보는 인식이 달라지고 있는 것이다. 예전에는 중고 물품의 구매·착용·판매가 새 제품을 구입할 여력이 없다는 사회적 낙인에 대한 두려움으로 감춰야 하는 대상이었다. 그런데 이제는 되레 사회적 지위의 원천이 되고 있다. 세계적인 브랜드 전략 전문가이자 《열망의 비즈니스The Business of Aspiration》의 저자인 애나 안델릭Ana Andjelic이 설명하듯이 부의 과시에 기반을 두었던 과거의 지위 경제Status Economy가 붕괴했다.

"맨발걷기Earthing, 채식 식단, 명상처럼 많은 돈이 필요하지 않는 활동이나 저가품이 현대 사회의 지위 상징이다."[7]

중고 물품을 구매하는 것도 시간이 흐름에 따라 이러한 지위 상징의 하나가 될 것이다. 짝퉁을 구매하는 사람은 자신의 현명한 소비를 남몰래 '자축'할지 몰라도, 중고 물품 소비자는 자신의 구매 행위를 공개적으로 당당히 자화자찬할 수 있다. 그리고 많은 경우는 소셜 미디어에서 자랑한다. 틱톡에서 '#중고매장thriftshop'이라는 해시태그가 달린 전체 동영상의 조회수는 40억 뷰가 넘는다. 중고 구매에는 또 다른 잠재적 혜택도 기대된다. 오늘날 사람들은 계속해서 새 옷을 입어야 한다는 압박감과 패션 용품을 사용하고 폐기하는 것에 대한 죄책감 사이에서 마음 한쪽이 늘 불편하다. 그런데 중고 구매가 이러한 끈질긴 긴장을 해소시키는 특급 도우미가 될 가능성이 있다. 중고 명품 플랫폼 베스티에르콜렉티브Vestiaire Collective의 CEO 맥스 비트너Max Bittner의 말을 들어보자.

"새 핸드백 대신에 중고 핸드백을 구매한다면 패션 산업의 탄소 배출량을 최대 90퍼센트까지 감축하는 데 일조할 수 있어요. 소비자들은 이러한 현실을 아주 진지하게 받아들이고 있죠."[8]

온라인 중고 마켓플레이스는 소비자만이 아니라 또 다른 집단이 지위의 핵심 원천으로 자신의 기업가정신을 마음껏 펼칠 수 있는 명석을 깔아준다. 바로 판매자다. 만약 이베이eBay가 온라인 중고 패션 산업의 굿윌스토어Goodwill Store(거대하고 기능성은 뛰어나되 매력이 없고 이용하기가 어렵다)라면, 디팝DePop 같은 패션 마켓플레이스는 더 젊고 더 창의적이며 더 세련된 사촌이라고 할 수 있다. 영국에 기반을 두고 Z세대에게 인기 있는 디팝(사용자의 90퍼센트가 25세 이하)에는 약 200만 명의 영세한 기업가적 판매자가 활동한다. 2020년, 당시 24살이던 벨라 맥패든Bella McFadden은 디팝의 10년 역사 최초로 매출 100만 파운드를 달성한 판매자라는 영예의 주인공이 됐다.[9] 캐나다 출신인 맥패든은 현재 로스앤젤레스에서 거주하며 중고 패션 업계에서는 이미 유명 인사다. 맥패든은 자신의 성공을 모두 디팝의 공으로 돌린다. 디팝이 다른 방법으로는 접근조차 할 수 없었을 산업으로 진출할 수 있는 교두보가 되어줬다는 것이다.

"패션 산업에서는 적절한 사람을 알고 적절한 공간에 있는 것이 전부 같았어요."

맥패든은 또 이렇게 말했다.

"내가 오타와Ottawa에서 그렇게 한다는 것은 상상도 되지 않아요. 아

퓨처 노멀

예 불가능했을 거예요."[10]

오늘날은 신차 구매를 비효율적이라고 생각하는 사람들이 있다. 퓨처 노멀에서는 신상품 구매도 비효율적이라고 여기는 소비자가 갈수록 늘어날 것이다. 이러한 변화를 더욱 부추기는 현상도 있다. 중고 구매에 대한 인식의 변화다. 중고 구매가 자신의 구매 행위로 사회에 영향을 미치고 싶은 환경 의식이 높은 소비자라는 일종의 명예 훈장이요 지위의 상징으로 생각하는 현상이 소비자 사이에서 확산하고 있다. 어쨌든 중고 구매로 가성비와 '가심비'라는 두 마리 토끼를 잡을 수 있는데 굳이 신상에 웃돈을 쓸 이유가 있을까?

미래선도자: 리플런트

명품 패션 사이트 네타포르테Net-a-Porter가 자사의 상징적인 견고한 상자에 상품을 담아 얇은 포장 속지로 내부를 가득 채운 다음 고급 리본으로 우아하게 포장해 발송하기 시작했다. 덕분에 고객은 최상의 언박싱 경험을 할 수 있었다. 오늘날은 흔하지만 네타포르테가 이십 몇 년 전에 처음 도입했을 당시 이커머스 산업에서는 아주 진귀한 경험이었다. 그리고 당시에는 소비자가 명품을 온라인으로 구매하는 것에 대한 회의론도 업계에 팽배했다. 네타포르테가 고객 경험에 초점을 맞춘 것은 탁월한 선택이었다. 네타포르테는 이 전략에 힘입어 온라인 명품 구매에 대한 업계의 회의론을 보란 듯이 극복할 수 있었다.

이제 명품 이커머스의 개척자는 중고 의류를 통해서도 똑같은 성공

━ 네타포르테가 제공하는 다양한 선물 포장.(출처: www.net-a-porter.com)

신화를 쓰고 싶어 한다. 네타프로테는 싱가포르에 본사가 있는 서비스형 리세일Resale-as-a-Sercive, RaaS 플랫폼 리플런트Reflaunt와 제휴해 고객에게 중고 의류를 재판매할 수 있는 기회를 제공한다. 2021년 말부터 네타포르테 고객은 깨끗하게 사용한 중고 물품을 지정된 접수처로 직접 가져가거나 심지어 방문 수거를 요청할 수도 있다. 그런 다음 물품 가격 산정, 사진 촬영, 제품 설명서 작성, 리플런트의 리세일 마켓플레이스 네트워크에 등록 등을 포함해 '나머지 모든 과정'은 네타포르테가 책임진다. 또한 네타포르테는 통합된 가격 산정 알고리즘을 운영하고, 따라서 고객은 대금을 스토어크레딧으로 받을 경우 특정 물품이 실제로 판매될 때까지 기다리지 않아도 된다.

발렌시아가Balenciaga 같은 여타 명품 브랜드와 덴마크의 지속가능한 패션 브랜드 가니GANNI도 리플런트의 플랫폼을 이용한다. 앞서 소개했던 캘리포니아의 스레드업도 아디다스와 미국의 신발 회사 크록스Crocs 같은 브랜드에 서비스형 리세일을 제공한다. 이것은 소비자와 브랜드 그리고 리세일 플랫폼 모두에게 윈윈이다. 소비자는 자신이 좋아하는 브랜드로부터 깨끗하게 사용해 상태가 좋은 중고 물품을 직접 구매하면 더욱 신뢰할 수 있고 편리하다. 한편 브랜드와 리세일 플랫폼은 고객 충성도와 회사 매출이 동반 상승하는 것은 물론이고 이런 활동 자체가 하나의 환경 메시지가 된다(리플런트는 재판매 고객의 85퍼센트가 판매 대금을 크레딧으로 받는 것을 선택한다고 말한다[11]).

리세일에 대한 고객의 기대도 여러 다른 부문으로 확산하고 있다. 세계 최대 '패스트 퍼니처' 업체 이케아IKEA는 2022년 초, 지난 해 한시적으로 운영했던 바이백앤드리셀Buy Back & Resell 프로그램*을 미국 매장 37곳 모두에서 상설 프로그램으로 영구화한다고 발표했다.[12] 일본의 리세일 플랫폼 메루카리Mercari, メルカリ는 사용자가 피부관리 제품부터 디지털 주변 기기까지 모든 것을 재판매할 수 있는 온라인 벼룩시장이다. 그리고 당연한 말이지만, 이베이와 엣시Etsy 같은 리세일 부문의 '터줏대감' 플랫폼 각각도 우리가 상상할 수 있는 거의 모든 제품을 지속적으로 판매하는 충성 사용자 기반을 거느린다.

궁극적으로 볼 때 중고 물품을 수용하는 것은 퓨처 노멀에서 중요한 한 축을 이룰 것으로 예상한다. 사람들이 자신의 쇼핑 습관을 합리화하는 것과 관련해 두 개의 세상을 최대한 활용하도록 해줄 것이기 때문이다. 먼저, 사람들은 다른 방식으로는 '억 소리 나는' 가격 때문에 그림의 떡인 제품을 저렴하게 구매할 수 있다. 또한 소비자는 중고 물

---

* 조립된 자사 중고 가구를 매입해 약간의 수리를 거쳐 알뜰 코너에서 할인가로 재판매하는 방식이다.

품을 구매함으로써 환경을 위한 일에도 유의미한 방식으로 기여하게 된다. 이것은 중고 물품의 선순환이며, 우리는 리세일 운동이 명실상부한 미래의 물결로 성장하는 데 이러한 선순환이 일익을 담당할 거라고 기대한다.

퓨처 노멀을 준비하는 3가지 질문

1. 리세일은 소비자가 리세일 가치를 고려해서 돈을 더 주더라도 더 품질 좋은 상품을 구매하도록 동기를 부여할까?
2. 중고 상품의 인기로 말미암아 명품 브랜드, 아니 다른 모든 소매 브랜드가 자사 제품의 가치를 소통하는 방식에 어떤 변화가 나타날까?
3. 소비자는 중고 물품 구매로 얻을 수 있다고 생각하는 '지위'를 보여주기 위해 다른 어떤 행동을 취할까?

퓨처 노멀

인류가 미래에서 생존하기 위해 무엇이 필요할까? 가장 위협적인 글로벌 문제 일부를 해결하기 위해 두 팔을 걷어붙인 미래선도자들의 대담한 비전을 통해 같이 답을 찾아보자. PART 3의 주제는 크게 두 갈래다. 정부와 도시를 개선하기 위한 지속적인 노력이 하나이고, 농업과 기상 조절Weather Modification 부문에서의 진전이 두 번째 주제다. 특히 두 번째 주제는 우리가 지구에서 살아가는 방식을 급진적으로 변화시킬 가능성이 있다. 식량 증산부터 쓰레기 배출 없는 일상과 전력망 작동 방식 재설계까지 살펴보는 모든 내용은 시스템 차원의 변화와 관련해 퓨처 노멀을 더욱 깊이 이해하는 기회가 될 수 있다. 미리 말하지만, 이러한 변화는 향후 10년간 인류의 생산 방식과 사회 작동 방식에 영향을 주게 된다. 그리고 궁극적으로는 인류가 어떻게 생존하고 번영할 것인가에까지 영향을 미칠 것이다.

PART 3

어떻게
우리의 인간성이
살아남게 될까

What if?

HOT 21. 공동체를 위한 기업
스타트업 창업자가 투자 유치보다
더 원대한 꿈을 꾼다면?

HOT 22. 굿 거버넌스
국민의 삶을 실질적으로 개선하는
정부 정책을 인정해준다면?

HOT 23. 15분 도시
도시 안에서 어디든
최대 15분 이내에 이동할 수 있다면?

HOT 24. 무인 배송
원하는 것은 무엇이든
몇 분 안에 배송을 받을 수 있다면?

HOT 25. 도시 숲
도시의 지속가능성을 위해
녹색 인프라 확대에 투자한다면?

HOT 26. 신개념 농업

공기로 깨끗하고 풍부한 식량을
만들 수 있다면?

HOT 27. 제로웨이스트 제품

우리가 양심을 깨끗하게 지키며
쓰레기를 배출할 수 있다면?

HOT 28. 전기의 자급자족

매일 사용하는 에너지를
안전하고 저렴하게 생산할 수 있다면?

HOT 29. 날씨 만들기

지구 온난화에 대응하기 위해
날씨를 통제할 수 있다면?

HOT 30. 넷제로를 넘어선 재생 비즈니스

기업들이 탄소 중립을 넘어
재생 비즈니스를 추구한다면?

HOT 21

공동체를 위한 기업

"

스타트업 창업자가
투자 유치보다 더 원대한 꿈을 꾼다면?

"

2022년 3월 17일 젊은 디지털 아티스트 네이선 헤드Nathan Head가 트위터에 자신의 암호화폐 지갑을 찍은 스크린샷 한 장을 올렸다. 에이프코인ApeCoins이 1만 950개였고 당시 가치로 7만 8,087.90달러였다. 헤드는 이 사진에 캡션을 달았다.

"솔직히 이렇게 큰돈으로 뭘 해야 할지 모르겠다."[1]

행복한 고민이라고? 헤드가 이토록 혼란스러워 하는 것은 에이프코인 모두가 공짜로 생겼다는 사실도 한몫했다.

급등락을 반복하는 암호화폐 롤러코스터를 주시하지 않는 사람이라도 지루한원숭이요트클럽Bored Ape Yacht Club, BAYC은 들어봤을 것이다. 이것은 지루한 표정을 짓는 원숭이 아바타가 그려진 1만 개의 대체불가토큰NFT 컬렉션이다. 패리스 힐튼Paris Hilton과 지미 팰런Jimmy Fallon 같은 유명인이 '지루한 원숭이'를 구입한 덕분에 BAYC는 2021년 NFT 업계에 불어닥친 광풍에서 가장 핫한 NFT 가운데 하나가 됐다. 심지어 일부 원숭이는 몸값이 치솟아 수백만 달러에 거래되기도 했다. BAYC 컬렉션을 창조한 유가랩스Yuga Labs는 이들 원숭이가 단순히 몸값이 부풀려진 디지털 원숭이가 아니라고 주장한다. 훨씬 더 큰 의미가 있다는 것이다. 유가랩스는 NFT가 완전히 새로운 공동체 소유 모델을 보여준다고 생각한다. 헤드는 BAYC NFT 하나를 보유한 덕분에 BAYC 생태계의 토종 암호화폐인 에이프코인을 에어드롭Airdrop[*]으로 받았다. 그리고 이 코인의 소유자로서 헤드는 에이프코인 다오DAO의 지분을 갖게 됐다. 이것은 BAYC 생태계와 연계된 탈중앙화자율조직Decentralized Autonomous Organization[‡]을 말한다. 에이프코인 가격은 BAYC 커뮤니티와 관련 있는 프로젝트 즉 2차 창작물의 전체적인 성공과 직결된다. BAYC 커뮤니티 회원인 유명 래퍼 에미넴Eminem과 스눕독Snoop Dogg이 2022년 비디오 컬래버레이션으로 싱글을 발표했을 때였다. 두 사람이 각자가 소유한 지루한 원숭이 캐릭터의 애니메이션 버전으로 출연하는 뮤직비디오를 발표했고 에이프코인 가치는 단숨에 20퍼센트 이상 급등했다.[2] 더 흥미로운 사실은, BAYC 프랜차이

---

[*] 특정 코인을 보유하거나 자격을 갖춘 사용자에게 무료로 NFT나 신규 코인을 전자지갑에 드롭(나누어주는것) 시켜주는 것을 말한다.

[‡] 탈중앙화자율조직 다오는 기업과 비슷하지만 인간이 아니라 코드가 조직을 운영한다. 또한 보통의 경우 다오는, 대부분의 비상장 기업과 달리 누구든 구매하고 거래할 수 있는 토큰에 기반을 둔다. 코인 거래는 블록체인이 관리하고, 이는 증권거래소에서 상장할 필요 없이 누구든 다오를 설립할 수 있다는 뜻이다. 그리하여 현재까지는 다오가 전통적인 규제의 영향을 전혀 받지 않는다. _지은이

즈의 방향에 관한 제안이 있을 때 헤드 같은 에이프코인의 모든 소유자가 투표권을 갖는다는 점이다. 다른 말로 커뮤니티의 거버넌스 결정에 한 표를 행사할 수 있다. 예컨대 커뮤니티 회원인 '홀로크론원숭이Holochronape'가 회원 전용의 인재 마켓플레이스Talent Marketplace를 구축하기 위해 2만 3,000개의 에이프코인을 요청했다. 비공개인 이 마켓플레이스에서 회원은 다른 회원들을 대상으로 -디자인부터 사이버보안까지- 자신의 기술을 알리고 서비스를 제공할 수 있을 터였다. 이 프로젝트는 90퍼센트가 넘는 압도적인 찬성을 얻어 통과됐다.[3]

지금으로서는 에이프코인 다오를 좋게만 보기 어렵다. 다오의 구조가 오직 초기 후원자와 내부자의 사익을 채워주기 위해 설계된 것처럼 보이는 까닭이다.[4] 에이프코인이 발행되고 여섯 달이 지난 2022년 10월 미국 증권거래위원회는 유가랩스에 대한 조사에 착수한다고 발표했다. 에이프코인 발행과 관련해 유가랩스가 증권 관련 규제를 위반했는지 여부를 들여다본다는 것이다.[5] 법적인 문제는 규제자에게 맡겨두고 우리는 다른 부문에 집중해보자. 먼저 가상화폐 기반의 웹3[+++] 프로젝트 세상을 오염시키는 묻지마식 투기와 툭 하면 터져나오는 사기 행각을 돌아보라. 이것은 인류의 역사와 함께해온 어떤 야망과 관련 있다. 공동체 구성원이 공동체가 창출하는 가치에 동참하고

---

* 고객Customer과 주인Owner 두 단어를 합성한 것으로 자신이 구매하는 제품을 만든 기업의 지분이나 채권을 소유하는 것을 말한다.

+++ 웹3라는 용어는 통상적으로 가상화폐, NFT, 다오 같이 개인 사용자에게 권한을 부여하는 반면 빅테크 기업의 힘을 약화시키는, 블록체인 기반의 다양한 탈중앙화 기술Decentralized Technology을 설명하기 위해 사용된다. _지은이

더 나아가 이러한 가치에서 이득을 얻을 수 있는 공정하고 공평한 경제 시스템을 구축하고 싶은 열망이다.

블록체인Blockchain 이야기는 이쯤에서 그만하자. 대신에 우리 필자들이 10여 년 전부터 추적해온 더 광범위한 트렌드 이야기를 해보자. 공동체 소유권이다. 가령 2014년 바르가바는 '협력 경제Collaborative Economy'에 관한 글을 썼고 쿠티뉴-메이슨은 2012년 '커스트오너 Custowner *'라는 개념을 주창했다. 이때부터였다. 공유 경제의 대명사인 우버와 에어비앤비 같은 테크 스타트업이 더 나은 세상을 창조하겠다고 외치는 장밋빛 약속에 사람들의 회의감이 커지기 시작했다. 이들 플랫폼을 통해 노동력을 착취 당하는 사람의 숫자를 생각해보면, 이러한 우려 섞인 의심은 충분히 타당해 보인다. 우리 필자들은 많은 웹3 프로젝트의 유토피아적인 주장 역시도 테크 스타트업 업계의 약속과 오십보백보일 거라고 예상한다. 한마디로 빛 좋은 개살구라고 본다.

그래도 결코 부인할 수 있는 진실이 있다. 경제를 더욱 공정하고 더욱 포용적인 시스템으로 재설계하고 싶은 뿌리 깊은 욕망이 존재한다는 사실이다. 지금부터 우리 필자들이 잘 알려지지 않은 (그리고 확실히 덜 홍보되는) 개념을 소개하려는 이유가 바로 이것이다. 우리가 신집단주의New Collectivism라고 명명한 개념이다. 왜 하필 집단주의냐고? 오래전부터 우리가 연구해오는 새로운 효과를 적절히 설명하는 개념이 집단주의이기 때문이다. 이는 다시 집단주의에 대한 설명 중에서 가장 널리 알려진 정의 때문이다. 개인보다 집단을 우선시하는 원칙, 야심 찬 새로운 집단주의가 약속하는 퓨처 노멀은 공동체로의 권력 이전이

컴퍼니 빌딩Company Building *과 스타트업 엑시트Exit **의 과정으로 통합되는 세상이다. 맞다, 오늘날에는 이러한 과정이 공동체로 권력이 이전되는 것보다는 개개인의 성공에 주된 초점이 맞춰져 있다.

미래선도자: 공동체로 가는 출구

콜로라도대학교 볼더캠퍼스University of Colorado Boulder에서 미디어 연구를 가르치는 교수이자 기자인 네이선 슈나이더Nathan Schneider는 전 세계로 확산되던 점거운동Occupy Movement ***을 취재했다. 슈나이더는 이때부터 하나에 단단히 꽂혔다. 일단의 사람들이 공동으로 소유하고 경영하는 조직이나 집단을 일컫는 협동조합Cooperative, Co-op이다. 협동조합을 비롯해 상호적 사회Mutual Society와 신용협동조합Credit Union의 역사는 수백 년 전으로 거슬러 올라간다. 오늘날 세계 300대 협동조합의 매출을 합치면 2조 달러에 이른다. 심지어 전 세계 협동조합 종업원은 2억 8,000만 명이고, 이는 전 세계 고용인구의 10퍼센트에 해당한다.[6] 프랑스의 거대 금융 그룹 크레디아그리콜Credit Agricole Corporate and Investment Bank, 독일의 슈퍼마켓 체인 레베REWE, 일본 최대 보험회

---

* 유망한 아이디어를 포착해 단순 자금 지원이나 경영 지원 수준을 넘어 직접 사업에 뛰어드는 것을 말하며, 스타트업 경영에 참여해 성장을 돕거나 회사를 직접 설립하기도 한다.

** 출구를 뜻하며, 스타트업의 창업자와 투자자가 궁극적으로 회사에 대한 투자를 회수하고 투자 수익을 실현하는 것을 말한다.

** 2011년 미국 뉴욕에서 시작된 월가점령시위Occupy Wall Street를 모델로, 미국 내 여타 도시와 전 세계로 확산된 시위를 말한다.

사 일본생명Nippon Life, 미국의 아웃도어 용품업체 REI와 보험회사 스
테이트팜State Farm 등이 협동조합의 대표 주자다. 프로 스포츠 부문에
도 협동조합이 있다. 미국 프로미식축구연맹National Football League, NFL 소
속으로 위스콘신주 그린베이에 연고를 두는 그린베이패커스Green Bay
Packers의 구단주는 53만 7,000명의 주주로 이뤄진 공동체가 소유하는
비영리 조직 그린베이패커스주식회사Green Bay Packers, Inc이다.[7] 또한 스
페인의 명문 축구 구단 FC바르셀로나는 14만 4,000명의 조합원이 공
동으로 소유한다.[8]

그렇다면 디지털 경제의 총아로서 가장 신속하게 성장하고 가장 파
괴적인 스타트업 중에 협동조합이 있을까? 그야말로 씨가 말랐다. 여
기서는 암호화폐 기반의 웹3 프로젝트(많은 프로젝트는 비즈니스 모델의
지속가능성과 투명성과 관련해 근본적인 의구심이 제기된다)는 제외하자. 어
찌 보면 이는 놀라움을 넘어 참으로 역설적이다. 이들 스타트업의 상
당수가 의존하는 비즈니스 모델이 '분산형 소유 구조'와 찰떡궁합이기
때문이다. 고도로 네트워크화되고, 커뮤니티나 동등 계층의 개개인이
주도하고, 목적이 이끄는 비즈니스 모델 말이다. 하지만 스타트업 세
상의 대부분은 여전히 벤처캐피털의 역학에서 벗어나지 못한다. 일단
투자를 유치하고, 그런 다음 어떤 대가를 치르더라도 오로지 성장을
위해 내달린다. 목표는 명백하다. 주식 시장에서 상장하든 더 큰 기업
에 인수되든, 반드시 대박을 치며 수익 실현, '탈출exit'하기 위해서다.
이런 벤처캐피털 모델에서는 창출된 부를 소수가 독차지하고, 그리하
여 전 세계 경제적 불평등은 심화된다.

그런데 꼭 이래야만 할까? 다른 방법이 정말 없을까? 결론부터 말

하면 '있다'.

2020년 8월 네이선 슈나이더는 기업공개나 매각 외에 스타트업의 다른 출구 전략을 모색하기 위해 다섯 명과 힘을 합쳤다. 이들 여섯 사람이 제안한 잠재적인 엑시트 솔루션은 '공동체로 가는 출구Exit to Community, E2C*'였다.[9] E2C의 핵심적인 아이디어는 공동체를 위해, 공동체와 함께, 공동체로부터 가치를 창출하는 기업은 종국에는 바로 그 공동체가 함께 소유할 수도 있다는 개념이다. 슈나이더 일행은 콜로라도대학교 볼더캠퍼스의 미디어기업디자인연구소Media Enterprise Design Lab와 얼룩말동맹Zebras Unite(벤처캐피털 모델을 거부하는 창업자들의 포용성 운동)과 공동으로 자신들의 비전을 신중하되 간략히 설명하는 소책자 크기의 책을 출간했다. 말하자면 E2C 입문서였다. 이 책에는 E2C가 "차세대 출구(Exit) 전략"이라고 표현했다.[10]

> 우리가 원하는 평범한 세상은 개개인이 공동체 소유라는 목표를 향해 그리고 공동체 소유를 기반으로 성장할 수 있는 공간이다.
> _《공동체로 가는 출구: 공동체 입문서Exit to Community: A Community Primer》[11]

슈나이더를 포함해 공동 저자들은 미래에는 기업공개나 매각 같은 전통적인 방식의 출구를 최우선적인 목표로 추구하지 않는 기업을 위해 거버넌스와 법률적 측면에서 새로운 모델을 구축할 필요가 있다고

---

* 스타트업이 다른 기업에 매각되거나 기업공개를 통해 엑시트하는 것이 아닌 공동체와 직원에게 지분을 넘기고 공동으로 소유하고 운영하는 형태를 말한다.

퓨처 노멀

촉구한다. 아울러 기업의 리더가 E2C를 달성하기 위해 사용할 수 있는 기존의 합법적인 많은 출구 전략을 소개한다. 협동조합, 신탁, 황금주Golden Share *, 비콥 등등. 이뿐만 아니라 《공동체로 가는 출구》는 좀 더 공평하고 좀 더 포용적인 기업 구조를 발전시킬 수 있도록 다양한 새로운 정책과 규제가 필요하다고 역설한다. 많은 창업자가 세상을 바꾸겠다는 고매한 열망을 품고 창업한다. 그런데 막상 성공하고 나면 안면이 바뀌는 경우가 허다하다. 많은 스타트업이 매각되거나 기업공개의 길을 가고, 결국 전통적인 금융 메커니즘에게 소유권이 이전될 가능성이 높다. 따라서 '공동체로 가는 출구'는 기업가가 초창기 열망과 전통적인 금융 메커니즘 사이의 간극을 메우는 데도 도움이 될 수 있다.[12]

　10년 넘게 공동체 소유권 부문에서의 여러 실험을 면밀히 관찰해온 결과를 바탕으로 우리 필자들은 하나의 결론에 이르렀다. E2C가 매력적인 출구 전략이 될 수 있다는 것이다. 그리고 우리는 그 이유를 E2C의 핵심적인 제안에서 찾았다. E2C 전략에서는 공동체의 소유권이 필수적인 시작점이 아니라 최종 목표여야 한다. 이는 슈나이더도 강조하는 지점이다. 스타트업의 가장 위험한 단계, 즉 민첩성과 신속한 의사 결정이 필요한 단계에서는 공동체를 성공적으로 구축하고 참여시키는 것이 불가능할 수도 있다고 말이다.[13] 블록체인 기반의 커뮤니티 업계도 E2C와 확연히 구분되는 점이 있다. 최근 몇 년간 블록체

* 1주만으로도 주주 총회 의결 사항에 대해 절대적 거부권을 행사할 수 있는 권리를 가진 주식을 말하며, 특히 영국에서는 기간 산업을 민영화할 때 외국 자본에 의한 매수를 막기 위해 정부가 보유하는 주식을 의미한다.

인 기반의 커뮤니티가 새로운 소유 구조 접근법을 제공하는 것은 맞다. 그럼에도 경제적인 성공이 유일한 공통의 목표이고, 이것에만 거의 오롯이 초점을 맞추는 블록체인 기반의 '커뮤니티'가 더러 있다. 이두 가지를 고려하면 E2C가 실질적인 선택지가 될 수 있는 기업은 둘중 하나다. 첫째는 안정적인 성숙 단계에 진입한 기업이다. 다른 하나는 소유주가 자사의 소유 구조에 공동체에 대한 장기적인 책무성을 주입하고 싶어 하는 기업이다.

가치를 창출하는 구성원이 소유주가 되는 길을 열어주고 또한 그들이 소유주가 되도록 독려하는 것은, 많은 기업에게 합리적인 전략이다. 심지어 벤처캐피털이 투자한 기업이어도 마찬가지다. 예컨대 우버와 에어비앤비는 운전자와 숙소 호스트의(당연히 이들은 직원이 '아니다') 충성도를 끌어올리기 위한 노력의 일환으로 그들에게 지분을 제공할 수 있게 해달라는 청원서를 증권거래위원회에 제출했다.[14] 또한 지난 10년간 수천 개의 기업이 미국의 스타트엔진StartEngine과 영국의 시드서Seedrs 같은 플랫폼을 통해 투자 목적의 증권형 크라우드펀딩 Equity Crowdfunding으로 자금을 조달했다. 물론 이러한 플랫폼은 주주에게 공동체의 구성원이 되어야 한다는 조건을 붙이지 않는다. 하지만 고객 전도사Customer Evangelist*를 주주로 끌어들이고 싶은 명백한 의도를 가지고 증권형 크라우드펀딩을 사용하는 브랜드도 많다.[15]

현재로서는 조직 내부에서 공동체를 구축하고 싶은 선구자가 선택

---

* 자신이 직접 회사의 제품과 서비스를 구매할 뿐 아니라 주변에 회사를 열심히 추천하는 사람을 가리킨다.

퓨처 노멀

할 수 있는 방법은 딱 두 가지다. 슈나이더를 포함한 공동 저자들이 E2C 입문서에서 설명한 것처럼 혁신적인 법적 구조에 의존하는 것과 블록체인 같은 새로운 코드 기반의 거버넌스 메커니즘을 수용하는 것이다. 하지만 퓨처 노멀에서는 공동체로의 출구가 갈수록 보편화되고 사용하기도 용이하며 바람직한 접근법이 될 거라고 예상한다.[16]

퓨처 노멀을 준비하는 3가지 질문

1. 기업은 오직 연공서열에 기초하는 보상 체계가 아니라 최대의 가치를 창출하는 직원에게 각자의 기여도에 비례해서 보상해주는 소유 구조를 어떻게 구축할 수 있을까?
2. 시간이 흐름에 따라 조직의 규모가 커지고 이익보다 목적이 중요해진다면, 조직의 소유 구조는 어떻게 변할 수 있을까?
3. 당신의 공동체에서는 어떤 구성원이 -사용자, 고객, 공급업체- 최고의 소유주가 될까? 당신은 그들의 공동 소유권을 인정하도록 조직의 소유 모델을 어떻게 재창조할 수 있을까?

HOT 22

굿 거버넌스

"

국민의 삶을 실질적으로 개선하는
정부 정책을 인정해준다면?

"

반세기 가까이 아프리카 남부에 위치한 보츠와나 정부는 굿 거버넌스Good Governance *에 관한 사례 연구의 단골이었다. 2001년 보츠와나는 "지난 35년간 세계 최고의 국민 1인당 성장률"을 달성했다.[1] MIT 경제학과의 한 연구팀에 따르면, 2011년부터 2020년까지 보츠와나는 독일 베를린에 본부를 두고 매년 국가별 부패인식지수Corruption Perceptions Index, CPI를 발표하는 비영리 기관 국제투명성기구Transparency

---

* 세계은행World Bank은 거버넌스를 '한 나라의 시민이나 대표자가 요구하는 공공재나 기타 재화를, 제한된 자원을 가지고 효과적으로, 투명하게, 공정하게, 책임 있게 제공할 수 있는 공공 조직의 제도적 능력'이라고 정의한다. 또한 효율적인 공공 정책과 서비스를 제공하는 유능한 정부와 적극적으로 참여하는 시민 사회가 결합된 새로운 통치 및 국가 운영 체제를 말하기도 한다.

International, TI로부터 "아프리카에서 가장 부패가 적은 국가"로 선정됐다.[2] 뉴스 매체가 아프리카에서 들려오는 긍정적인 이야기에 목말라 있던 시절 보츠와나는 단비 같은 완벽한 성공 스토리였다.

보츠와나가 이런 성공을 거둘 수 있었던 데는 여러 요인이 작용했다. 무엇보다도 2008년부터 2018년까지 10년간 보츠와나를 통치했던 제4대 대통령 이언 카마Seretse Khama Ian Khama의 공이 지대했다. 하지만 2018년 모크위치 마시시Mokgweetsi Eric Keabetswe Masisi가 차기 대통령으로 취임했을 때부터 보츠와나의 평판이 미끄러지기 시작했다. 영국의 경제 전문지 〈이코노미스트〉 산하 이코노미스트인텔리전스유닛Economist Intelligence Unit, EIU이 해마다 발표하는 민주주의 지수Democracy Index에서 2021년 보츠와나는 '결함 있는 민주주의Flawed Democracy' 국가로 분류됐다.* 보츠와나는 국제투명성기구의 지수에서도 순위가 하락해, 아프리카의 작은 섬나라 카보베르데Cabo Verde보다 낮았다.** 급기야 2023년 외교 정책 전문가 사이에서 보츠와나가 거의 반세기 전으로 역행할 가능성이 크다는 우려까지 나왔다.[3]

보츠와나 정부에서 보듯이, 일관성 있는 굿 거버먼트(정부의 국가 운영)에 관한 글로벌 사례를 찾는 것은 기대하지 말아야 하는지도 모르겠다. 정당은 권력을 얻기도 하고 잃기도 한다. 정권은 변하고 우선순위도 변한다. 이것은 아프리카에만 국한되는 이야기가 아니다. 전 세계 정치의 현실이다. 2022년 미국은 연방대법원이 50년 가까이 허용

* 각국은 점수에 따라 완전한 민주주의Full Democracy, 결함 있는 민주주의, 혼합형 체제Hybrid Regime, 권위주의 체제Authoritarian Regime 중 하나로 분류된다.
** 카보베르데는 100점 만점에 58점으로 39위, 보츠나와는 55점으로 45위였다.

되던 낙태권을 폐지함으로써 정치적으로 그리고 정책적으로 극적인 변화를 겪었다. 브라질에서는 2019년 1월 취임한 우익 성향의 제38대 대통령 자이르 보우소나루Jair Bolsonaro의 재임 기간에 치러진 2022년 대선 결과 정권이 바뀌었다. 2003년부터 2010년까지 대통령을 연임했던 루이스 이나시우 "룰라" 다 시우바Luiz Inácio "Lula" da Silva가 대선에서 승리해 정권을 재창출했다.

전 세계 어느 나라에서나 이것은 정치가 (그리고 정부가) 작동하는 방식처럼 보인다. 오늘 좋은 정부가 내일에는 경종을 울리는 교훈적인 사례가 될 수 있다. 따라서 좋은 정부가 시체말로 '운빨' 그 이상이 될 수 있다는 아이디어에 고개를 갸우뚱하기 십상이다. 남아프리카공화국에서 오랜 흑백 갈등을 종식시키는 데 결정적으로 기여한 넬슨 만델라Nelson Mandella의 개인적인 카리스마와 비전을 지니고 나라 전체를 통합할 수 있는 리더를 만날 만큼 억세게 운 좋은 국가가 있을 수도 있다. 하지만 그 리더가 권력에서 내려온 다음에는 어떻게 될까? 하나부터 열까지 모든 것이 변할 것이다.

그렇다고 정부가 효과적인 기관이 될 수 없다는 말이 아니다. 효과적인 정부의 증거는 많다. 비교적 신속하게 코로나19 백신을 개발한 것이며, 고속도로를 포함해 전반적인 교통 안전이 광범위하게 개선된 것도 그렇고, 기상청의 폭풍 경보 시스템도 정부의 효과성을 보여주는 단적인 예다. 이뿐만 아니라 공립대학, 환경 또는 소비자 보호 전담 기관도 정부에게 A 학점을 주어야 한다. 이러한 대규모 프로젝트처럼 정부가 재원을 비롯해 전폭적으로 지원하는 많은 프로그램에는 역설이 있다. 대중은 프로그램이 성공할 때 정부가 기여한 역할은 거

퓨처 노멀

의 인정하지 않고 오히려 민간 부문의 혁신가나 설계자에게 공을 돌리며 박수를 보낸다. 반대로 프로젝트가 실패하면 책임의 화살을 정부에게 돌리는 판국이다. 요컨대 잘되면 정부는 안중에도 없고 못되면 정부만 탓한다. 그리하여 국민의 삶을 개선해주는 정부의 능력에 대한 대중의 집단적인 믿음은 지속적으로 줄어든다. 이는 종류와 형태와 크기를 떠나 모든 정부의 현주소다. 세계적인 광고 대행사 에델만의 신뢰도 지표 조사(전 세계 28개국 3만 6,000명 이상을 대상으로 실시한다)에도 이런 현상이 여실히 드러난다. 대중은 사회적 문제 해결 능력 항목에서 평가 대상인 4대 기관 정부, 기업, 비정부 기구, 미디어 중 정부를 가장 비효율적인 기관으로 생각했다.[4]

정치적 리더십이 좋든 아니든 '굿 거버먼트'는 우리가 인지하는 것보다 훨씬 보편적이다. 가끔은 집권 정부와 상관 없는 경우도 있다. 하지만 사실 알고 보면 바람직한 국정 운영의 직접적인 이유가 집권 정부인 경우가 더 많다. 좋은 정부는 국민들로부터 신뢰를 얻고, 법의 지배 즉 법치주의를 존중하고, 정보를 투명하게 공개하고, 정부의 행위에 책임을 지고, 국민의 니즈에 신속히 반응한다.

퓨처 노멀에서도 거짓말하는 정치인과 이기적인 입법자는 사라지지 않을 것이다. 그러나 정부에 대한 국민의 인식은 (그리고 정부의 현실은) 달라질 거라고 장담한다. 국민과는 멀찍이 떨어져서 아무 소득 없는 논쟁만 일삼는 무능한 기관에서 국민 곁으로 더 가까이 다가가고 지역 사회에 도움을 주고 국민의 삶을 더 안전하고 더 건강하며 더 충만하게 만들어주는 존재로 말이다. 이번 장에서 우리 필자들은 '좋은' 정책이 어떤 것인가에 대한 개인적인 판단을 의도적으로 배제한다.

이것은 영원히 논쟁거리일 수밖에 없다. 대신에 '굿 거버먼트' 사례가 전 세계 정책 결정 공동체 내부에서 어떻게 자주 공유되는지 보여줄 것이다. 아울러 이것이 국민 통치 방식을 개선하는 선순환으로 어떻게 이어지는지 증명할 것이다.

미래선도자: 세계정부정상회의

아랍에미리트의 부통령이자 총리이며 두바이의 통치자인 셰이크 무하마드 빈 라시드 알막툼Sheikh Mohammed bin Rashid Al Maktoum의 주관으로 2만 명 이상의 정부 지도자와 전문가가 해마다 한 자리에 모인다. 바로 '미래 정부 구상과 인류를 위한 더 나은 미래 창조'에 초점을 맞추는 세계정부정상회의World Government Summit, WGS다. 2022년 연례 총회에서는 약 1,000개의 세션이 열렸고 600명 이상의 연사와 40개가 넘는 참여 조직이 모였다.

이제까지 세계정부정상회의에서는 수많은 실험적인 프로그램이 소개됐다. 인도네시아 제2의 도시 수라바야Surabaya가 2018년 4월부터 시민들의 쓰레기 재활용을 독려하기 위해 시행하는 혁신적인 실험도 그중 하나였다. 이것은 플라스틱 공병 5개를 모아오면 버스를 무료로 이용할 수 있게 해주는 프로그램이다.[5] 한편 네덜란드의 남부 도시 틸뷔르흐Tilburg는 시니어, 장애인 같은 교통 약자에게 보행 신호 시간을 늘려주는 신호등 센서를 통해 시민 친화적인 정책의 가능성을 실험했다. 지방 정부 차원의 프로그램만이 아니다. 세계정부정상회의에서 소개된 중앙 정부 프로그램도 많다. 가령 핀란드 정부는 세계 최고의 인공지능 기반 공공 서비스를 제공하겠다는 목표 하에 국가인공지능 프로그램 일명 오로라AI$_{AuroraAI}$를 시행한다.[6] 이처럼 국가 차원의 대규모 이니셔티브와 (말 그대로) 거리 차원의 혁신 모두는 회의 참석자 모두에게 실질적인 굿 거버넌스가 어떤 것인지 명확히 보여준다.

굿 거버먼트를 위해 헌신하는 민간 차원의 조직도 있다. 일례로 1998년부터 운영하는 IBM 정부비즈니스센터$_{IBM\ Center\ for\ the\ Business\ of}$ $_{Government}$는 모든 부문에서 정부의 효과성을 개선하는 데 초점을 맞춘다. 현재까지 400편 이상의 보고서를 발표했을 뿐 아니라 도서 출판과 인터뷰를 포함해 전 세계에서 이뤄지는 정부의 모범적인 행정$_{best}$ $_{practice}$ 일부를 널리 알리기 위한 여타 콘텐츠를 생산했다.[7] 정치 전문 언론인 출신의 데이비드 마틴$_{David\ Martin}$과 캐럴 다우리아$_{Carol\ D'Auria}$가 공동으로 진행하는 유명 팟캐스트 〈굿거버먼트쇼$_{Good\ Government\ Show}$〉는 지방 정부의 나팔수 역할에 진심이다. 이들은 노숙자 문제부터 커뮤니티 센터로서의 도서관 역할까지 현실 속 문제를 해결하는 지방 정부의 성공 스토리를 적극적으로 알린다.[8] 굿 거버넌스 확산에 앞장서는 범세계적인 국제 기구도 있다. 회원국이 189개에 이르는 세계은행은 굿 거버넌스 사례를 정기적으로 홍보하는 것을 넘어, 수십 년 전부터 전 세계 국가가 굿 거버넌스를 구현하고 정부의 미래를 재설계하도록 도와주기 위해 정부의 미래$_{Future\ of\ Government}$ 이니셔티브를 운영한다.[9]

이러한 모든 노력을 아우르는 공통의 사명은 두 개의 집단과 관련 있다. 첫째는 대중에게 굿 거버먼트의 역할을 명확히 보여주는 것이다. 그리고 공무원 사회가 이러한 효과적인 프로젝트에 동기가 부여 돼 비슷한 프로그램을 자체적으로 구축하고 시행하도록 만드는 것이 또 다른 목표다. 정부의 확성기로 사용할 수 있는 도구가 하나 더 있다. 소셜 미디어다. 물론 소셜 미디어가 가끔 정치 양극화의 결정적인 원인을 제공하기도 한다. 하지만 더러는 정부의 성공 스토리를 알리는 실질적이고 효과적인 확성기의 역할을 할 수도 있다.

이는 단순한 가능성이 아니다. 소셜 미디어가 지식 공유를 통해 더 좋은 정부를 만드는 데 기여할 수 있다는 믿음으로 한 기업가가 2015년 자칭 '정부의 사회적 학습 네트워크'를 구축했다. 주인공은 영국에서 태어나 뉴질랜드로 이민 간 다음 극심한 에이즈 위기가 맹위를 떨치던 20세기 후반 보츠와나에서 성장한 로빈 스콧Robyn Scott으로 에이폴리티컬Apolitical을 설립했다. 오늘날 전 세계 15만 명 이상의 공무원과 정책 입안자가 에이폴리티컬에서 모범적인 행정을 공유하고 배우고 관계를 만든다. 에이폴리티컬의 홈페이지는 테크놀로지를 통해 캐나다 원주민 공동체에 권한을 부여하는 방법부터 공무원을 위한 최고의 팟캐스트까지 다양한 주제에 관한 글을 제공한다. 또한 사용자가 다른 사용자들의 '지구촌 두뇌Global Brain ●'를 활용할 수 있는 커뮤니티 질의응답 게시판도 운영한다. 이뿐만 아니라 에이폴리티컬은 온라인과 오프라인 학습 프로그램을 주최하고 최고의 오픈소스 공공 부문 디지털 이니셔티브를 선정해 미래정부상Future of Government Awards을 수

● 컴퓨터 네트워크가 전 세계적으로 보급되면서 촉발된 인류의 새로운 진화적 단계를 설명하기 위해 만들어진 개념으로 집단 지성과 비슷하다.

퓨처 노멀

여한다. 많은 사람이 이러한 모범적인 행정을 본받아 각자의 지역 사회에서 이니셔티브를 구현하도록 장려하기 위해서다. 2022년 수상자는 캄보디아 정부 데이터에 표준화된 방식으로 쉽게 접근하도록 해주는 안전한 분산형 데이터 거래소Data Exchange, DX* 캠디엑스CamDX였다. 에이폴리티컬이 설립 취지 대로 글로벌 공공 부문의 네트워크로 굳건히 자리잡은 모양새다.

위의 모든 노력은 정부에 대한 보편적인 인식의 변화를 주도한다. 비효율적인 관료 체제가 아니라 더 나은 미래를 만들기 위해 적극적으로 노력하는 주체로 말이다. 이제까지 소개한 프로그램 외에도 이러한 인식의 변화를 주도하는 커다란 동인이 또 있다. 이것은 전 세계에서 청소년 행동주의Youth Activism가 증가하는 것에서 나온다. 디지털 세상에서 태어나 성장한 청소년 세대는 이러한 경험을 통해 정부와의 관계에서 자신의 역할 정립이 명확하다. 이들은 정부에 그저 수동적으로 반응하는 객체이기를 거부한다. 오히려 정부에 능동적으로 참여하고 정부와 협력하는 주체가 되고 싶어 한다. 한 청소년 활동가가 시작한 '기후를 위한 학교 파업School Strike for Climate' 운동과 이것에 자극받아 전 세계적으로 광범위하게 확산된 '학교 결석' 시위를 보라. 고등학교 때부터 환경과 기후 변화 활동을 시작한 스웨덴의 그레타 툰베리Greta Thunberg가 불붙인 이 운동은 청소년 활동가가 정치적 사안에 어떻게 개입하고 협력하는지를 보여주는 아주 좋은 사례다. 작가이자 캘리포니아대학교 산타크루즈캠퍼스UC Santa Cruz에서 라틴아메리카와

---

* 다양한 산업의 데이터를 사고 팔 수 있는 플랫폼을 통칭한다.

라티노 연구Latin American and Latino Studies 학과 부교수로 재직하는 제시카 태프트Jessica Taft의 말을 들어보자.

"오늘날 전 세계에서 초등학생부터 중고등학생까지 아동과 청소년이 사회적, 정치적, 경제적 주체로서 목소리를 내고 있죠. 자신들이 사회 변화를 일으키는 데 보탬이 될 수 있음을 직접 보여주는 거예요."[10]

물론 어린 세대의 참여가 때로는 부작위Inaction *와 싸우고 또는 부정부패를 고발하고 싶은 욕구에서 영감을 받을 수도 있다. 하지만 시작이야 어쨌든 거버먼트 자체에 대한 더욱 활발한 시민 참여로 이어지는 것도 분명하다. 이는 다시, 대중이 진정으로 원하는 것을 반영하는 대표성 높은 정책과 이니셔티브로 귀결된다. 요컨대 청소년 행동주의는 더욱 광범위한 굿 거버넌스를 실현시킬 수 있다.

퓨처 노멀에서는 먼저 '행동주의'와 '관여'가 굿 거버먼트의 필수적인 구성 요소라는 대중의 인식이 갈수록 높아지게 된다. 그런 다음 더욱 효율적인 굿 거버먼트를 독려하기 위한 노력과 이러한 인식이 결합할 것으로 예상한다. 오늘날 비즈니스 세계가 게임의 판도를 바꾸는 혁신적인 아이디어를 추앙하는 것처럼 퓨처 노멀에서는 정책 입안자들도 혁신적인 아이디어를 두 팔 벌여 환영할 것이다. 많은 국가에서 굿 거버먼트가 보편화되고 정당한 평가를 받게 되며 결과적으로 정부에 대한 대중의 신뢰가 높아질 것이다. 이렇게 되면 대중은 더 이상 정부가 진전을 가로막는 관료주의적 장애물이라고 생각하지 않는

---

* 어떤 행위를 해야 할 의무가 있는 사람이 이를 하지 않는 것을 말한다.

퓨처 노멀

다. 오히려 정부가 미래를 형성하기 위해 노력하는 사람들의 지지자
이자 미래선도자라고 생각할 것이다.

퓨처 노멀을 준비하는 3가지 질문

1. 우리 지역 공동체에서 우리 가까이에서 벌어지는 일을 토대로 정부의 효과성을 평가한다면 어떻게 될까?
2. 특정 지역에서 성과를 거두는 성공적인 굿 거버먼트 이니셔티브를 다른 지역에서 어떻게 공유하고 구현할 수 있을까?
3. 단순히 유권자로서의 권리를 행사하는 것을 넘어 우리가 자신의 개별적인 시민 참여를 어떻게 측정하고 증가시킬 수 있을까?

HOT 23

15분 도시

> **"**
>
> 도시 안에서 어디든
> 최대 15분 이내에 이동할 수 있다면?
>
> **"**

파리 시장 안 이달고Anne Hidalgo가 2020년에 치러지는 재선 캠페인을 준비할 때의 일이다. 이달고 시장이 파리소르본대학교Paris-Sorbonne Universiy에서 복잡계Complex System를 가르치는 카를로스 모레노Carlos Moreno에게 연락했다. 모레노는 이달고 시장을 만났을 때 자신의 아이디어가 선거 전단지 맨 하단에 구색 맞추기 정도로 포함될 거라고 생각했다.[1]

모레노 교수는 '15분 도시15-Minute City'의 창안자다. 이 개념은 모든 시민이 일상생활에 필요한 장소로 15분 안에 접근할 수 있어야 한다는 아이디어다. 직장, 상점, 학교·대학교, 병원, 문화 공간, 녹지 공간 등등. 모레노는 참신한 이 아이디어를 테드토크에서 소개하면서 우리

의 도시는 "허황된 가속의 거품bubble of illusory acceleration"이라고 주장한
다.[2] 당신은 대도시라고 하면 무엇이 떠오르는가? 빠른 속도를 떠올
리는 사람이 많을 거라고 본다. 하지만 도시인의 평범한 현실은 이런
인식과는 다르다. 환경에 악영향을 주고 길바닥에서 허비하는 긴 통
근 시간, 개인과 집단의 열악한 웰빙, 심화된 불평등, 만연한 부당함
과 부조리 등이 대도시의 현주소다.

여기서 모레노는 역발상을 시작했고, 단순한 질문이 15분 도시 개
념으로 구체화됐다. '허황된 가속의 거품'을 터뜨린다면 어떨까? 15분
내로 접근할 수 있는 서비스의 범위를 폭발적으로 증가시킬 수 있다
면 어떨까?

모레노의 아이디어는 이달고 시장의 재선 성공에서 일등 공신이 되
었고, 더 나아가 파리의 미래에 대한 이달고의 비전에서 중심이 됐다.
파리 마레지구Marais District에서 1920년대에 조성된 복합 단지 미니메
스Minimes 구역이 최근 재정비를 마치고 새로운 모습으로 공개됐다. 만
약 미래 도시가 어떤 모습이고 어떤 기분을 안겨줄 수 있을지 알고 싶
다면 이곳을 잠시 둘러보는 것으로도 충분하다. 공영 주택 단지에는
사무실, 다수의 작은 공방, 보육 시설, 진료소 등이 입주하고 일부 종
업원이 자폐증 환자인 카페도 있다. 그리고 예전에 주차장으로 사용
됐던 중앙 안뜰은 공원으로 깜짝 변신했다. 한편 2024년 제33회 파리
하계 올림픽을 위해 "프랑스에서 가장 젊고 국제적인 지역"으로 일컬
어지는 센생드니Seine-Saint-Denis 구역에 미니메스와 비슷한 야심찬 개
발 프로젝트가 진행 중이다.[3] 하계 올림픽은 파리 2024 조직위원회에
게 경기장을 건설하는 것을 넘어 도시의 장기적인 유산에 초점을 맞

추도록 영감을 줬다. 파리 시당국은 경기장의 85퍼센트가 올림픽선수촌에서 30분 이내 거리에 위치할 거라고 밝혔다. 또한 현재는 파리를 장기적으로 변화시켜줄 대중 교통과 탄소를 배출하지 않는 무공해차량ZEV에 막대하게 투자한다.[4]

파리의 사례가 극단적인 것처럼 들릴지도 모르겠다. 어쨌건 올림픽을 준비하는 파리처럼 엄청난 개발 예산을 투입할 수 있는 도시가 몇이나 되겠는가. 하지만 큰돈을 들이지 않고도 15분 도시를 만들 수 있는 다른 방법이 있다. 이것은 재정비된 미니메스처럼 단순히 구역별로 각종 편의 시설을 설치하기 위해 도시 구조를 재편하는 것을 초월한다. 답은 사람들의 이동성을 증가시키는 데에 있다. 이동성이 커지면 사람들이 이용할 수 있는 도시 편의 시설도 더욱 다양해지고 이동시간도 단축된다. 여기에 한 가지 더 고려할 것이 있다. 차세대 마이크로모빌리티Micromobility*이다. 이렇게 볼 때 이동성을 증가시키는 접근법이 대부분의 도시에게는 훨씬 실질적이고 현실적이다. 지난 15년간 도심 교통 부문에서 인상적인 혁신이 –'원조' 자전거 공유 프로그램부터 스쿠터와 비고정형Dockless 거치대 공유 자전거 모델까지– 이뤄졌다. 향후 10년에는 이들 혁신에 (사실상 말 그대로) 강력한 엔진이 달릴 것이다. 전기 모터가 이러한 이동 수단의 속도를 크게 높여줄 테니말이다. 전기 자전거Electric Bike를 이용하는 사람에게 15분 도시와 도보로 이동하거나 전통적인 대중 교통을 이용하는 일명 '뚜벅이족'에

---

* 전기 등의 친환경 동력을 이용한 소형 이동 수단을 뜻하는 말로 전동식 키보드, 전기 스쿠터, 전기 자전거 그리고 초소형 전기차 등을 포함하며 근거리 주행에 사용된다.

게 15분 도시는 아예 차원이 다른 개념일 수 있다. 사람들은 마이크로 모빌리티를 통해 일석이조의 혜택을 누릴 수 있다. 지역주의Localism가 주는 장점에 '더해' 모레노 개념의 핵심인 15분 이내 접근 가능한 도시 범위가 넓어져 편리한 도시 생활도 즐길 수 있다.

파리 외에도 구역별 생활 인프라로의 접근성을 급진적으로 향상시키기 위해 노력하는 도시가 다수 있다. 스페인 바르셀로나의 슈퍼릴 Superilles*은 주민의 일상에 필요한 시설이 부분적으로 갖춰진 공동체로 대중교통과 보행자를 자동차보다 우선시한다.[5] 미국 오리건주 포틀랜드는 시민의 90퍼센트가 '20분권내'에서 거주하는 것을 목표로 한다.[6] 또한 중국 상하이의 2015-2040 도시개발계획Urban Master Plan도 '15분 지역 사회 생활권'**을 상하이의 사회 발전에서 중요한 목표로 설정한다. 사우디아라비아가 사막에서 건설할 계획인 170킬로미터짜리 직선형 도시 라인Line***은 또 어떤가. 무모하게 보이는 야심찬 대규모 프로젝트이지만 계획대로 된다면 자동차 없는 도시 라인은 접근성의 끝판왕이다. 주민은 도보로 단 5분이면 지역의 모든 편의 시설에 다다를 수 있고 도시의 끝에서 끝까지 최장 거리도 고속철도를 이용해 단 20분이면 이동할 수 있을 거라고 한다.[7] 도시 주민에 가해지는 지속적인 압박으로 볼 때 이러한 트렌드가 뒤집어질 가능성은 높

---

* 영어로는 슈퍼블록Superblocks. 바르셀로나의 도시 계획 단위 구역을 말하며, 만사나Manzana 라고 불리는 기본 단위인 블록 아홉 개를 한데 묶은 것으로 가로세로 길이가 각각 400미터이며 5,000~6,000명이 생활하는 작은 마을이다.

** 지역 사회 기본 단위를 도보 15분으로 설정하고, 이 범위 안에서 생활에 필요한 기본적인 교육, 의료, 복지 서비스를 누릴 수 있도록 하는 개념이다.

*** 사우디아라비아의 친환경 미래 도시 프로젝트 네옴시티에서 중심이 될 스마트시티이다.

지 않다. 따라서 미래에는 시민의 자유로운 이동을 보장하는 것에 도시의 명운이 달렸을지도 모르겠다.

미래선도자: 반무프

지금부터 일련의 이미지가 순차적으로 등장하는 영상 몽타주Montage 하나를 상상해보자. 매끈한 스포츠카의 표면에 연기를 내뿜는 공장 굴뚝과 꽉 막힌 혼잡한 도로 위에 뒤엉킨 자동차들이 비친다. 그런 다음 시끄러운 경적 소리가 귀를 때리고 자동차 충돌 사고 장면으로 넘어간다. 이런 식의 영상이 계속 이어지다가 마침내 스포츠카의 몸체가 서서히 녹아내리고 녹아내린 액체가 흘러가서 전기 자전거로 변신한다. 이 영상은 마지막에 가서야 정체를 드러내는 메시지가 등장한다. "이제는 미래를 위해 자전거를 탈 시간이다." 맞다, 자전거 광고 영상이다.[8]

네덜란드의 전기 자전거 제조업체 반무프VanMoof가 제작한 이 광고는 프랑스에서는 방송되지 못했다. 프랑스에서 광고를 규제하는 자율 심의기관인 광고산업조정위원회ARPP가 이 광고의 핵심 메시지를 검증하고 검열한 뒤 방송을 금지시켰다. '불안한 분위기'를 조성한다는 이유에서였다.[9]

반무프는 자전거 부문을 포함하는 더욱 광범위한 마이크로모빌리티 혁명에 동참하는 기업 중 하나일 뿐이다. 이 혁명은 공유형이든 개인 소유든 이동 수단이 자동차에서 자전거, 스쿠터, 초소형 자동차로

퓨처 노멀

— 반무프 2022년 광고 "The Future is Forwards"의 한 장면.(출처: 반무프)

나아가는 글로벌 변화를 말한다.

자동차 산업이 이러한 행동적 변화에 두려움을 가질 만한 이유는 쉽게 이해된다. … 이제까지 전 세계적으로 방송된 자전거 광고가 사실상 전무하다시피 했던 이유를 설명해줄지도 모르겠다. 하지만 이미 자전거 시장을 옥죄는 손에서 힘이 빠지기 시작했다. 이제 더 많은 목소리가 나오는 것은 시간 문제일 뿐이다. 사실상 새로운 시대의 여명이 밝아오고 있다.

_반무프 블로그[10]

정말로 자동차 산업이 반무프가 생각하는 것만큼 자전거에게서 커다란 위협을 느낄까? 반무프 팀이 지나치게 낙관하는 것이든 아니든, 부인할 수 없는 현실이 있다. 사람들은 마이크로모빌리티가 제공할 수 있는 편익을 갈망한다. 캐나다와 멕시코를 포함해 북미 96개 도시

교통 당국 연합체인 미국도시교통공무원협회NACTO의 데이터를 보면, 미국에서만도 2019년 말(코로나19 팬데믹이 시작하기 직전이다) 공유형 자전거와 전동 스쿠터를 이용한 이동 횟수가 전년 대비 60퍼센트가 증가해서 1억 3,600만 회에 이르렀다.[11] 동남아시아 최초의 데카콘 Decacorn(기업 가치가 100억 달러를 초과하는 비상장 스타트업)이 된 싱가포르 기반의 모빌리티 앱 그랩Grab은 전통적인 자동차 호출 서비스는 물론이고 자전거와 전동 스쿠터의 공유 서비스도 제공한다.[12] 도심형 이동 수단으로 에이미Ami를 개발한 프랑스의 시트로엥Citroën을 비롯해 일부 자동차 제조업체까지 마이크로모빌리티 혁명에 동참한다. 전기 자동차인 에이미는 크기가 아주 작아서 운전면허 없이도 운전할 수 있는 초소형 사륜차Light Quadricycle로 분류된다. 이는 14세 이상은 누구나 파리 도로에서 에이미를 운전할 수 있다는 뜻이다.[13]

마이크로모빌리티로의 변화는 하루아침에 생겨난 것이 아니다. 10년 넘게 진행돼 왔다. 2017년과 2018년 잠깐 동안이지만, 전 세계 도시 주민은 도시 내 이동성과 관련해 선택의 폭이 지나치다 싶을 만큼 많았다. 중국 항저우, 독일 함부르크, 페루 리마, 런던 같은 대도시에서는 몇 블록 걷지 않아도 공유형 스쿠터나 자전거를 쉽게 찾을 수 있었다. 버드Bird, 볼트Bolt, 시르크Circ, 도트Dott, 하이브Hive, 점프Jump, 라임Lime, 리프트Lyft, 모바이크Mobike, 오바이크oBike, 오포Ofo, 티어Tier 등 스쿠터와 자전거 공유 서비스를 제공하는 스타트업의 목록은 끝이 없어 보였다. 하지만 일단 흐름이 뒤집어지자 자전거와 스쿠터 공유 서비스 붐이 꺼지는 것은 한순간이었다. 마이크로모빌리티 제공업체들은 계속되는 파손과 도난 사태로 말미암아 물류상의 커다란 도전에

퓨처 노멀

직면했다. 또한 자전거와 스쿠터가 인도를 점령해 정상적인 보행이 불가능할 정도가 되고 운전자가 중상을 입거나 심지어 사망했다는 이야기가 심심찮게 흘러나오자 관련 규제 기관도 개입해야만 했다. 지금 와서 보면 마이크로모빌리티 유토피아는 그저 전동 스쿠터를 탄다고 되는 것이 아니었지 싶다.

그런데 오늘날 여러 징후를 보면 코로나19 팬데믹으로 상황이 재역전되고 있는지도 모르겠다. 솔직히 마이크로모빌리티에 대한 지지는 여전히 굳건하다. 팬데믹을 겪으면서 도시 주민들은 더욱 개방적이고 붐비지 않으며 더러는 훼손되지 않은 도시 경험도 있음을 알게 됐다. 일상으로 회복한 포스트코로나 시대에도 이러한 경험을 지속하고 싶어 하는 사람이 많다. 안 이달고 파리 시장이 50킬로미터의 '코로나 자전거 도로Coronapiste'를 ―도시 봉쇄 기간 동안 파리 주요 간선도로 일부에 만들어진 임시 자전거 전용 도로― 영구적으로 운영하겠다고 발표한 것도 이러한 변화를 반영한 것이다.[14] 파리만이 아니라 이탈리아 밀라노, 벨기에 브뤼셀, 미국 시애틀, 캐나다 몬트리올 등도 자전거 운전자 친화적인 조치를 앞다퉈 발표했다.[15] 인구 밀도가 높고 가끔은 살인적인 교통 정체로 차량 흐름이 빙하가 움직이는 것 같은 아시아의 많은 도시에서는 이 문제가 서방 도시와는 차원이 다르다. 자전거가 예전부터 차도로 통행하는 실정인데도 자전거 전용 도로는 전무하다시피 하다. 게다가 심각한 대기 오염으로 말미암아 자전거를 이용하는 것이 운전자의 건강을 생각하면 훨씬 더 위험하고 덜 바람직한 선택이다. 이러한 도시에서 이동성을 개선하는 것은 자전거와 스쿠터가 답이 아니다. 탄소를 배출하지 않아 친환경적이고 효율적이며 저렴한 대중교통 선택지를 확대하는 것이 정답이다.

마이크로모빌리티가 또다시 관심의 대상이 된 것은 확실하다. 이번에는 기후 변화를 해결하기 위한 노력이 이러한 관심을 주도한다. 중국에서는 최대 테크기업 텐센트Tencent가 광둥성 선전에서 자동차 없는 신도시 넷시티Net City 건설 계획을 발표했다.[16] 또한 전 세계의 대도시로 구성된 기후 변화 대응 협의체 C40*이 2020년 발표한 보고서를 보면, 보행자 전용 거리와 자전거 전용 도로를 확충하고 15분 도시로의 전환을 촉진하는 것을 글로벌 도심 재생의 중요한 부분으로 명시한다.[17]

어쩌면 반무프의 성공도 마이크로모빌리티의 귀환을 보여주는 새로운 증거일 수도 있다. 반무프는 2020년 1~4월 네 달간 판매한 자전거가 앞선 2년을 합친 것보다 더 많았다. 이후에는 4월에 출시한 신제품의 인기와 함께 수요가 급증해 오늘날 반무프의 가장 큰 고민거리가 밀려드는 수요를 충족시키는 것이다.[18] 반무프는 2020년과 2021년 두 해에 걸쳐 생산 역량을 확대하고 "자전거 이용의 장애물을 더 많이 제거"하기 위해 총 1억 8,000만 달러가 넘는 투자를 유치했다.[19]

상업 부문의 디지털 전환이 사람과 쇼핑의 관계를 영원히 변화시켰다. 이제는 더욱 편리한 도시 환경이 이에 맞먹는 변화를 유발시킬 출격 준비를 마쳤다. 이것은 도시 환경에 대한 대중의 기대를 급격하게

* 정식 명칭은 도시기후리더십그룹Cities Climate Leadership Group이며 뉴욕, 런던 등 전 세계 주요 40개 도시가 기후 변화에 대응하기 위해 2005년 결성한 단체로 현재는 총 97개 도시가 회원으로 가입돼 있고, 서울은 2006년에 회원이 됐다.

변화시키고 결국 퓨처 노멀로 자리잡게 될 것이다. 오늘날은 이동성의 어려움에도 불구하고 수십억 세계 인구가 도시에 발이 묶여 있다. 도시가 제공하는 경제적·문화적 기회 때문에 이러한 불편을 감내하는 것이다. 그런데 우리가 자신이 원하거나 필요한 곳에 15분 내로 쉽게 접근할 수 있는 세상이 열린다면 일석삼조의 효과를 기대할 수 있다. 우리 각자가 환경에 미치는 영향은 줄어들고 지역 사회가 강화되며 삶의 질이 개선될 수 있다.

퓨처 노멀을 준비하는 3가지 질문

1. 길거리에서 허비하는 시간이 줄어들고 다른 일에 더 많은 시간을 쓸 수 있다면, 우리의 하루가 어떻게 달라질 수 있을까?
2. 초소형 자동차가 지배적인 교통 수단이 되고 더 나아가 자동차의 필요성을 느끼지 못하는 사람이 많아진다면 어떻게 될까?
3. 마이크로모빌리티의 편익이 모든 사회경제적 집단과 지역 공동체 전반에 사회적 평등을 촉진하는 잠재적인 수단으로 분배되도록 우리는 무엇을 할 수 있을까?

HOT 24

무인 배송

> **"**
>
> 원하는 것은 무엇이든
> 몇 분 안에 배송을 받을 수 있다면?
>
> **"**

차량 공유 애플리케이션을 처음 사용했던 때를 떠올려보라. 마법의 순간처럼 생각했던 사람이 많았다. 더 빨리 이용할 수 있었고 탑승 경험도 더 좋았으며 '더구나' 더 저렴했다. 그리고 차량 공유 서비스의 편리성과 비용 효율 즉 가성비가 지속적으로 개선되면서 우리 같은 대부분의 사람은 '더 자주' 이용하기 시작했고, 결국 새로운 행동이 촉발됐다.

이제 이커머스 산업에서 비슷한 현상이 일어나기 직전인지도 모르겠다. 그것도 노동자를 착취한다는 죄책감을 가질 필요도 없으니 금상첨화이다. 온라인 쇼핑은 코로나19 팬데믹이 덮치기 전에도 이미 폭발적인 증가세를 보였다. 더욱 빨라진 배송 시간과 급증하는 고객 수요가 이러한 성장을 견인했다. 조만간 드론 기술이 이커머스의 성장 동력 배턴을 이어받을 것으로 보인다. 드론은 배송 시간을 급격하게 단축시키고 비용을 극단적으로 낮출 수도 있다. 이를 통해 이커머스는 모든 품목에서 구매자와 판매자 양쪽에게 훨씬 더 매력적으로 다가올 것이다.

다른 것은 차치하고라도 소비자 입장에서 보면 한 가지 변화는 분명하다. 무료 배송 조건처럼 전통적인 배송 물류의 제약 조건에 맞추려 자신의 구매 행위를 조정할 필요가 없어진다. 대신에 자신이 '진짜로' 원하는 것을 주문하게 된다. 온라인 쇼핑몰에서 무료 배송(심지어는 배송 가능) 최소 주문 금액을 맞추려 여러 상품을 한꺼번에 주문한 적이 없는가? 음식을 포장 주문할 때도 피자, 샌드위치, 볶음국수 같이 들고 다니기 편리한 메뉴 위주로 주문하지 않았는가? 하지만 바르가바가 좋아하는 전통적인 인도 길거리 음식 팝디차트Papdi Chaat -요거트, 병아리콩, 처트니 소스를 듬뿍 올린 바삭한 칩- 같은 메뉴를 주문하는 사람은 별로 없다(누가 눅눅한 팝디를 원하겠는가?). 그런데 주문하고 몇 분 만에 그것도 값싸게 배송받을 수 있는 세상이 된다면 우리는 우리가 원할 때 우리가 원하는 바로 그것을 주문할 수 있을 것이다. 이것이 바로 자율 드론이 약속하는 미래다. 이것보다 더 중요한 사실도 있다. 오늘날 대부분의 배달 서비스에서 소외되는 시골 지역이 신속 배송의 완전히 새로운 시장으로 부상할 가능성도 있다.

아침에 드론으로 커피를 배송받는다면 어떨까? 어떤 이는 먼 미래의 이야기라거나 판타지 같은 이야기라고 치부할지도 모르겠다. 하지만 이미 드론 배송을 일상적인 활동으로 만들기 위해 노력하는 기업이 많다. 코로나19 팬데믹은 드론 배송이 주류 배송 수단으로 안착하는 것을 앞당겼다. 2022년 3월 구글의 모회사 알파벳Alphabet이 소유하는 드론 서비스 윙Wing은 드론 배송 건수가 20만 건을 돌파했다고 발표했다. 10만 건을 달성하고 불과 여섯 달 만이었다.[1] 2010년에 출범해 주로 호주에서 서비스를 제공하는 윙은 가정용품과 의료용품, 심지어 신선식품까지 취급한다.[2]

2016년 아프리카의 르완다와 2019년 가나에서 서비스를 시작한 미국의 상용商用 드론 배송 업체 집라인Zipline은 혈액과 의약품 배송에 특화돼 있으며 이제까지 40만 건 이상의 배송을 완료했고 백신 700만 회분 이상을 배송했다.[3] 왓쓰리워즈What3words −전 세계를 3제곱미터로 구분해 각 정사각형마다 세 단어로 이뤄진 고유한 3단어 주소를 부여하는 독점적인 지역 코드 시스템−를 통해 족집게처럼 정확히 집어내는 위치 정보 덕분에 이러한 드론 배송은 사실상 모든 지역의 모든 사람에게 서비스를 제공할 수도 있다. 말 그대다. 일반적인 지도에 표시되는 위치에 있건 건물 안에 있건 공원 한복판에 서 있건 상관없이 배송받을 수 있다.

퓨처 노멀에서 배송 드론의 안전성과 역량이 지속적으로 발전하리라는 것은 불을 보듯 빤하다. 이렇게 되면 시골 지역 고객, 도시 외곽 가정, 야외 활동 중인 사람, 심지어 응급 약품이 필요한 환자 모두에게 드론은 더욱 신속하고 더욱 믿을 수 있는 배송 선택지가 될 것이다.

미래선도자: 만나

2018년 설립된 아일랜드의 토종 드론 택배 스타트업 만나Manna의 목표는 최대 3분 배송이다. 만나는 첫 번째 임무로 자체 개발한 완전 자율 드론을 이용해 아일랜드 더블린의 학생들에게 벤앤제리스 아이스크림을 배송할 계획이었다. 하지만 코로나19 팬데믹이 다른 많은 비즈니스와 스타트업에 영향을 미친 것과 마찬가지로 만나의 1호 배송 계획도 완전히 바꿔놓았다. 만나의 보비 힐리Bobby Healy CEO는 봉쇄 조치로 시골 지역 주민들이 그 어느 때보다 더욱 고립된 시간을 보낸다는 사실에 주목했다. 이에 힐리는 아일랜드의 보건부 산하 보건 서비스행정부에게 만나를 필수 서비스 협력업체로 지정해 달라고 청원했다. 그리하여 만나는 기존의 1호 계획을 수정해서 봉쇄 기간 중 전체 인구가 1,000명에 불과한 작은 마을 머니골Moneygall 주민들에게 약품과 의료 용품을 배송하는 시범 프로그램을 시작할 수 있었다.

만나는 필수 의료용품을 배송할 수 있는 능력을 성공적으로 증명한 뒤에, 피자와 야채부터 지역 상점에서 만든 생일 케이크까지 거의 모든 상품으로 배송 서비스를 확대했다.[4] 2021년 만나의 일일 평균 배송 건수가 2,000~3,000건에 달했고 지금은 대략 4만 5,000명의 고객에게 택배 서비스를 제공한다.[5] 만나의 드론은 고도 150~200피트(약 45~60미터) 상공에서 시속 약 50마일(시속 80킬로미터)로 비행하며 시간당 7~8건의 배송을 처리할 수 있다. 한마디로 믿을 수 없을 정도로 효율적인 배송 수단이다.

이런 총알 배송이 소비자 행동을 어떻게 그리고 얼마나 변화시킬 수

— 만나드론배송Manna Drone Delivery의 무인항공기와 배송 상자.(출처: 만나)

있을까? 만나와 윙의 초기 사용 데이터를 보면 흥미로운 작은 단서를 찾을 수 있다. 만나와 윙은 각자 최다 주문 물품 중 하나가 뜨거운 커피라고 보고한다. 개중에는 드론 배송으로 커피를 주문하기가 망설여지는 사람도 있을 수 있다. 하지만 걱정은 붙들어 매도 되지 싶다. 만나의 평균 배송 시간은 2~3분이다. 힐러 CEO의 말마따나 2~3분 내에 배송한다는 것은 "거품 위에 그려진 작은 이미지가 온전히 남아 있을 정도로 거품이 하나도 꺼지지 않고 김이 모락모락 나는 뜨거운 커피"를 배송할 수 있다는 뜻이다.[6]

배터리 기술, 머신비전Machine Vision, 그래픽처리장치GPU, 모터…. 이 모든 것을 합치면 약 13~18킬로그램 무게의 무인항공기를 만들 수 있어요. 그리고 이 드론은 약 2.7~3.1킬로그램 남짓한 화물을 배송할 수 있고요. 그것도 육로 배송의 몇 분의 1에 불과한 비용으로 말이죠. 이것은 아직 누구도 솔루션을 제시하지

256   퓨처 노멀

못한 1조 달러 규모의 신생 산업이에요. 완전 블루오션이죠. 따라서 가장 먼저 솔루션을 찾아 시장을 선점하기 위해 우리는 열심히 달리고 있습니다.

_보비 힐리, 만나의 CEO[7]

드론이 화물을 지상에 내려놓기 위해서는 개방된 공간이 필요하고, 따라서 집집마다 뒤뜰이 딸린 소규모 도시나 시골 마을이 드론 택배 서비스를 시험하기에 이상적이다. 현재 만나는 아일랜드 서부 해안에 위치한 인구 약 8만 명의 골웨이Galway에서 서비스를 제공한다. 2022년 말 만나는 미국과 유럽 본토에서도 드론 배송 서비스를 시작할 계획이라고 발표했다.[8]

만나가 서비스를 확대한다면 미국과 유럽 모두에서 다수의 드론 배송 사업자와 경쟁이 불가피하다. 이스라엘의 스타트업 플라이트렉스Flytrex는 아이슬란드에서 상용 드론 배송 서비스를 시작했고, 아주 최근에는 미국 노스캐롤라이나주에서 시범 프로그램을 운영하기 위해 월마트와 손을 잡았다. 또한 UPS플라이트포워드UPS Flight Forward는 미국 정부로부터 드론 항공기 운항을 공식적으로 승인 받은 최초의 민간 회사가 됐다.[9] 2020년 이 회사는 플로리다주에 위치한 미국 최대 은퇴자 복합 주거 단지 더빌리지스The Villages로 처방약을 배송하기 위해 CVS파머시CVS Pharmacy와 파트너십을 체결했다. 심지어 캘리포니아주에 기반을 두는 자율 드론 스타트업 매터넷Matternet은 소화물 운송 전용의 비행 드론 최초로 규제 기관 미국연방항공청Federal Aviation Administration, FAA으로부터 설계 형식 인증을 획득했다.[10]

바야흐로 드론 배송이 보편화될 시기가 무르익었다. 그런데 왜 하필 지금이냐고? 이제까지 드론 배송이 직면했던 주요 장애물 모두는 안전과 규제와 관련 있었다. 만나와 윙은 안전을 위해 드론을 직접 착륙시키지 않고 화물을 줄에 매달아 공중에서 지상으로 내려놓는다. 이 방법은 안전만이 아니라 드론 배송 자체의 복잡성을 극적으로 감소시키는 효과도 있다.

규제 환경도 성숙하고 있다. 유럽연합은 2021년 4월 더 안전하고 더 신뢰할 수 있는 드론 서비스 환경을 구축하는 것을 목표로 새로운 규제를 시작했다.[11] 미국에서는 규제기관들이 드론 배송 서비스가 조종자의 가시권에서만 이뤄지도록 제한하는 가이드라인을 두고 갑론을박이 한창이고, 드론이 비행할 공역空域, Air Space을 관리할 방법까지 모색하고 있다.[12] 찬성론자들은 드론 배송이 사회에 긍정적인 영향을 미친다고 주장한다. 이들이 내세우는 이유는 크게 두 가지다. 첫째는 드론 배송이 여타의 배송 수단에 비해 탄소 배출량이 적을 뿐 아니라 교통 체증을 유발하지 않는다. 요컨대 친환경적인 배송 수단이다. 두 번째 이유는 신속 배송 부문에서 월마트와 아마존 같은 거대 유통업체의 독과점이 갈수록 견고해지는 것과 관련 있다. 드론 배송은 지역 업체들이 이러한 거인과 경쟁할 수 있는 힘을 키워줄 일급 도우미가 될 수 있다.[13]

당분간은 인구 밀도가 높은 도심에서 드론 배송을 이용하기 힘들 전망이다. 역설적이게도 이런 한계가 드론 배송에게 더욱 흥미로운 가능성을 열어줄 수 있다. 우리 세상에서 아주 많은 혁신은 도심에 정밀한 초점을 맞춘다. 인구 밀도가 높다는 이유에서다. 이것을 뒤집어보면 막대한 인구가 이러한 혁신에서 소외된다는 결론이 나온다. 전 세

퓨처 노멀

계에서 인구 50만 명 이하 소도시나 마을이 수만 곳에 이르고 전체 인구도 20억 명이 넘는다.[14] 이러한 지역, 특히 도로 같은 육상 인프라가 부족한 국가는 드론 배송의 신세계가 될 수 있다. 더욱 다양한 제품에 대한 신속하고 값싼 접근성을 제공할 수도 있기 때문이다.

미래를 예상할 때 우리 머리 위를 선회하는 자율 드론보다 더 상징적인 (그리고 남용되는) 아이콘이 있을까? 혹시 배송 드론이 하늘을 뒤덮어 자연을 감상하는 즐거움을 빼앗을 거라고 생각하는가? 우리 필자들은 이런 걱정은 접어두라고 말하고 싶다. 드론 배송은 훨씬 더 실질적이고 실용적인 동시에 고결한 현실을 실현시켜줄 수 있다. 생명을 구하는 약품을 배송하고 전통적인 배송 선택지에서 소외된 사람이 배송 서비스를 이용하도록 해준다. 또한 당신이 필요로 하는 무언가를 몇 분 내로 당신에게 직접 배송해주는 궁극의 편의성을 제공한다. 그 무언가가 뜨거운 커피 한 잔처럼 '작은 사치'일지언정 말이다.

퓨처 노멀을 준비하는 3가지 질문

1. 드론 배송이 인기 있는 배송 수단으로 정착된다고 해보자. 적절한 드론의 운행 대수와 관련해 어떤 제한 조치를 어떻게 결정할 수 있을까?
2. 드론 배송이 -인구 밀도가 높은 도심보다 교외 환경에 더 적합하다- 도심 환경을 재설계하고 살기 좋은 곳의 특징을 재고할 때 어떻게 도움이 될까?
3. 지역 사회의 영세한 개인 소매업체가 거의 실시간으로 배송 서비스를 제공할 수 있다고 하자. 사람들이 이들 업체에게 주문하기 시작한다면, 사회적으로 그리고 경제학적으로 어떤 변화가 나타날까?

HOT 25

도시 숲

"

도시의 지속가능성을 위해
녹색 인프라 확대에 투자한다면?

"

싱가포르의 초대 총리이자 건국의 아버지인 리콴유李光耀는 20세기 가장 중요한 발명품으로 에어컨을 꼽았다. 요즘 거의 어디서나 보이는 평범한 네모 상자가 세계 경제를 바꿔놓았다. 더운 지역에서 노동 시간을 연장시켰고 콘트리트와 강철과 유리로 현대 도시의 마천루를 이루는 거대한 고층 건물을 건설할 수 있게 해줬다(물론 여기에는 엘리베이터도 한몫했다).

수십억 인구가 기회와 문명의 이기利器를 찾아 현대 도시들로 몰려들었다. 이미 상업 중심지로 각광 받던 대도시는 당연하고 샌프란시스코, 상하이, 케냐 수도 나이로비 등이 크게 성장했다. 또한 두바이, 싱가포르 같은 신흥 국제 거점 도시와 중국 충칭과 인도 러크나우

Lucknow부터 탄자니아의 수도 다르에스살람Dar es Salaam까지 무명에 가까웠던 여러 도시가 성장의 대열에 합류했다. 이러한 시기에 현대 도시는 동전의 양면 같은 두 얼굴을 가졌다. 성장을 견인하는 거대한 엔진인 동시에, 시민들에게 위해를 가하는 여러 위험 요소를 점점 더 많이 만들어냈다. 대도시에서 살자면 대기 오염, 협소한 생활 공간, 점증하는 범죄 등을 감내하는 것은 두말하면 잔소리다. 오늘날에는 홍수와 화재 같은 극한 기후의 재앙적인 결과까지 대도시 주민을 더욱 힘들게 만든다.

홍수와 화재만이 아니다. 높은 기온도 커다란 위험 요소다. 많은 도시의 도심 기온이 인간이 생존할 수 있는 한계 온도에 도달하고 있다. 일부 도시의 기온은 역대 최고 기록을 세웠다. 가령 2022년 파키스탄 자코바바드Jacobabad는 기온이 무려 화씨 123.8도(섭씨 51도)를 기록했다.[1] 오늘날 폭염에 노출된 전 세계 인구는 15억 명이지만, 2050년이 되면 고온 위험에 직면하는 인구가 두 배 넘게 증가해 31억 명에 −세계 인구의 3분의 1− 이를 것으로 전망된다.[2]

우상향하는 기온, 심화하는 오염, 밀집 환경이 유발하는 스트레스 등으로 전 세계 도시가 몸살을 앓는다. 이에 대응해 도시들이 꺼내든 카드는 지역 사회에 도시 숲을 조성하는 것이다. 도시 숲은 말 그대로다. 도시국가인 싱가포르가 이 말의 의미를 정확히 알려준다. 싱가포르를 걸어보면 20세기에 우후죽순 세워진 커다란 콘크리트 마천루와는 상당히 달라진 −그리고 이 또한 말뜻 그대로 녹색이 더 많아진− 도시 경관을 볼 수 있다. 심지어 비행기에서 내려 공항을 벗어나기도 전에 싱가포르의 '정원 속 도시City in a Garden'에 대한 열망을 느낄 수 있다.

싱가포르 창이공항과 연결된 쇼핑센터 주얼창이에어포트Jewel Changi Airport의 둥근 지붕은 세계 최대 실내 폭포를 품고 있어 공항 대합실의 냉방에 도움이 된다. 또한 공기 정화 효과가 있는 200종 이상의 동식물이 실내에 서식하고 있다.[3] 2012년 싱가포르는 101헥타르(1.01제곱킬로미터)에 이르는 자연공원 가든스바이더베이Gardens by the Bay를 개장했다. 이곳에는 나무 모양의 대형 구조물로 공원의 상징인 '슈퍼트리Supertrees' 18그루가 25~50미터 높이의 수직 정원을 형성할 뿐 아니라, 플라워돔Flower Dome과 클라우드포레스트Cloud Forest라고 불리는 초대형 냉각 온실 두 개가 들어서 있다. 도시 중심부에 위치한 20층짜리 아파트 건물 에덴EDEN은 '식물 샹들리에'가 설치돼 식물이 폭포수처럼 흘러내리면서 각 아파트 세대에 자연 그늘을 드리운다.

도시 주거 환경 개선에 투자하는 나라는 싱가포르만이 아니다. 콜롬비아 제2의 도시 메데인Medellín은 녹색 회랑Green Corridors 프로젝트에 1,600만 달러를 투자해 총 30곳의 도로변과 수변에 8,000그루 이상의 나무를 심었다. 이러한 녹지 조성 프로젝트 덕분에 메데인의 평균 기온이 화씨 3.6도(섭씨 2도)가 내려갔을 뿐 아니라 녹지가 이산화탄소를 흡수했고 생물 다양성이 증가했다.[4] '열섬'으로 악명 높은 파리의 경우 최근 아스팔트가 깔린 오페라광장Place de l'Opéra이 맑은날 화씨 132도(섭씨 56도)가 넘는 살인적인 기온을 기록한 반면 울창한 가로수로 자연 그늘이 생기는 이탈리아대로Boulevard des Italiens는 화씨 82도(섭씨 28도)에 불과했다. 재미있는 점은 두 곳이 도보로 겨우 1분 거리라는 사실이다. 파리는 이러한 극단적인 기온 격차를 해소하기 위해 2026년까지 17만 그루의 나무를 심는 프로젝트를 시작했다.[5] 서울도 파리와 비슷한 노력을 기울이는데, 산림 내 맑고 시원한 공기를 도심으로 끌어들이기 위해 강과 하천 그리고 도로에 '바람길 숲' 조성에 힘을 쏟는다.[6]

식물로 뒤덮인 녹색 건물과 녹색 도시의 인기가 높아지는 것은 당연한 이치다. 코로나19 팬데믹은 도시 주민의 생활 방식에서 지속적인 변화를 촉발시켰다. 개개인은 자신의 웰빙을 증진시키기 위해 자연과의 연결을 추구하고 기업은 직원들의 사무실 복귀를 독려하기 위해 더욱 풍요로운 경험을 창조하고 싶어 한다. 또한 대기 오염과 기후 변화의 위험에 대한 시민들의 인식이 높아지고 도시도 이러한 인식에 적극적으로 반응하고 있다. 퓨처 노멀에서도 에어컨이 살기 좋은 도시를 만드는 데에 기여하겠지만 유일한 수단은 결코 아닐 것이다. 도시에 자연을 들여온다면 어떻게 될까? 도시는 우리가 경제적 필요성 때문에 울며 겨자 먹기로 감내하는 곳이 아니라 살기 좋고 우리가 '살고 싶은' 영원한 삶의 터전이 될 것이다.

미래선도자: 스테파노 보에리

새로운 많은 트렌드에는 공통점이 하나 있다. 근본적인 개념이 고대에서 비롯한다는 사실이다. 자연 친화적인 녹색 건물과 (녹색 건물의 공식적인 명칭이랄 수 있는) 바이오필릭 디자인Biophilic Design도 이런 트렌드에 포함된다. 구체적으로 말하면 고대 도시 바빌론의 공중정원이 모태라고 할 수 있다.

그렇다면 디자인에 자연을 포함시키고 자연을 중심에 두는 현대 건축 양식을 시작한 사람은 누구일까? 이탈리아 밀라노에서 도시계획을 가르치는 전임 교수이자 건축가인 스테파노 보에리Stefano Boeri였다. 보에리가 보스코베르티칼레Bosco Verticale를 설계했는데, 수직 숲Vertical Forest이라는 뜻의 이 건물이 자연친화적인 일명 숲 빌딩의 시초이다. 고층 아파트 건물 두 동으로 2014년에 완공된 보스코베르티칼레는 건물의 디자인과 구조를 고려해 엄선한 900그루의 나무와 2만 개의 식물이 빼곡하게 심어져 있다. 식물은 실내 온도 조절에 도움이 되고 외부 소음을 최소화하며 아파트 내부로 유입되는 먼지를 감소시킨다. 이러한 수직 숲이 입주자들을 위해 독특하고 아름다운 주거 경험을 창조하는 것이야 당연하다. 이에 더해 주변 환경에도 크게 기여한다. 도시에 녹지 공간을 늘릴 수 있는 효율적인 방법을 제공하고 지역의 생물 다양성을 높이는 까닭이다. 보스코베르티칼레에 식재된 크고 작은 초목을 지상에 심었다면 3만 제곱미터의 땅이 필요했을 터이지만, 두 건물의 대지 면적은 그것의 10분의 1인 3,000제곱미터에 불과하다.[7]

우리는 자연이 필요해요. 자연은 주변 온도를 낮추고 공기를 정화해 우리가 더 좋은 공기로 숨쉬는 데 도움이 되죠. 옥상과 차도 할 것 없이 모든 곳에 더 많은 자연을 들여오기 위해 우리 모두가 힘을 모아야 해요.

_스테파노 보에리,
스테파노보에리건축사무소Stefano Boeri Architetti의 창립 멤버[8]

퓨처 노멀

— 중국 황강에 2021년 완공된 이지홈황강버티컬포레스트시티Easyhome Huanggang Vertical Forest City 단지.(출처: 스테파노보에리건축사무소)

보에리는 획기적인 보스코베르티칼레 프로젝트를 출범시킨 이래로 엄청나게 바쁘다. 알바니아 수도 티라나Tirana, 이집트가 건설하는 신행정수도New Administrative Capital, 중국 후베이성의 황강 등지에서 유사한 건물을 설계하며 '도시 숲'의 전도사로서 맹활약한다.[9] 그의 손끝에서 탄생한 가장 매력적인 프로젝트 중 하나는 2021년 네덜란드 에인트호번에서 준공된 19층짜리 트뤼도버티칼포레스트Trudo Vertical Forest이다. 각 세대 정원 발코니에 관목과 식물을 합쳐 1만 그루 이상이 식재된 이 건물은 고급 아파트 단지가 아니다. 녹색 솔루션이 소수에게만 허용되고 돈이 많이 들어갈 필요가 없다는 사실을 증명하기 위한 임대형 공공 복지 주택이다. 이곳에 식재된 식물도 이런 점을 고려해 최소한의 관리 비용으로도 잘 생장할 수 있는 종류로 엄선됐다.[10]

이외에도 보에리는 독립적인 수직 숲 건물보다 더욱 야심찬 여러 사업을 추진한다. 중국과 멕시코에서 각각 계획 중인 프로젝트는 단순한 수직 숲 건물의 설계와 협업을 넘어서 아예 도시 구역 전체를 숲으로 뒤덮는 것을 포함한다. 중국 광시 좡족 자치구에 들어설 류저우포레스트시티Liuzhou Forest City는 면적이 175헥타르(1.75제곱킬로미터)에 이르고 3만 명을 수용하는 것이 목표다. 그리고 나무 4만 그루와 100종 이상의 식물 100만 개를 심을 계획이다.[11] 멕시코의 세계적인 휴양지 칸쿤에서는 류저우포레스트시티의 3배가 넘는 557헥타르(5.57제곱킬로미터) 부지에 스마트포레스트시티Smart Forest City가 개발 예정이다. 750만 그루의 초목이 옥상에서부터 건물 외벽까지 가능한 모든 표면을 빼곡하게 뒤덮는 이 신도시의 예상 수용 인원은 13만 명이다.[12] 이 두 프로젝트는 아직 완공되지 않았지만, 도시 생활의 흥미로운 비전을 제공한다. 사방이 자연으로 둘러싸인 숲세권에다 탄소 배출은 감소하고 공기는 더 깨끗해지며 대기 온도가 내려간다. 당연히 서식하는 생물의 종류도 놀랄 만큼 다양해진다.

아시아의 거대 도시들에서도 도시 숲의 사례를 많이 찾을 수 있다. 열대 기후와 10년 동안 지속된 건설 호황 덕분이다. 영국 출신의 세계적인 디자이너 토머스 헤더윅Thomas Heatherwick이 상하이에서 탄생시킨 복합 건물 1000트리즈1000 Trees가 대표적이다. 상하이의 '핫플'로 자리잡은 이 건물을 지탱하는 거대한 실내 기둥마다 꼭대기에 나무가 심어진 커다란 화분이 올려져 있다. 홍콩에 기반을 두는 로널드루앤드파트너스Ronald Lu & Partners가 설계해 2022년 세계녹색건축위원회World Green Building Council가 주관하는 어드밴싱넷제로Advancing Net Zero 대회에서 수상한 트리하우스Treehouse 콘셉트는 거대한 굴뚝을 접목시켰

퓨처 노멀

다. 이 굴뚝은 지상 200미터 높이에서 바람을 포집하고, 그런 다음 실내 온도를 낮추기 위해 건물 지하에 조성된 인공 습지로 포집한 바람을 내려보내는 구조다.[13] 이탈리아의 카를로라티아소치아티Carlo Ratti Associati가 설계한 첸무타워Jian Mu Tower도 가장 대담한 아이디어 중 하나다. 중국 사람들이 하늘과 땅을 이어준다고 믿었던 신화 속 나무의 이름을 딴 타워형의 이 구조물은 완공되면 베이징의 최대 슈퍼마켓 체인 우메이Wumart, 物美의 선전 본사로 사용될 예정이다. 세계 최초의 "마천루 농장 건물"이라고 일컬어지는 이 건물의 외벽은 수직형 수경 농장으로 조성된다. 이 농장은 단순히 입주자들에게 그늘을 제공하는 것에 그치지 않을 것이다. 매년 약 27만 킬로그램의 식량을 생산할 것으로 추정되는데, 대략 4만 명이 먹을 수 있는 양이다.[14]

눈치 챘는지 모르겠지만 도시 숲이라는 개념 자체에 약간의 모순이 있다. 이는 도시의 정체성을 생각해보면 이해가 된다. 도시란 많은 점에서 인간과 자연과의 분리를 보여주는 궁극의 표상이지 않은가. 하지만 우리 인간이 자연을 정복하는 능력도 자연을 거부하는 능력도 매우 미약하다. 거시적으로는 기후 위기가 이것에 대한 증거다. 개인적인 수준에서는 자연과의 접촉 부족으로 정신적·신체적 건강 문제가 증가한다는 사실이 자연과의 관계에서 인간의 힘이 얼마나 미미한가를 보여준다. 이렇게 볼 때 퓨처 노멀에서 도시 숲의 역할 하나가 명확해진다. 우리 인간이 자연 환경과 조화를 이루고 다시 연결하는 데 도움이 될 수 있다. 하물며 무수히 많은 환경적인 혜택은 말할 필요도 없다.

퓨처 노멀을 준비하는 3가지 질문

1. 부동산의 판매자와 구매자 모두가 부동산을 평가할 때 위치보다 녹색 건물 요소들을 최우선적으로 고려한다면 어떻게 될까?
2. 도시 계획에서 자연친화적인 요소들이 자전거 이용율 증가와 정신 건강 개선 등등의 다양한 긍정적인 피드백 루프를 촉발시킬 수 있다면 어떻게 될까?
3. 도시 숲이 도시의 매력을 어떻게 끌어올릴 수 있을까? 도시는 새로운 인구 유입에 어떻게 대처할까?

HOT 26

신개념 농업

> **"**
>
> 공기로 깨끗하고 풍부한 식량을
> 만들 수 있다면?
>
> **"**

역사학자이자 철학자 유발 노아 하라리Yuval Noah Harari는 전 세계에서 '사피엔스' 신드롬을 몰고온 초대박 베스트셀러 《사피엔스》에서 이채로운 주장을 내놓았다. 확실히 도발적이었지만 그렇다고 논쟁 거리가 될 정도는 아니었다. 수렵채집인은 농업 혁명Agricultural Revolution이 발생하기 이전에 삶의 질이 더 좋았다는 것이다. 무엇보다 발병률이 낮았고 음식 선택지가 훨씬 다양했다. 쉽게 말해 아픈 사람은 더 적었고 먹을 음식은 더 풍부했다. 그러다가 작물을 재배하기 위해 영구적으로 정착하면서부터 문제가 불거지기 시작됐다. 수렵채집으로 살던 사람이 농업인이 되면서 갑자기 새로운 음식에 적응하고 이제까지 경험하지 못한 강도 높은 육체 노동에도 노출됐다. 하라리는 "사냥하고 채

집하며 몸도 마음도 아주 편히 살던" 이들이 "새벽부터 밤까지 거의
밀 농사에만 매달리는" 삶을 살게 됐다고 설명한다.[1]

1700년대가 되어서야 파종기, 탈곡기 등등 많은 농기계가 발명돼
그동안 온전히 사람의 힘에 의존했던 노동 집약적인 농사일을 대신하
기 시작했다. 하라리의 주장에 동의할 수도 동의하지 않을 수도 있다.
그렇지만 지금 당신이 이 책을 읽을 수 있다는 것은 단순한 사실 하나
를 가리킨다. 하루 종일 들에서 '일하지 않는다'. 18세기 중반에 시작
된 산업혁명 이래로 근대적인 사회 전체를 떠받친 것은 농업 효율성
의 지속적인 증가였다. 산업혁명 이후 세계 인구가 기하급수적으로
증가한 반면 식량을 생산하는 농업 인구는 꾸준히 감소한다. 오늘날
미국와 독일 같은 산업 부국에서 이런 현상이 유독 두드러진다. 농업
인구 비율이 전체 경제 활동 인구에서 채 2퍼센트도 되지 않는다.[2]

인류가 땅을 효율적으로 경작함에도 불구하고 ―아니 어쩌면 바로
이런 이유로― 우리는 지금 새로운 여러 도전에 직면하고 있다. 앞으
로도 인구 증가세는 계속돼 2050년이 되면 세계 인구 100억 명 시
대가 도래할 것으로 예상된다.[3] 그리고 2030년 세계 인구의 대다수
가 일일 섭취하는 열량이 3,000칼로리를 넘을 거라는 전망도 있다.[4]
지구 전체 육지 중에서 사람이 살 수 있는 땅의 절반은 농경지로 사
용되고,[5] 전 세계 온실가스 배출량의 5분의 1 이상이 농업에서 발생
하고 있다.[6] 이토록 많은 사람이 다같이 먹고 살려면 인류는 두 가
지 문제를 해결해야 한다. 식량 수요를 충족시키는 동시에 농업이 우
리 행성에 미치는 부정적인 영향을 극적으로 줄여야 한다. 그리고 이
두 가지를 달성할 수 있는 방법은 하나뿐이다. 푸드 시스템을 재구성

퓨처 노멀

Reconfiguration해야 한다.

요컨대 우리는 제2의 농업 혁명이 필요하다.

다행히도, 제2의 농업 혁명은 이미 시작됐다. 놀랍도록 환경친화적이고 지금까지보다 더욱 효율적인 방식으로 식량 생산을 가능하게 해주는 새로운 테크놀로지 덕분이다. 예를 들어 네덜란드 페이나케르Pijnacker에서 테드 다위베스테인Ted Duijvestijn은 남동생 세 명과 함께 풍부한 데이터에 기반해 내부 환경이 자동제어되는 36에이커(약 14만 5,000제곱미터) 면적의 유리 온실을 운영한다. 가족 농장인 이곳 스마트팜은 토양이 아니라 현무암과 석회암으로 만든 암면 섬유Rockwool, Mineral Wool*에서 15종의 토마토를 재배한다. 수출액 기준으로 볼 때 네덜란드는 자국 영토보다 270배가 더 큰 미국에 이어 세계 2위의 식량 수출국이다. 네덜란드가 국토나 인구로 보면 불가능한 이런 금자탑을 쌓을 수 있었던 원동력이 바로 과학 영농법이었다.[7]

북부 프랑스에서도 제2의 농업 혁명이 시작됐다는 또 다른 증거를 볼 수 있다. 풀랑비유Poulainville에 가면 130피트(약 40미터) 높이의 창고에서는 농장 천장에 매달린 트레이에서 밀웜Mealworm이라고 불리는 갈색거저리Tenebrio Molitor 유충 수억 마리가 자라고 있다. 이 농장의 주인은 곤충 단백질 스타트업 잉섹트Ynsect인데 ‒할리우드 영화 배우 로버트 다우니 주니어Robert Downy Jr.가 환경 문제 해결에 기여하기 위해 창업한 벤처캐피털 풋프린트콜리션Footprint Coalition을 포함해‒ 투자자들로부터 4억 2,500만 달러의 투자를 유치했다. 잉섹트는 투자금으로

---

* 암석을 1,600도 이상으로 용융한 뒤 솜 반죽 모양으로 섬유화시킨 것으로, 토마토나 파프리카와 같이 고농도의 배양액을 사용하는 수경 재배에서 작물 고정용 배지로 사용된다.

━ 인섹티프로의 창업자 탈라시 하위베르스가 케냐의 한 곤충 농장에서 농민들과 함께 아메리카동애등에를 수확하고 있다.(출처: 인섹티프로)

양식 수산물과 동물의 사료로 사용할 10만 톤 가량의 곤충 단백질을 생산할 수 있는 세계 최대 곤충 수직 농장을 건설할 예정이다.[8]

아프리카의 중동부에서도 비슷한 이니셔티브가 진행 중이다. 케냐의 기업가 탈라시 하위베르스Talash Huijbers는 농민들과 협력해 단백질이 풍부한 아메리카동애등에Black Soldier Fly를 사육한다. '친환경 곤충'으로 불리는 동애등에는 지역에 공급할 동물 사료의 단백질 공급원으로 이용된다. 세계은행이 '미래의 기업'으로 선정한 하위베르스의 스타트업 인섹티프로InsectiPro는 세계 식량 위기 해결에 일조하고자 귀뚜라미를 이용하는 곤충 식품을 생산하기도 한다.[9]

칠레에는 재생 에너지 분야 출신의 두 기업가가 의기투합한 남미 최초의 수직 농업 회사 아그로어바나Agrourbana가 있다. 오늘날 아그로어바나는 대규모 시범 프로젝트를 구축하기 위해 모든 힘을 쏟고 있다.

이 프로젝트가 성공한다면 칠레에서 수직 농업 산업 전체를 창조하는 위업을 달성할 수 있다. 아그로어바나를 공동으로 창업한 파블로 분스테르 클로뎃Pablo Bunster Claudet과 크리스티안 세그렌Christian Sjögren은 수직 농업이 칠레에서 성공적인 사업이 될 거라고 낙관한다. 여기에는 재생 에너지 산업에서의 경험이 크게 작용한다. 클로뎃의 말을 직접 들어보자.

 "수직 농업은 발상의 전환이 필요한 아주 많은 분야와 깊은 관련이 있어요. 토지 이용, 식량, 우리의 식습관, 물 사용, 에너지 사용 등등. 칠레는 사실 남미 어느 지역보다 수직 농업을 시작하기에 유리하죠. 아니, 칠레는 수직 농업의 최적지입니다. 재생 에너지를 쉽게 구할 수 있을 것이기 때문이죠."[10]●

 미래에는 지금까지 소개한 스타트업 같은 기업 군단이 제2의 농업 혁명을 주도하면서 주요 식량 공급원이 될 수도 있다. 전통적인 농업과는 달리, 토지와 노동력과 에너지를 거의 사용할 필요 없는 식량이나 단백질 같은 영양소를 생산할 수 있는 방법을 찾아내는 기업 말이다. 날씨에 크게 의존하는 전통적인 농업 방식은 극한 기후로 많은 어려움에 처하게 된다. 반면 새로운 이 푸드 시스템은 지속가능성이 커질 뿐 아니라 머잖아 안정성과 경제성도 더욱 증가할 것으로 예상된다. 궁극적으로는 전 세계가 모방할 가치가 있는 식량 생산 모델로 각광받을 것이다.

● 2021년 말을 기준으로, 칠레의 전체 발전 설비 용량에서 재생 에너지가 차지하는 비율은 약 30퍼센트라고 한다.

미래선도자: 솔라푸드

파시 바이니카Pasi Vainikka 박사는 농부보다는 현대판 연금술사에 가깝다. 그가 핀란드에서 창업한 솔라푸드는 물과 이산화탄소와 재생 가능 전기를 사용해 고운 분말 형태의 단백질, 솔레인Solein을 생산하기 위한 발효 공정을 개발했다. 혹시 SF 소설에서나 볼 수 있는 이야기로 들리는가? 이 개념이 어떻게 탄생됐는지를 보면 완전히 틀린 말은 아니다. 미국항공우주국이 지구의 자원과 똑같은 자원을 구할 수 없는 우주 환경에서 식량을 생산할 방법을 찾기 위한 노력의 하나로 이 개념을 연구했다.[11]

> 식량과 농업의 관계를 끊어내는 것이 지속가능한 식량 산업의 비결입니다.
>
> _파시 바이니카 박사, 솔라푸드의 CEO[12]

1973년에 개봉한 SF 영화로 암울한 미래를 그린 〈최후의 수호자 Soylent Green〉를 보면, 인구 과잉과 기후 붕괴로 대다수 사람이 소일렌트그린을 주식으로 살아간다. 웨하스처럼 생긴 이 합성식품은 플랑크톤으로 만든다고 알려졌지만 결국에는 안락사 처리된 시체로 만들어진다는 사실이 밝혀진다. 이와 같은 이야기 때문에 푸드 시스템을 설계하려는 공학적 시도에 뿌리 깊은 반감을 가지는 사람이 많아졌다. 전기공학자 출신으로 ('주요 영양소가 모두 포함된 완전 식품인 단백질 음료'를 만드는) 미국의 식품 스타트업 소일렌트Soylent를 창업한 롭 라인하트 Rob Rhinehart도 이런 반감을 솔직하게 인정한다.[13] 솔라푸드도 이러한 저항감을 염두에 두고 솔레인이 말 그대로 대체 식품이 아니라고 목소리를 높인다. 오히려 솔레인은 우리가 환경에 미치는 영향을 크게 낮추면서도 파스타, 시리얼, 빵 등 좋아하는 음식에 첨가할 수 있는 혁신적인 새로운 '식재료'라고 홍보한다.

솔레인의 제반 데이터는 놀랄 만큼 경이롭다. 솔레인 단백질 생산에 필요한 물 소비량은 1킬로그램당 식물 기반 단백질의 '100분의 1', 소고기로 만드는 단백질의 500분의 1이다. 토지 1헥타르(1만 제곱미터)는 소고기 기반 단백질 60킬로그램, 식물 기반 단백질 1,000킬로그램을 생산하는 반면 솔레인 단백질은 6만 킬로그램을 생산할 수 있다. 단백질 1킬로그램당 탄소 발자국은 또 어떤가. 소고기는 45킬로그램, 식물은 2킬로그램인 것에 반해 솔레인의 탄소 발자국은 킬로그램당 겨우 400그램이다.[14] 솔라푸드는 핀란드 반타Vantaa에서 2021년 11월부터 첫 번째 공장을 한창 건설 중이다.[*] 일명 1호 팩토리Factory 01다. 솔라푸드는 2021년 9월 유럽식품안전청EFSA에 식품 안전 관련 승인을 신청했고 현재 결과를 기다리고 있다. 승인을 받으면 솔라푸드는 1호 팩토리에서 일반인이 솔레인 기반 음식을 시식할 수 있도록 즉석에서 조리법을 시연하는 팝업 푸드바를 운영할 계획이다.[15] 하지만 솔레인이 최초로 상용화되는 곳은 싱가포르일 것이다. 솔레인은 2022년 말 싱가포르식품청SFA으로부터 신종 식품 원료Novel Food Ingredient[**]

---

[*] 솔라푸드의 홈페이지에 따르면 2024년부터 세상에서 가장 지속가능한 단백질 생산을 시작한다고 나와 있다.

[**] 일반적으로 식용 이력이 없고 새로운 과학기술이나 공정을 통해 생산해 안전성 평가가 필요한 식품 또는 식품 성분을 뜻한다.

승인을 받았다.[16] 이는 새로운 대체 단백질 솔레인의 싱가포르 판매를 승인한 것이므로 싱가포르 국민이 솔레인을 최초로 구매할 가능성이 높다.

솔라푸드 말고도 이 분야를 개척하고 있는 스타트업이 더 있다. 물리학자 리사 다이슨Lisa Dyson이 창업한 미국의 스타트업 에어프로틴Air Protein은 "세계 최초 공기 기반 육류"라고 부르는 것을 개발했다. 이 공기육Air-Based Meat*은 솔레인과 마찬가지로 공기에서 추출한 이산화탄소로 만든 닭고기 대체 식품이다.[17] 영국 노팅엄대학교University of Nottingham에도 비슷한 '공기 연금술사'가 있다. 이곳에 있는 스타트업 딥브랜치Deep Branch는 영국 최대 발전소인 드랙스Drax에서 배출하는 이산화탄소를 포집해 재활용해 동물 사료를 생산한다.[18]

우리의 미래 먹거리가 탄소 네거티브Carbon Negative**일 거라는 전망에 지나치게 흥분하기 전에 꼭 짚고 넘어가야 하는 것이 있다. 이러한 진보적인 테크놀로지 중 상당수는 초창기 단계다. 그리고 이러한 신물질이 대중적인 먹거리로 시판되기까지 또는 우리의 푸드 시스템에 깊이 뿌리 내린 고질적인 시스템 문제를 해결할 수 있기까지는 상당한 개선 작업이 필요할 것이다. 이런 종류의 변화는 하루밤새 이뤄지지 않는다. 더구나 공기로 식품을 만드는 것은 광범위하게 사용되기까지 시간이 필요하기 마련이다(이는 여타 유사한 미래주의적인 아이디어도 마찬가지다). 그래도 공기가 식품으로 변신하는 그날, 모두가 환경에

---

* 이산화탄소, 산소 등 공기를 먹이로 먹고 단백질을 배출하는 미생물을 이용해 만든 고기를 총칭한다.
** 이산화탄소를 배출량 이상으로 흡수해 실질적 배출량을 마이너스로 만드는 것을 말한다.

퓨처 노멀

영향을 미치지 않는 깨끗한 먹거리를 원없이 만드는 능력이 퓨처 노멀이 되는 그날, 우리 모두는 이제 기지개를 켜기 시작하는 제2의 농업 혁명의 위력을 실감하게 될 것이다.

▶◀ 퓨처 노멀을 준비하는 3가지 질문 ▶◀

1. 오늘날 많은 산업과 언론 매체의 주된 관심은 실리콘밸리 테크 업계를 향한다. 이들이 IT 스타트업에 지대한 관심을 쏟듯이, 농업 기술 즉 애그테크 AgTech 개척자들에게 더욱 자주 스포트라이트를 비추고 칭송하도록 만들려면 우리 각자는 무엇을 어떻게 도와줄 수 있을까?
2. 혁신적인 많은 신종 먹거리가 폭넓게 자리를 잡기 위해서는 우리 개개인의 역할도 중요하다. 우리의 식습관이 변해야 하고 익숙하지 않은 (그렇지만 영양이 풍부한) 식품을 시도하려는 우리의 의지도 달라져야 한다. 구체적으로 어떤 변화가 필요할까?
3. 만인에게 평등하게 주어지는 자원인 공기로 식량을 만들 수 있다면, 우리 문화에서 토지 소유가 또는 토지의 상대적인 중요성이 어떻게 변할 수 있을까?

HOT 27

제로웨이스트 제품

"

우리가 양심을 깨끗하게 지키며
쓰레기를 배출할 수 있다면?

"

과학계가 반짝이 제품의 위험성에 대해 경고의 목소리를 내는 것은 어제오늘 일이 아니다. 누구보다 브라질의 과학자와 환경운동가들의 우려가 가장 깊다. 해마다 카니발을 즐기려는 수천 명의 인파가 거리를 가득 메운다. 하나같이 화려한 코스튬에 피부는 반짝이로 범벅이다시피 한다. 이 무수한 반짝이의 종착지는 불을 보듯 뻔하다. 씻겨 나가 하수구로 흘러 들어가서 수자원을 오염시킨다. 2018년 상파울루에서 카니발 축제 중에 토종 맥주 브랜드 스콜Skol이 '스콜스테이션Skol Station' 이벤트를 개최했다. 1,000명에 육박하는 사람들이 행사장을 가득 채웠고 마침내 기다리던 가장 카니발스러운 시간이 됐다. 반짝이 샤워였다. 오해하지 마시길. 이번에 사용된 반짝이는 우리가 아는 평범한 그 작은 입자가 아니었다. 스콜은 이번 샤워 행사에서 생분해되는 반짝이를 사용했고, 카니발 참석자들은 양심의 가책 없이 전통을 마음껏 즐길 수 있었다.[1]

수십 년 전 플라스틱 산업은 우리를 '가스라이팅'했다. 우리가 소비하는 플라스틱 대부분이 어떤 식으로든 재활용될 수 있다면서 우리가 원하는 만큼 플라스틱을 소비해도 좋다고 믿게 만들었다. 하지만 오늘날 우리는 현실을 잘 안다. 플라스틱(그리고 플라스틱이 완전히 분해된 다음에 생기는 미세플라스틱)과의 전쟁은 재활용만으로는 승산이 없다는 것을. 해양 플라스틱 폐기물을 활용해 운동화를 제작하는 해양 환경 보호 단체 팔리포더오션Parley for the Oceans의 창설자 사이릴 거쉬Cyrill Gutsch는 재활용이 "상처에 반창고를 붙이는 응급 처치이며 옛기술을 신기술로 바꾸는" 요컨대 '눈 가리고 아웅'에 불과하다고 생각한다. 그렇다면 세상에서 가장 유명한 반反플라스틱 운동가 중에 한 사람인 거쉬가 생각하는 해법은 무엇일까? 무독성 물질에 답이 있다고 믿는다.

"나는 바이오 가공 기술Biofabrication(생체 조직 배양)이 … 향후 10년간 거의 모든 것을 대체할 거라고 생각합니다."[2]

생명공학기술Biotechnology은 여전히 약간 신비로운 감이 있다. 하지만 우리 앞에 새로운 세상이 성큼 다가와 있다. 우리는 물리적 세상을 유례 없는 방식으로 조종하고 패션부터 먹거리까지 수많은 분야에 영향을 미칠 수 있는 도구와 기술을 손에 쥐기 일보 직전이다.

먼저 패션 산업을 생각해보자. 현재 시판되는 대부분의 플리스 소재 상의는 미세플라스틱으로 분해되는 합성 섬유로 만든다. 이에 반기를 든 기업이 나타났다. 유명 아웃도어 브랜드 노스페이스The North Face

는 일본의 바이오테크 스타트업 스파이버Spiber가 독자 개발해 특허 받은 신소재 브루드프로틴Brewed Protein으로 만든 플리스를 출시했다. 비동물성Anti-Animal 소재인 브루드프로틴은 미생물 기반의 인조 단백질로 플라스틱을 일절 사용하지 않는다.[3] 캘리포니아에 위치한 소재 혁신 기업인 코브Cove도 플라스틱 없는 세상을 만드는 데에 일조한다. 코브는 미국의 화학회사 RWDC인더스트리스RWDC Industries가 생산하는 식물 기반의 생분해성 대체 플라스틱 폴리히드록시알카노에이트Polyhydroxyalkanoate, PHA로 물병을 제작했다. 매년 생산되는 '1조 개 이상'의 일회용 페트병 모두가 이 물질로 제조된다고 상상해보라. *

소매 부문에서도 소비자가 제로웨이스트Zero Waste 제품을 쉽게 구매하도록 도와주는 업체들이 있다. 일례로 환경 의식이 높은 기업가 두 사람이 소비자가 "제로웨이스트 생활 방식"을 더 편안하게 받아들이도록 만들겠다는 목표를 가지고 이커머스 업체를 창업했다. 이렇게 탄생한 제로웨이스트스토어닷컴www.ZeroWasteStore.com은 유카와 용설란에서 추출한 성분을 사용해 퇴비화가 가능한 주방 수세미부터 비건 대나무 섬유로 만든 생분해성 비건 치실까지 모든 것을 판매한다.

가끔은 제로웨이스트 재발명이 제품 자체가 아니라 제품을 포장하는 방식에서 나온다. 영국의 낫플라Notpla('not plastic'의 줄임말)는 2014년 창업한 이래로 100퍼센트 퇴비가 되는 해조류로 만든 다양한 포장 솔루션을 제공한다. 낫플라는 해조류가 지구에 풍부하게 존재할 뿐 아니라 생장 속도가 빠르고 담수도 경작지도 비료도 필요로 하지 않

* 세계 인구 1인당 연 평균 페트병 소비량은 156병이다. 세계 인구를 80억 명으로 계산하면 대략 1조 2,500억 개가 된다.

기 때문에 "재생 가능성이 가장 높은 천연 자원의 하나"라고 설명한다.[4] 이와 같은 이니셔티브가 아무리 좋아도 사용하는 사람이 없으면 무용지물이다. 그래서 업종을 불문하고 모든 제조업체에게 이러한 이니셔티브를 홍보하고 소개하는 다양한 플랫폼이 활동한다. 뉴질랜드에 본사를 둔 온라인 마켓플레이스 노이슈Noissue도 이러한 플랫폼의 하나다. 제품을 지속가능한 방식으로 제공하고 환경을 지키는 좋은 청지기가 되기 위한 노력을 가시적으로 보여주고 싶은 제품 디자이너와 크고 작은 모든 스타트업은 노이슈에서 제로웨이스트 포장 솔루션을 찾을 수 있다.

제로웨이스트 제품에 대한 소비자의 수요는 이미 불이 붙었다. 그리고 기존 제품의 지속가능성을 높이기 위한 방법을 모색하고, 더 나아가 이러한 제품의 포장부터 고객에게 전달하는 방식까지 재발명하는 건강한 생산자 생태계가 조성돼 있다. 따라서 제로웨이스트 퓨처 노멀에서는 이 두 가지를 활용하는 브랜드가 증가하는 것은 당연한 수순이다.

미래선도자: 볼레백

볼레백은 평범한 패션 브랜드가 아니다. '미래에서 온' 의류를 만들겠다[5]는 독특한 열망으로 똘똘 뭉쳐 있다. 창업자인 쌍둥이 형제 스티브 티드볼Steve Tidball과 닉 티드볼Nick Tidball이 선보인 첫 제품은 릴랙세이션후디Relaxation Hoodie였는데 생김새부터 몹시 범상치 않았다. 모자의 지퍼를 끝까지 올리면 망사로 된 눈 부분만 빼고 얼굴 전체를 가려 외부 시선은 차단하고 시야는 확보할 수 있다. 또한 양쪽의 비대칭 주머니는 착용자가 자연스럽게 '몸을 감싸 안는' 자세를 취할 수 있게 디자인됐다. 비록 파격적이지만 과학에 기반을 둔 유용한 이러한 기능은 '릴랙스'라는 후디의 이름 그대로 착용자에게 마음 편한 휴식을 선사한다. 괜히 '패션계의 테슬라'라고 불리는 것이 아니다. 하지만 티드볼 형제의 원대한 꿈은 따로 있었다. 패션 산업에서 가장 보편적인 생산 제품을 제작하는 방법을 혁신하는 것이었다. 바로 일상적인 티셔츠다.

볼레백의 플랜트앤드앨지Plant and Algae 티셔츠는 의류 생산 방식에 관한 패션 산업의 가장 근본적인 아이디어들에 도전장을 내민다. 이 티셔츠의 원료는 지속가능성 인증을 받은 목재 펄프와 식물 기반의 리넨Linen이고, 그래픽 디자인에 사용되는 염료는 해조류를 원료로 사용한다. 티셔츠를 오래 입으면 해조류는 산화되고, 따라서 티셔츠 앞면의 프린트는 시간이 흐름에 따라 자연스럽게 색이 바랜다. 이 티셔츠의 진가는 수명을 다했을 때에 빛을 발한다. 그만 입고 싶으면 티셔츠를 퇴비로 만들거나 땅에 묻으면 그만이다. 땅에 묻은 티셔츠는 12주 안에 완전히 생분해된다.[6]

> 우리는 천연 재료도 최첨단 소재가 될 수 있음을 증명하고 싶었어요. 우리 제품은 지속가능성에 대한 인식도 높여줍니다. 헌옷을 벌레의 먹이로 주는 것도 지속가능성이에요. 이렇게 생각하면 지속가능성은 어렵지 않죠.
>
> _스티브 티드볼, 볼레백의 공동 창업자[7]

━ 볼레백의 플랜트앤드앨지 티셔츠.(출처: 볼레백)

볼레백은 혁신적인 플랜트앤드앨지 티셔츠의 상품화 전략으로 테슬라, 애플 등등 많은 고가 브랜드가 즐겨 사용하는 마케팅 기법을 선택한다. 먼저 가격에 신경 쓰지 않고 지위를 의식하며 대중 노출도가 높은 소비자(시쳇말로 의식이 깨어 있고 부유한 셀럽)를 겨냥해 동종 제품군에서 최고급, 최고가 제품을 만든다. 당연히 이것 자체가 목적은 아니다. 이러한 초기 소비자들의 매출에서 많은 이익을 창출하고 이 돈을 밑천 삼아 대중 시장에 출시할 더 저렴한 제품을 만드는 것이 최종 목표다.

볼레백이 생분해성 재료로 만든 티셔츠를 수백만 장이나 판매할 가능성은 거의 없다고 본다. 하지만 스웨덴의 세계적인 의류 브랜드 H&M은 충분히 할 수 있다. 바로 이래서 오늘날 패스트 패션의 거인이 재활용 의류에서 추출한 완전 생분해성 셀룰로오스Cellulose인 서큘로오스Circulose로 의류를 만들어 판매하는 것이 중요한 의미를 갖는다. 여타 재활용 직물과는 달리 서큘로오스 섬유는 면화 같은 깨끗한 버진Virgin 직물과 품질이 동일하다. 이는 서큘로오스로 만든 의류가 영원히 재활용될 수 있다는 뜻이다. H&M은 이 신물질에 대한 독점권을 추구하지 않겠다고 약속한다. 오히려 패스트 패션 산업의 여타 경쟁 업체가 자사의 발자취를 따르도록 적극적으로 독려한다.[8]

거대 브랜드는 볼레백처럼 식물 기반의 섬유와 해조류 염료를 실험하는 소규모 스타트업과 처지가 다르다. 대형 브랜드는 소규모 스타트업과는 달리 매우 엄격한 조사를 받아야 한다. 이렇게 볼 때 H&M이 공룡 의류 브랜드 업계에 새 바람을 몰고 온 것이 확실하다. H&M은 물론이고 여타 빅 브랜드에서 서큘로오스를 포함해 유사 섬유들의 생명 주기 분석과 영향력 보고서에 매달리는 인원이 수천 명에 이른다. 이것은 백 번, 천 번 좋은 일이다. 수십 년 동안 이어진 선형적인 대규모 생산 설비를 순환성Circularity*에 적합한 설비로 전환하려면, 커다란 도전이 어찌 한둘일까. 하지만 우리 필자들은 낙관한다. 확장성이야말로 공룡 기업이 아주 잘하는 일이지 않은가.

시간의 문제일 뿐, 결국 모든 것은 생분해된다. 그리고 서큘로오스를 비롯해 유사 섬유들이 생분해 과정을 급진적으로 앞당기는 것은 확실하다. 여기서 꼭 기억해야 하는 중요한 사실이 하나 있다. 제품이 아무리 좋아도 가장 빨리 생분해되는 성분보다 더 좋을 수는 없다. 세

---

* 모든 단계에서 폐기물이 원료로 다시 생산에 투입됨으로써 폐기물 배출이 없는 제품의 수명 주기를 설명하는 용어.

부적인 것이 중요하다(바로 이래서 볼레백이 자사 티셔츠에 해조류 기반 염료를 사용한다).

또 한 가지 더, 완성품 자체는 전체 이야기의 일부일 뿐이다. 우리가 사용하는 제품 대부분은 생산 과정에서 사용되는 물질은 당연하고 포장 방식을 통해서도 상당한 폐기물을 생성시켰다. 많은 산업 전반에서 제로웨이스트 제품이 대중화되는 퓨처 노멀이 실현되려면 제품과 포장 방식 둘 다가 반드시 재발명돼야 한다. 우리 모두가 제로웨이스트 제품을 일상적으로 사용할 수 있게 되려면 과학자, 포장 전문가, 스타트업 창업자, 소매업체, 온라인 마켓플레이스 운영자 모두가 협력할 필요가 있다.

◀■■ 퓨처 노멀을 준비하는 3가지 질문 ■■▶

1. 사용 수명을 다한 뒤에 오랫동안 흔적을 남기지 않는 제품을 만들 수 있도록 자연의 원리와 과정을 활용하는 신물질을 찾기 위해 투자한다면 어떻게 될까?
2. 당신이 가장 자주 사용하면서도 쓰레기로 가장 많이 배출하는 제품은 무엇인가? 기존 기술이든 신기술이든 이 제품에 대한 제로웨이스트 대체품을 찾아 사용할 수 있을까?
3. 당신이 사용하는 물리적인 기구와 제품에서 합성 생물학 혁명이 변화시킬 수도 있는 요소는 무엇일까?

HOT 28

전기의 자급자족

텍사스주 오스틴의 비뇨기과 의사 크리스토퍼 양Christopher Yang은 그날도 여느 날처럼 정관 수술이 예정돼 있었다. 그런데 수술 준비가 되었을 무렵 갑자기 병원 전체에 전기가 나갔다. 양이 수술을 취소해야 할지 직원들과 상의하던 중에 한 직원이 지나가는 투로 던진 말이 어쩌면 새로운 역사를 쓰게 만들었다. 알원티R1T 트럭에 탑재된 배터리에서 전기를 끌어오면 수술용 전기 소작기Electrocautery에 전력을 공급할 수도 있을 거라는 말을 농담처럼 건넸다. R1T는 양이 얼마 전에 구입한 전기차 제조사 리비안Rivian의 전기 픽업트럭이었다. 양은 환자에게 이 방법을 설명하며 의견을 물었고, 환자는 이를 기꺼이 받아들였다. 단정할 수는 없지만 아마 이것은 전기 자동차 동력을 이용한 사상

최초의 정관 수술이었을 것이다.[1]

불과 얼마 전까지 기름 먹는 하마였어도 이른바 '플렉스'의 끝판왕으로 여겨졌던 험비Humvee와 대형 픽업트럭은 몹시도 처치 곤란한 구시대의 유물이 됐다. 처음에는 토요타의 하이브리드 준중형 자동차 프리우스Prius, 그 다음에는 테슬라를 타는 것이 새로운 지위의 상징이 됐다. 그러나 차세대 순수 전기All-Electric 픽업트럭의 등장으로 이 추세도 역전돼, 클수록 좋다는 아이디어가 또다시 대세로 떠오르고 있다. R1T 같은 100퍼센트 전기화 픽업트럭은 전기 승용차의 배터리보다 두 배나 큰 대형 배터리 팩Pack을 탑재할 수 있는데, 필요 시 가정에 - 또는 위의 사례처럼 의료 기관에- 전력을 공급할 수 있을 정도의 발전 용량을 자랑한다. 이러한 초대형 차량은 배터리 기술의 발전이 어디까지 와있는지에 대한 완벽한 사례다. 배터리 기술의 발전은 태양광 에너지를 비롯한 여타 재생 가능 에너지에서의 혁신적인 기술과 결합해 우리가 에너지를 생산하는 방식과 우리의 전체 에너지 시스템을 급격히 재편하고 있다.

지난 수십 년간 선진국 국민은 자신이 사용하는 전기가 어디서 어떻게 생산되는지 거의 생각할 필요가 없었다. 그저 스위치를 올리면 집 안을 환하게 밝힐 수 있었으니까. 지금까지는 온실가스의 주범인 거대한 발전소로 대변되는 전통적인 에너지 그리드Grid* 구조가 핵심적인 인프라 자산이었다. 화석 연료를 태워 전기를 생산하고 또한 산림

---

* 전력망. 전기 에너지를 생산하는 발전 설비, 생산된 전기 에너지를 소비자에게 전달하는 송전, 변전, 배전 같은 수송 설비, 최종적으로 전기 에너지를 소비하는 제반 전기 설비 등으로 구성되는 대규모 전기 회로를 의미한다.

을 훼손하고 자연 경관을 해치는 초고압 공중 케이블을 거쳐 각 가정으로 전기를 공급하는 구조 말이다. 하지만 이것도 옛말이 됐다. 이제는 잠재적인 부채, 골칫거리가 되고 있다. 짐작하겠지만 기존 전력망에는 기후 변화가 커다란 위험 요소다. 예전에는 30년마다 한 번꼴이던 자연 재앙이 ―허리케인, 겨울 폭풍, 대형 산불, 홍수― 이제는 연례행사가 되었을 뿐 아니라 갈수록 강도가 세지고 경제적인 피해도 커진다.[2] 아시아의 폭염부터 플로리다주의 허리케인과 유럽 전역에서 반복되는 홍수에 이르기까지 이러한 자연 재해는 전 세계에서 대규모 정전과 전력망의 대혼란을 초래한다.

  노후화된 기존의 중앙집중식 전력망에 생긴 균열은 점점 뚜렷해진다. 반면 재생 에너지 기술은 폭발적으로 발전하고 놀랄 만큼 저렴해지며 가용성이 크게 개선되고 있다. 태양광 에너지 생산 비용은 2010년 이후 10년 동안 80퍼센트 넘게 감소했는데,[3] 이는 모두의 예상을 훨씬 뛰어넘는 가파른 하락 속도였다(이것은 미래를 예상할 때 고려할 만한 유익한 교훈이다. 낙관주의가 때로는 '정당화된다!'). 풍력, 수력, 태양광 등 다양한 재생 가능 에너지가 2022년 미국에서 증설된 전체 발전 설비에서 3분의 2를 차지했다.[4] 화석 연료를 사용하지 않는 이러한 모든 '청정' 에너지를 포획하고 저장하는 능력도 배터리의 용량이 증가하고 가격이 급감하는 것에 힘입어 개선됐다. 이는 다시, 배터리에 의존하는 전기차와 스마트폰에 대한 대대적인 투자가 있었기에 가능했다. 배터리는 명실상부한 각 가정의 분산 에너지 시스템, 다른 말로 마이크로그리드Microgrid를 가능하게 해준다. 그리고 이러한 마이크로그리드가 합쳐져서 상업 시설이나 심지어는 지역 공동체 전체에 전기를 공급할 수 있을 만한 발전 시설 규모의 에너지 저장 장치, 일명 파워뱅크Power Bank를 창조한다.[5]

현재는 마이크로그리드가 극단적인 상황이나 위험 지역에서 주로 설치된다. 하지만 퓨처 노멀에서는 개인과 지역 공동체가 전기를 직접 생산하고 저장하는 것이 보편화될 걸로 예상한다. 무슨 뜻일까? 지금보다 훨씬 더 깨끗하고 더 저렴하고 회복탄력성Resilience이 더 높은 에너지 시스템이 구축된다는 이야기다.

미래선도자: 테슬라의 태양광 파워월 시스템

테슬라는 2015년 벽걸이 리튬 이온 배터리 팩 파워월Powerwall을 출시했다. 결과부터 말하면 파워월은 예비 전원의 신세계를 열었다. 다른 말로 배터리 설치 가정은 태양광 패널이 생산한 에너지를 저장할 수 있다는 아이디어를 널리 확산시켰다. 당시에는 태양광 패널이 낮 동안 집광한 잉여 에너지는 사실상 광역 전력망 시스템으로 전량이 송전되는 구조였다. 게다가 패널 주인은 송전한 전기에 대해 어떠한 경제적 이득도 취하지 못하는 경우가 더러 있었다. 이러한 불공평한 시스템에도 불구하고, 또한 파워월이 "환경에 관심이 많은 부자의 장난감"[6]이라는 초기의 비판에도 불구하고, 파워월은 주택 시장에서 인기 있는 가정용 배터리 팩이 됐다. 2021년 5월 테슬라는 파워월의 누적 판매가 20만 대를 돌파했고 이중 절반은 전년도에 설치됐다고 덧붙였다. 그리고는 파워월의 인기가 사람들이 가정용 에너지의 회복탄

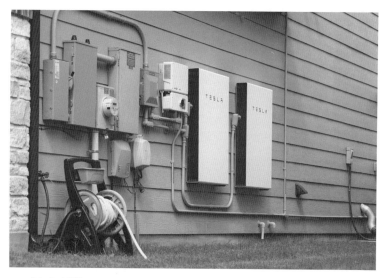
— 테슬라 파워월.(출처: 로셰츠키 사진관Roschetzky Photography/셔터스톡닷컴Shutterstock.com)

력성이 제공하는 편익에 눈을 뜨게 됐다는 증거라고 주장했다.[7]

2021년 테슬라는 가상 발전소Virtual Power Plant 이니셔티브를 출범시켰다. 이로써 캘리포니아주의 파워월 고객은 새 국면을 맞게 됐다. 캘리포니아주 3분의 2에 전기를 공급하는 전력 회사 피지앤이PG&E에 전기를 '판매'하는 프로그램에 참여할 수 있는 길이 열린 것이다. 단, 언제나 에너지를 팔 수 있는 것은 아니다. 피지앤이가 전력 수요 급증을 관리하는 데 도움이 필요한 시기, 이른바 '부하Load 관리 시기'라고 정의하는 경우로 한정된다.

2022년 8월 캘리포니아주가 폭염으로 펄펄 끓게 되자 에너지 수요가 폭발했고, 테슬라의 가상 발전소 이니셔티브에 참여하는 수천 명의 파워월 소유자는 피지앤이에 전기를 팔아 수익화할 수 있었다.[8] 이것은 공익과 사익을 함께 챙기는 일석이조였다. 캘리포니아의 모든 주민이 전기를 계속 사용하는 데 일조한 동시에 자신들은 전기를 팔아 부수입을 올렸다. 파워월을 설치한 마크 길런드Mark Gillund는 폭염이 기승을 부렸던 단 1주일 동안 500달러 이상을 벌었다고 자랑했다. 이는 길런드가 파워월 태양광 시스템을 설치하기 위해 빌린 대출금의 월 상환액보다 많은 액수였다.[9]

> 전기 요금이 비싼 주州에 사는 사람에게는 태양광 패널이 지붕 위의 돈 찍는 기계와 다르지 않죠.
>
> _일론 머스크, 테슬라의 CEO[10]

개인의 에너지 회복탄력성을 높여주는 제품은 테슬라의 태양광 패널과 배터리만이 아니다. 2021년 5월 포드Ford는 자사의 상징적인 픽업트럭 F150의 순수 전기차 버전인 라이트닝Lightning이 120볼트 전원을 사용할 수 있는 콘센트 여덟 개와 240볼트 콘센트 하나를 장착한다고 발표했다. 시간당 131킬로와트kW를 생산할 수 있는 배터리를 탑재한 롱레인지Long-Range 모델은 테슬라 파워월보다 전기를 생산하고 저장하는 역량이 거의 10배에 달한다. 이것은 확장형 배터리 기준으로 하루 평균 30킬로와트시kWh를 사용한다고 가정할 때 일반 가정이 평소처럼 전기를 사용하는 경우는 사흘, 비상시에 전기를 배급한다면 최장 열흘까지 사용하기에 충분한 전기를 생산하고 저장할 수 있다는 뜻이다.[11]

태양광 배터리와 순수 전기 자동차는 '개인'이 전기를 생산하고 저장하며 때에 따라서는 전력망에 전기를 판매하도록 해준다. 하지만 초기 비용과 물류 문제로 말미암아 태양광 배터리도 순수 전기 자동차도 그림의 떡인 사람이 많다. 아직 실망하기는 이르다. 이 문제의 해결사로 부상하는 것이 있다. 지역 공동체 규모의 미니그리드Mini-Grid, MG*이다. 흥미로운 점은 지역 공동체 규모 미니그리드의 최초 사례 중 일부는 전통적인 전력망과의 연결이 불완전하거나 아예 전기가 공급되지 않는 낙후된 신흥 시장에 설치됐다는 사실이다.

2008년에 설립된 허스크파워시스템Husk Power Systems은 다국적 석유 회사 로얄더치쉘Royal Dutch Shell의 지원을 받아, 특히 아프리카와 아시아의 많은 시골 지역에 마이크로그리드를 설치했다. 허스크파워시스템은 2020년 말 기준으로 지역 사회 100곳에 미니그리드를 설치한 세계 최초의 기업이 되었고, 보통은 하나의 미니그리드가 평균 50개의 소상공인에게 -상점, 영세 공장, 농산물 가공업체, 학교, 여타 공공 서비스 부문- 전력을 공급할 수 있다. 허스크파워시스템이 2014년에 개발한 하이브리드 에너지 시스템 즉 태양광, 현지의 농업 폐기물에서 얻은 바이오매스Biomass,** 배터리를 결합시킨 시스템은 1주일에 7일 내내 하루 24시간을 모두 사용해 전기를 생산할 수 있다.[12]

허스크파워시스템처럼 고객과 지역화된 청정 에너지원을 연결시켜

---

* 마이크로그리드에서 더 분산화된 것으로, 소규모 독립적 분산 전원을 중심으로 전력의 생산, 공급, 관리가 가능한 전력망을 의미한다. 우리나라는 미니그리드와 구분 없이 마이크로그리드를 일반적으로 사용한다.

** 본래는 생태학적 용어로 '생물량'이라는 뜻이지만 현재는 에너지화할 수 있는 생물체량이란 의미로 사용되며, 특히 에너지원이나 화학공업용으로써 이용될 수 있는 일정 규모로 집적한 생물체를 말한다.

퓨처 노멀

주기 위해 노력하는 스타트업은 또 있다. 2009년 파키스탄 출신의 사회 혁신가 샤지아 칸Shazia Khan이 에코에너지EcoEnergy✛✛✛라는 비영리 조직을 세웠다. 에코에너지의 설립 목적은 전기가 들어오지 않는 시골 지역 고객에게 고품질의 태양광 충전 랜턴을 판매하는 것이다. 현재 기준으로 에코에너지는 파키스탄의 영세 사업자들에게 1만 2,000개가 넘는 태양광 제품을 판매했다.[13] 에코에너지가 초기에 거둔 성공의 '일등' 효자는 사용한 만큼 비용을 내는 페이고PAYGO, Pay As You Go 가격 책정 비즈니스 모델이었다. 일종의 종량제인 혁신적인 이 모델 덕분에 고객은 태양광 랜턴 구입 비용을 장기 할부로 매월 납부할 뿐 아니라 자신이 사용한 만큼 비용을 내며 지역 공동체의 다른 구성원에게 전기 재판매도 가능하다.

요즘에는 더 '발전한' 선진 시장들에서도 유사한 여러 이니셔티브가 등장하고 있다. 사이드 킷슨Syd Kitson은 배브콕랜치Babcock Ranch를 건설한 친환경 부동산 개발업자다. 플로리다주 남서 지방에 건설된 계획 신도시인 배브콕랜치는 태양광 에너지로만 가동되는 자칭 "미국 최초 태양광 도시"이다. 2022년 초강력 허리케인 이언Ian이 플로리다주를 강타해 260만 명의 주민을 암흑 속으로 몰아넣은 대규모 정전 사태가 발생했지만, 배브콕 2,000가구의 불빛은 꺼지지 않았다. 비결은 이 신도시의 태양 전지 어레이Array*의 설계에 있었다. 폭우와 강풍에 견디도록 설계된 것이다.

✛✛✛ 면책 조항Disclaimer: 이 책의 저자 중 한 사람(로히트 바르가바)는 에코에너지의 고문이자 투자자이다. _지은이

* 태양 전지가 모여 만들어진 하나의 판 또는 모듈을 여러 장 연결한 태양광 설비를 말한다.

마이크로그리드의 미래를 좀 더 알고 싶다면 덴마크의 혁신 기업 시보그테크놀로지스Seaborg Technologies의 파워바지Power Barges가 어떨까? 시보그는 바다에 떠있는 바지선에 더 작고 더 저렴한 차세대 모듈형 원자로를 구축함으로써 원자력 에너지를 재창조하고 있다. 시보그는 부유형Floating의 해상 원자로가 육상 원자로보다 더 안전하다고 주장한다. 시보그의 원자로는 지속적으로 냉각시켜야 하는 고체 연료봉을 사용하지 않는 까닭이다. 대신에 시보그 원자로의 연료는 냉각제 역할을 하는 액체 형태의 불화염Fluoride Salt에 용해된다. 그리고 핵연료가 녹은 이 용융염은 대기와 접촉하면 냉각돼 단단한 고체로 굳어지고, 그 안에 방사성 물질을 가둔다. 시보그는 해상 원자력 발전 설비 부유체 1호를 2028년에 완공할 계획이다.[14]

이러한 모든 혁신은 심오한 몇 가지 변화를 가리킨다. 인간 사회의 가장 기본적인 인프라인 전력 시스템의 작동 방식을 -깨끗하고 분산화된 수백만 개의 마이크로그리드를 통해- 변화시키는 것은 단순히 에너지원을 변화시키는 것에 그치지 않는다. 이보다 더 많은 의미가 있다. 우리 각자가 자신에게 필요한 전기를 직접 생산한다면, 첫째 우리 각자가 느끼는 책임감의 정도가 달라질 수 있다. 또한 그 에너지의 사용 방법에 관한 우리의 마음가짐 자체가 처음부터 변할 가능성도 크다.

퓨처 노멀을 준비하는 3가지 질문

1. 개인이 잉여 전기를 생산하고 그것을 팔아 현금화할 수 있을 뿐 아니라 특정 사람이나 비영리 조직을 위해 사용돼야 한다고 용도를 지정할 수 있다면 어떻게 될까?
2. 적절한 도구만 있으면 누구든 에너지를 생산·판매할 수 있는 경제에서 에너지 스타트업의 기업가는 어떤 역할을 할 수 있을까?
3. 자신이 사용한 전기가 지역 공동체에서 생산됐다는 사실을 알게 된다면, 우리가 전기를 사용하고 절약하는 방식에 어떤 변화가 나타날 수 있을까?

HOT 29

날씨 만들기

"

지구 온난화에 대응하기 위해
날씨를 통제할 수 있다면?

"

그것은 폭발로 시작됐다. 말 그대로다. 1991년 필리핀의 활화산 피나투보산Mount Pinatubo이 폭발했다. 위력이 정말 대단했다. 화산재가 상공 28마일(약 50킬로미터)까지 치솟아 성층권까지 뚫고 올라갔다. 피나투보 화산 폭발은 20세기에서 두 번째로 큰 규모였다. 집을 잃은 이재민은 20만 명이 넘었고 사망자도 수천 명에 이르는 것으로 추정됐다. 피나투보 화산의 영향을 조사한 과학자들은 예상치 못한 놀라운 사실을 발견했다. 성층권에 진입한 화산재 입자가 화산이 폭발하고 1년이 훨씬 넘도록 성층권에 머물면서 전 지구를 순환했고 지구 전체의 평균 온도를 확연하게 떨어뜨린 부수적인 효과를 가져왔던 것이다.[1] 이번 조사 결과는 급속하게 더워지는 지구를 '식혀줄' 잠재적인 해결책

을 찾았다는 기대를 갖게 했다. 피나투보 화산 폭발의 효과를 '인위적'
으로 재현해서 지구 온난화를 해결하면 어떨까?

짐작하겠지만 이것이 말처럼 쉬울 리가 없다. 솔직히 화산 폭발의
효과를 인위적으로 재현하기 위해 필요한 과학이 그렇게 간단하지가
않다. 기술적인 문제와는 별개로 이 아이디어는 윤리적인 사안을 포
함해 다른 많은 의문을 촉발시킨다. 정말로 우리가 지구의 온도를 낮
출 수 있다고 하자. 시원해진 지구가 모두에게 똑같이 이로울까? 안
타까운 일이지만 그렇지가 못하다. 당연히 가뭄과 폭염으로 고생하는
가장 더운 지역 사람들이야 당장은 안도의 한숨을 내쉴 것이다. 하지
만 결국에는 농작물이나 생명체에 부정적인 영향을 미치는 더욱 파괴
적인 기상 변화로 몸살을 앓는 지역이 생길지도 모른다.*

화산 폭발의 효과를 재현함으로써 기후를 변화시키려는 노력이 인
류가 어떤 식으로든 기상 조절Weather Manipulation하는 방법을 찾으려는
첫 번째 시도였을까? 아닐 가능성이 크다. 일례로 미국 군대의 역사
는 이른바 '구름 파종Cloud Seeding' 접근법이 비윤리적이라고 의심할 만
한 미심쩍은 이야기로 넘쳐난다. 구름 파종은 비구름을 인위적으로
만들기 위해 구름에 특정 화학물질을 뿌리는 것을 말한다. 특히 냉전
시대에 기상 조절 연구가 활발했고 아주 많은 우려를 촉발시켰다. 급
기야 1950년대 후반 한 미군 사령관이 "구름 파종의 결과는 핵 전쟁
보다 더 파괴적일 수 있다"고 경고하기에 이르렀다.[2] 그의 걱정이 기

---

* 피나투보 화산 폭발의 여파로 지구 표면에 도달하는 햇빛이 2.5퍼센트 가량 감소했고, 이 때문에 옥
  수수의 생산량은 9.3퍼센트, 쌀과 밀 등은 4.8퍼센트 줄었다고 한다.

우는 아니었던 것 같다. 이 사령관의 발언이 있기 몇 해 전에 폭우와 우기 장마를 일으키기 위해 구름 파종법을 사용하는 것에 관한 연구가 처음 시작됐다. 그리고 베트남 전쟁 당시 미군은 실제로 인공비를 무기로 사용했다. 우기에 폭우를 더 많이 내리는 인공 증우로 베트남의 도로를 파괴하고 강을 범람시켜 홍수를 유발시켰다.* 다행히도 이 프로젝트는 대중이 알게 되고 분노가 들끓자 완전 중단됐다.

이와 같은 프로젝트를 둘러싼 지속적인 회의론이 1950년대부터 기상 조절 노력에 대한 대중의 인식을 주도한다. 현재도 다양한 이유로 기상 조절에 관한 논란은 여전히 진행형이다. 2000년부터 구름 파종은 언론에 심심찮게 등장한다. 이러한 구름 파종의 주된 목적은 중요한 행사를 앞둔 정부와 슈퍼리치들이 비가 내려 행사에 지장이 생기는 것을 예방하기 위해서였다. 중국 정부는 2008년 제29회 베이징 올림픽 개막식 중에 비가 내리지 않도록 구름 파종을 사용했다.** 한편 민간 회사들도 구름 파종을 사용하는데, 부자 고객의 결혼식 날 비가 오는 것을 막기 위해서다. 그렇다면 비용은 얼마일까? 평균 10만 달러.[3] 요컨대 이기적인 목적에서건 자칫 치명적인 결과를 유발할 수도 있는 이유에서건, 지금까지도 가장 가시적인 형태의 기상 조절법인 구름 파종이 널리 연구되고 있다.

구름 파종을 포함해 다양한 형태의 기상 조절 기술에 관한 과학계의

---

* 미국은 작전명 뽀빠이Popeye를 통해 1966년 3월부터 6년간 총 2,600차례 이상 인공 강우를 진행했다.

** 이것은 구름씨를 뿌려 비를 내리게 만드는 인공 강우 기술과 원리는 같지만, 특정한 화학물질을 사용해 비구름을 분산시키는 것으로 역逆 인공 강우 기술이라고 한다.

연구가 증가하는 한, 이런 기술을 둘러싼 윤리적인 논쟁도 끝나지 않을 것이다. 전 세계 바다에 철Fe을 살포하는 '해양 시비Ocean Fertilization'가 좋은 예다. 이는 해조류의 생장을 촉진시켜 이산화탄소를 더 많이 흡수하도록 만들기 위해서다.[4] 과학계는 해양 시비가 의도하지 않은 결과를 낳을 수 있다며 경계한다. 가령 생태계에 불균형을 유발할 수도 있고, 더욱이 이미 돌이킬 수 없는 상황이 되기 전까지 우리 인간이 이러한 불균형을 측정조차 못할 수 있다는 것이다.

태양 복사 즉 햇빛을 우주로 다시 반사시켜 지구 온도를 낮출 수 있다는 태양 지구공학Solar Geoengineering도 양날의 칼이다. 이 개념은 기술적으로 상당히 단순할 뿐더러 비용도 여타 기상 조절법에 비해 상대적으로 저렴한 편이다. 하지만 이 방법의 잠재적 효과성을 연구하는데 거의 전념하는 과학자들조차 인류가 이 방법을 사용해야 하는 날이 오지 않기를 간절히 희망한다. 이유는 딱 하나다. 관련된 위험 요소들 때문이다. 우리가 지나치게 성공해서 지구가 너무 차가워지면 어떻게 하나?✝✝✝✝

기상 조절 기술과 관련해 이토록 다양한 우려가 있는데도 어째서 이런 기술을 전면 금지시키지 않느냐고? 먼저, 정치권에서 난항이 예상된다. 기상 조절 기술을 억제하기 위한 정치인들의 적극적인 의지를 모으기가 어려울 거라는 말이다. 이는 지역마다 이해관계가 달라서다. 정치인들은 특정 지역에서 지구 생태계를 변화시키는 것이 다

✝✝✝✝ 정확히 이 시나리오는 SF 영화이자 이후 동명의 텔레비전 시리즈로도 제작된 〈설국열차 Snowpiercer〉에서 극단적으로 묘사된다. _지은이

른 지역에 의도치 않은 결과를 유발할 수도 있다는 위험을 걱정한다. 좋은 의도를 가진 과학자들이 마지못해 기상 조작 기술을 계속 연구하는 더 큰 이유도 있다. 언젠가 인류가 이러한 기술을 사용할 수밖에 없는 극단적인 상황에 처할지 누가 알겠는가.

지구 온난화 현상이 계속된다면 우리가 이러한 선택지를 최후의 보루로 사용하는 가능성도 결코 배제할 수 없다. 적도 부근의 작은 섬나라 키리바시Kiribati의 −140만 제곱마일(약 363만 제곱킬로미터) 이상에 작은 환상環狀 산호섬Atoll들이 흩어져 있는 중앙 태평양의 도서국이다− 대통령을 역임한(2003~2016년) 아노테 통Anote Tong이 처음에는 지구공학에 대한 강한 거부감을 표현했다.*

"지구공학은 우리가 기술의 힘을 빌려 자연을 우리 입맛대로 조절할 수 있다는 우리의 오만함을 보여주는 대표적인 사례죠. 지구공학이 지금껏 우리가 자초해 놓고서는 이제 와서 치유법을 찾고 싶어 하는 재앙에 대한 답이 되어서는 안 됩니다."[5]

하지만 이렇게 지구공학에 대해 쓴소리를 낸 키리바시의 전 대통령조차도 "지구공학이냐 전멸이냐 둘 중 하나를 선택해야 하는 시점이 있을 것"[6]이라는 가정 하에 지구공학 기술을 사용하는 것이 필요할 수도 있다고 인정한다. 그렇지만 꼭 양자택일 해야만 할까?

퓨처 노멀에서는 지구 온난화의 영향을 감소시키기 위해 점증적이고 책임 있게 기상을 제어할 수 있는 방법을 연구하는 과학자와 혁신가가 증가할 것이다. 이미 좋은 소식이 들려온다. 이익은 모두에게 더

---

* 키리바시는 21세기 말이 되면 국토의 50퍼센트가 수몰될 거라는 전망도 있다.

욱 공평하게 돌아가고 역효과 발생 위험은 더 크게 낮추는 방식으로, 또한 점증적이고 책임 있게 날씨를 통제할 수 있는 방법을 제안하는 사람들이 있다.

미래선도자: 북극을 다시 얼리다

2019년 초 세계적으로 유명한 태국건축사협회ASA가 연례 건축 디자인 대회와 관련해 독특한 참가 안내문을 공지했다. 공모전 주제는 '기묘한 지속가능성Uncanny Sustainability'이었고, 참가자들에게 "기묘하다고 부를 만큼 매우 급진적이고 예상을 초월하며 변혁적"인 새로운 아이디어를 출품하라고 촉구했다.[7]

그해 2위 수상작은 북극을 다시 얼리자는 대담한 '재빙하Re-iceberg-isation' 프로그램이었다.[8] 주인공은 당시 29세였던 인도네시아의 건축가 파리스 라작 코타하투하하Faris Rajak Kotahatuhaha가 이끈 팀이었다. 재빙하 아이디어의 핵심은 두께 16피트(약 5미터) 너비 82피트(25미터)짜리 정육각형 빙하를 만드는 것이었다. 그리고 코타하투하하 팀은 차가운 북극해에 잠항해서 빙하를 만들 잠수정까지 설계했다. 코타하투하하는 정육각형 빙하를 "아기 얼음ice baby"이라고 불렀는데, 왜 하필 정육각형이었을까? 그는 정육각형 모양은 아기 얼음들이 바다 위를 표류하다가 서로 쉽게 결합할 수 있고 종국에는 거대한 새로운 빙하가 만들어져 녹아내리는 빙하를 대신할 수 있다고 설명했다.[9]

━ 북극 빙하를 만드는 잠수정 콘셉트의 3D 렌더링Rendering.(출처: 태국건축사협회 국제설계경연대회)

잘 사는 나라야 방조제 건설과 보호에 수백만 달러를 쓸 수 있어요. 하지만 해수면 상승으로부터 스스로를 지킬 예산이 없는 가난한 나라는 어떨까요? 이것은 오늘날 전 세계가 공통으로 직면하는 문제입니다. 우리가 생각하는 접근법은 기존과는 다릅니다. 해수면 상승으로부터 우리를 보호하는 것이 아니라, 이 문제를 해결하기 위해 일종의 개입을 시도하는 것이 더 낫다고 생각하죠.

_파리스 라작 코타하투하하, 건축가[10]

전문가들은 재빙하 같은 아이디어는 햇빛을 더 많이 반사시킬 거라고 주장한다. 흰눈과 얼음은 공해公海보다 빛을 반사하는 성질이 더 강하니 당연한 주장이다. 햇빛을 더 많이 반사시키면 지구를 냉각시키는 효과가 만들어진다. 이를 뒤집어 생각하면 녹아내리는 빙하 즉 해빙解氷이 인류에게 커다란 잠재적 위협이 되는 이유다. 빙하가 더 많이

퓨처 노멀

녹아 없어질수록 반사되는 햇빛이 줄어드니 지구가 흡수해야 하는 태양열이 더 많아지고 이것이 지구의 온도를 끌어올린다.

어쩌면 이렇기 때문에 재빙하와 비슷한 아이디어를 연구하는 집단이 증가하는지도 모르겠다. 리얼아이스Real Ice가 대표적이다. 리얼아이스는 북극 지역 원주민이 설치하고 관리하며 작동시킬 수 있는 재동결 기계를 만들기 위해 노력하는 사회적 기업가들이 힘을 합친 단체다.[11] 리얼아이스는 오늘날의 문제를 집단 지성으로 해결하기 위해 지속가능한 풀뿌리Grassroot 솔루션의 아이데이션Ideation을 촉진하는 데 헌신하는 플랫폼 포투모로우For Tomorrow에 아이디어를 공개했다. 리얼아이스는 포투모로우에 기고한 글에서 풍력 에너지로 작동하는 재동결 기계는 얼음을 더 두껍게 만들 수 있고, 이는 다시 더 많은 햇빛을 반사시킴으로써 지구를 식히고 지구 온난화의 영향을 줄이는 데 도움이 될 거라고 주장한다.[12]

날씨를 '만든다'는 심지어 이러한 규모로 기후를 '제어한다'는 아이디어를 헛웃음이 나올 정도로 순진하다거나 어처구니없을 만큼 무분별하다고 생각하는 사람이 있을지 모르겠다. 자연에게 이런 종류의 통제력을 발휘하려는 인간의 노력이 현실에서 또는 암울하고 절망적인 미래를 그리는 디스토피아 영화에서는 대개가 해피엔딩으로 마무리되지 않는다. 한편으로는 우리 인류가 언제일지를 몰라도 선택의 여지가 전혀 없는 순간에 직면할 가능성을 배제할 수 없다. 이럴 때는 자연의 흐름에 맞서는 기상 조절 기술이 우리의 최선일 수도 있고 생존을 위한 유일한 선택일 수도 있다. 암울한 공상과학 시나리오는 제쳐두고라도 우리 필자들이 이 책을 쓰면서 도달한 결론을 꼭 말해주고 싶다. 이 주제는 인류가 깊이 탐구할 필요가, 그것도 긴박한 필요가 있다는 것이 우리 둘의 결론이다. 인류가 이러한 기술을 진짜로 사용해야 하는 긴급한 상황이 영원히 없을 수도 있다. 하지만 유비무환이라는 말도 있지 않은가. 인류가 이러한 기술을 사용해야 하는 피치못할 필요가 생길 경우에 대비해 이러한 기술이 준비돼 있음을 아는 것만으로도 크게 위안이 된다.

퓨처 노멀을 준비하는 3가지 질문

1. 지구공학을 사용할 수밖에 없는 상황은 어떤 것일까? 어떤 일이 발생하면 지구공학이 최후의 수단이 될까? 지구공학 사용에 관한 판단을 내릴 때 일반 대중은 어떤 역할을 해야 할까?
2. 날씨 통제가 자연 재해를 어떻게 경감시킬 수 있는지에 관한 지식이 널리 확산되면 기상 조절을 받아들이는 사람이 많아질까? 아니면, 기상 조절은 언제까지나 걱정과 공포의 대상일까?
3. 기상 조절 기술이 성공적으로 개발돼 정부와 재계가 지속가능성 노력을 줄이는 결과로 이어진다면 어떻게 될까?

HOT 30

넷제로를 넘어선
재생 비즈니스

> **"**
> 기업들이 탄소 중립을 넘어
> 재생 비즈니스를 추구한다면?
> **"**

혹시 2022년 7월 28일을 기억하는가? 대부분의 사람에게 그날은 그저 평범한 하루였다. 하지만 글로벌생태발자국네트워크Global Footprint Network에게 그날은 경각심을 일깨우는 분수령이었다. 이 단체는 1971년부터 지구가 당해 연도에 재생시키는 모든 생물학적 자원을 인류가 전부 소비하는 날을 발표해왔다. 다시 말해, 지구가 한 해 재생할 수 있는 자원보다 인간이 소비하는 수요가 초과하는 시점이다. 1971년 첫해에는 글로벌생태발자국네트워크가 명명한 '지구 생태용량 초과의 날Earth Overshoot Day'이 12월 25일이었다. 이것은 지구가 그해 1년간 재생할 수 있는 생물학적 자원으로 우리 인류가 거의 1년을 버텨왔다는 성적표였다. 그렇다면 2022년 지구 생태용량 초과의 날은 언제였을까? 그날이 바로 7월 28일이었다. 무슨 뜻일까? 단 두 세대, 60년 만에 인류의 생물학적 자원 소비가 거의 두 배로 증가했다는 의미다.[1] 가까스로 지속가능성을 유지하던 글로벌 경제가 반세기 만에 완전히 '지속 불가능'한 경제가 되고 말았다.

일각에서는 이러한 추세를 거스를 방법을 재창조하는 움직임이 있다. 화석 연료를 사용하지 않는 친환경 신발을 제조하는 영국의 비보베어풋Vivobarefoot도 그중 하나다. 비콥 인증을 받은 이 신발 브랜드는 생물학적 자원 사용을 줄일 뿐 아니라 환경과 사회에 '긍정적인' 임팩트를 생성시키겠다고 천명했다. 비보베어풋은 2021년 임팩트 보고서 〈미완성 비즈니스Unfinished Business〉에서 이렇게 말했다.

"비보베어풋은 단순히 나쁜 영향을 더 적게 주는 것이 목표가 아니다. 우리의 신발과 우리의 비즈니스 운영 방식이 좋은 일을 더 많이

━ 비보베어풋의 울트라 Ⅲ 블룸Ultra Ⅲ Bloom은 해조류와 에바EVA, Ethylene Vinyl Acetate를 혼합한 발포 수지로 만들고 생분해성 포장 가방을 사용한다.(출처: 볼레백)

퓨처 노멀

할 수 있기를 바란다. 우리가 신발 한 켤레를 만들고 판매할 때마다 우리는 세상이 더 나은 곳으로 한 발짝 더 나아가기를 희망한다."[2]

이를 위해 비보베어풋은 미국의 녹조 기술 스타트업 블룸Bloom과 파트너십을 체결했다. 블룸이 자체 개발해 특허받은 블룸BLOOM 발포 수지를 사용하기 위해서였다. 두 회사의 파트너십은 신발 업계 최초였고 이후 신발 브랜드 수십 개가 비보베어풋의 뒤를 따랐다. 이렇듯 비보베어풋을 비롯해 신발 업계가 바이오플라스틱Bioplastic인 블룸 발포 수지에 줄을 서는 이유는 블룸 수지의 원료에 있다. 회사의 이름처럼[*] 하천에서 유해한 녹조를 수거해 사용하는 것이다. 즉 수질 오염의 영향을 역전시키는 효과가 있다. 비보베어풋이 블룸과 파트너십을 체결한 것은 재활용 자원을 신발 원료로 사용하는 일상적인 지속가능성 노력을 넘어서 자사 제품이 환경에 미치는 부정적인 영향을 긍정적인 영향으로 역전시키기 위한 하나의 방법이다.[3]

지속가능한 경제를 구축함으로써 자사 비즈니스가 지구에 미치는 영향을 반전시키려는 노력에 대한 또 다른 사례는 파타고니아에서 찾을 수 있다. 2022년 파타고니아의 창업주 이본 쉬나드는 자신의 가족이 이끄는 목적 신탁Purpose Trust[**] 법인 파타고니아퍼포스트러스트 Patagonia Purpose Trust와 캐나다의 비영리 환경보호 재단 홀드패스트콜렉티브Holdfast Collective에 자신이 소유한 회사 지분을 전부 양도했다. 두 곳에 지분 소유권을 넘기는 것은 비즈니스에 재투자하지 않는 파타고니

---

[*] 녹조가 하천에 가득 낀 모습을 영어로 Bloom이라고 한다.

[**] 수익자 없이 특정한 목적을 위해 설정되는 신탁을 말한다.

아의 재무 수익이 −현재 기준 연 수익은 1억 달러에 육박한다− 환경 위기 대응과 자연 보호에만 사용되도록 법적으로 보장하기 위한 방법이다.[4] 파타고니아가 설립한 임팩트 투자 펀드 틴셰드벤처스Tin Shed Ventures 역시 투자 기준이 명확하다. 지구에 해보다 득이 더 많고 또한 자신들이 초점을 맞추는 세 가지 영역에서 '자연 수익Returns for Nature'을 창출할 수 있는 스타트업에 집중적으로 투자한다. 재생 농업과 생물 다양성 그리고 파타고니아의 의류 공급망이다.

　다른 산업으로 시선을 돌려 보면 미국의 상업용 바닥재 제조업체 인터페이스Interface가 눈에 들어온다. 세계 최초로 바닥재 시장에 카펫 타일Carpet Tile을 선보인 인터페이스는 카펫 타일 하나마다 지구 온난화를 점진적으로 반전시키겠다는 대담한 비전을 선언했다. 솔직히 반세기가 넘는 역사를 가진 인터페이스는 사용 후 매립지로 폐기되는 막대한 카펫 쓰레기 때문에 오랫동안 비판의 대상이었다. 이러한 폐기물을 없애는 것은 현재로서는 불가능할지도 모르겠다. 따라서 인터페이스는 차선책을 선택했다. 자사가 사용하는 탄소량보다 더 많이 탄소를 포집하는 제조 과정을 도입함으로써 탄소 네거티브를 달성하는 데 노력을 집중하는 것이었다. 이러한 모델로 제조되는 모든 카펫 타일은 최종적으로는 환경에 긍정적인 영향을 미치게 된다. 이는 다시, 인터페이스가 제품을 더 많이 생산할수록 최소한 탄소 배출과 관련해서는 긍정적인 영향이 더 커진다는 뜻이다.[5]

　인터페이스의 카펫 타일 같은 탄소 네거티브 제품은 점점 더 많은 산업으로 뻗어나가고 있다. 벽돌부터 목재에 이르기까지 수많은 건축 자재는 오늘날 탄소 네거티브 공정으로 제조된다. 뉴욕에 기반을 두는 에어컴퍼니Air Company는 대기에서 포집한 이산화탄소를 재생 가능한 태양광 에너지를 사용해 가열하고 마침내 고급 제품으로 변화시킨다. 에어컴퍼니가 첫 번째로 출시한 상품은 에어보드카Air Vodka다. 회사는 자사의 상징이 된 이 탄소 네거티브 보드카가 "세상에서 가장 깨끗하고 가장 지속가능한 최고급 술"이라고 홍보한다.[6] 영국의 고급 니트웨어 브랜드로 '이 안에 양 있다'는 뜻의 쉽인크Sheep Inc.(Included)는 자신들이 세계 최초의 탄소 네거티브 의류 브랜드라고 자랑한다. 아울러 고객에게 자신이 구매한 제품에 사용된 양털을 제공해준 양에 관한 최신 정보를 정기적으로 제공함으로써 투명한 정보 공개에도 힘쓰고 있다.[7]

이 책에서 우리 필자들은 다양한 산업의 다양한 기업이 자사 제조 과정이 환경에 미치는 피해를 줄이기 위한 노력과 탄소 배출량을 추적하는 프로그램을 소개했다. 이제 우리는 30개의 퓨처 노멀을 탐험하는 대장정을 마무리하는 단계에 이르렀다. 대미를 장식하니 만큼 우리는 마지막 장에서는 좀 더 큰 의미를 두고 싶다. 탄소 중립과 넷제로를 넘어 사실상 환경에 유익한 제품과 서비스를 창조하기 위한 새로운 움직임에 초점을 맞추는 것이 적절하다고 본다. 그래서 재생 비즈니스Regenerative Business에 헌신하는 일단의 기업을 소개하려 한다. 우리가 생각하는 마지막 퓨처 노멀은 탄소 네거티브를 추구하고 환경을 재생시키며 지구에 긍정적인 유산을 남기는 브랜드가 증가하는 것이다. 그렇다면 재생 비즈니스가 얼마나 많은 영향을 미칠 수 있을까? 이 탐험은 세계 최대 브랜드 중에 하나인 어떤 기업이 기울이는 노력을 해부하는 것으로 시작하자.

미래선도자: 이케아의 기후 포지티브 비전

이케아의 고객이라면 간판 제품이랄 수 있는 저가의 책장 빌리Billy를 구매했을 가능성이 높다. 1978년에 처음 등장한 빌리는 세계 최다 판매 책장으로 이제까지 누적 판매량이 1억 2,000만 개가 넘는다. 영국의 BBC는 전 세계 인구 100명 당 약 1명이 빌리를 구매했다고 추정한다.

2022년 이케아는 빌리의 순환성Circularity을 개선하기 위해 몇 가지 변화를 적용한다고 발표했다. 이케아는 빌리의 마감재를 플라스틱 베니어(무늬목)에서 고품질의 종이 포일로 교체했고 재활용성을 개선했으며 화석 연료 기반의 재료를 재생 가능한 자원으로 만든 재료로 바

— 이케아의 상징적인 빌리 책장의 새로운 디자인.(출처: 이케아)

꾸었다. 또한 뒷판 고정용 못을 끼움촉Snap Fitting으로 대체했다. 이는 빌리를 해체해서 재조립할 수 있고 이로써 빌리의 잠재적인 수명이 연장됐다는 뜻이다.[8]

이렇게 이케아의 상징적인 책장은 재료부터 조립 방식까지 변경돼 지속가능성이 높아졌다. 이것은 세계 최대 가구 유통업체가 자사의 탄소 발자국을 줄이기 위해 시행하는 많은 이니셔티브 중에 하나일 뿐이다. 이케아가 단일 기업으로서 세계 연간 온실가스 배출에서 자그마치 0.1퍼센트를 차지한다는 사실을 아는가? 따라서 이케아는 전 세계 기업 생태계에서 가장 야심적인 환경 목표 중 하나를 수립해야 한다는 심적 부담이 상당했으리라 여겨진다. 이에 이케아는 2030년까지 '기후 포지티브Climate Positive*'를 달성하겠다고 발표했다. 이 목표를 달성하기 위해서는, 무엇보다 각 제품의 기후 발자국을 평균 70퍼센트 감축할 필요가 있을 걸로 예상된다. 또한 제품과 관련 없는 다른 많은 변화도 불가피할 전망이다.

이케아는 공급망 전반에서 탄소 배출을 줄이기 위한 노력을 시작했다. 자사의 규모를 적극 활용해 최대 납품 국가 삼인방인 폴란드, 인도, 중국에 위치한 협력업체 모두가 재생 가능 에너지로 100퍼센트 전환하도록 장려하고 있다. 또한 이를 지원하기 위해 협력업체의 재생 에너지 관련 자본 투자Capital Investment에 대한 금융 프로그램으로 1억 유로를 집행했다.[9]

---

* 기후 긍정. 탄소 배출량보다 더 많은 양의 탄소를 대기 중에서 흡수하고 제거함으로써 기후 변화에 긍정적 영향을 미치는 활동을 뜻하는 말로 탄소 네거티브와 같은 의미로 사용된다.

기후 포지티브는 비단 지구의 생존 문제만이 아니에요. 기업의 생존이 달린 문제이기도 하죠.

_예스페르 브로딘Jesper Brodin, 잉카그룹Ingka Group *의 CEO[10]

기업이 재생 비즈니스를 달성하는 길은 직접적인 이산화탄소 배출 감축만이 아니다. 기업이 초점을 맞추는 영역은 아주 다양하다. 식품과 패션처럼 천연 자원에 의존하는 산업이 이산화탄소 배출 감소와 동일한 효과를 거둘 수 있는 다른 방법이 있다. 자신들에게 제품과 원료를 공급해주는 생태계를 자신들이 발을 들이기 전보다 더 나은 상태로 만들면 된다.

실제로 이 목표를 달성하기 위해 노력하는 세계 최대 식품업체들이 있다. 가령 펩시코PepsiCo는 700만 에이커(약 2만 8,300제곱킬로미터) 이상의 경작지에서 2030년까지 자사의 농업 발자국을 재생형 농법으로 전환할 계획이다.[11] "이것은 기업의 사회적 책임 프로그램이 아니에요"라고 펩시코의 최고지속가능성책임자Chief Sustainability Officer, CSO 짐 앤드루Jim Andrew가 말한다.

"이것은 현재 우리 회사의 가장 핵심적이고 근본적인 비즈니스 혁신이죠."[12]

좋은 사례가 있다. 펩시코와 유니레버는 미국 아이오와주에서 콩과 옥수수를 조달한다. 오늘날 펩시코는 유니레버와 손잡고 윤작 농법으로 토양 건강을 개선하기 위해 노력하는 아이오와 농민들에게 금융과

* 이케아의 대부분 매장을 소유하고 운영하는 지주 회사다.

　　　　　　　　　　　　　　　　　　　퓨처 노멀

기술적인 지원을 제공한다.

패션 브랜드도 개별적으로 그리고 집단적으로 다양한 재생 이니셔티브에 동참한다. 랄프로렌은 글로벌 비영리 기관 토양건강연구소Soil Health Institute가 운영하는 미국재생면화기금USRCF에 500만 달러 기부를 약속했다.[13] 구찌, 발렌시아가, 생로랑Saint Laurent (이외에 다수의 브랜드가 있다) 등을 소유하는 거대 명품 브랜드 케링은 2021년 100만 헥타르(1만 제곱킬로미터)의 경작지를 재생 농업 방식으로 전환하겠다는 목표를 위해 자연재생기금Regenerative Fund for Nature을 출범시켰다. 케링은 스페인의 염소 농장주, 남아프리카공화국의 말로티-드라켄즈버그 산맥Maloti-Drakensberg Mountains에서 여성들이 이끄는 공용 목초지 연합, 아르헨티나의 소규모 소 목장주들에게 가장 먼저 보조금을 지급했다.[14] 더러는 정부가 개입하기도 한다. 웨일스 공 찰스 왕세자Charles, Prince of Wales가 주도하는 지속가능시장이티셔티브Sustainable Market Initiative, SMI의 일환인 패션태스크포스Fashion Task Force가 탄생시킨 재생패션선언Regenerative Fashion Manifesto이 대표적인 사례다. 기후 변화에 대응하기 위한 이 선언에 버버리, 조지오아르마니Giorgio Armani, 스텔라매카트니, 잘란도Zalando 같은 명품 브랜드가 참여하며 재생 비즈니스를 수용하기로 서약했다.[15]

기업이 재생 비즈니스를 향해 나아가는 길은 쉽지 않다. 심지어 모든 조직이 환경에 미치는 다양한 영향을 생각하면 불가능할지도 모른다. 이렇다 보니 탄소 배출량 감소와 넷제로 공약에 초점을 맞추는 것은 쉽사리 떨치기 힘든 유혹이다. 조직이 탄소 중립을, 더 나아가 탄소 네거티브를 달성하는 것은 당연히 '의미가 있다'. 이번 장은 넷제로와 탄소 네거티브에 관한 야심찬 퓨처 노멀을 간략히 살펴봤다. 이제 글을 마치면서 우리 필자들은 한 가지 결론에 이르렀다. 넷제로보다 탄소 네거티브보다 더 높은 목표를 추구해야 한다는 것이다. 탄소 배출은 우리가 직면하고 있는 유일한 문제가 아니다. 생물 다양성, 빈곤과 불평등, 건강 악화 등도 우리를 괴롭히는 커다란 글로벌 문제다. 물론 조직이 아무리 기를 써도 보편적인 재생 능력을 달성하지 못할 가능성도 있다. 하지만 퓨처 노멀에서는 환경과 사회와 경제적인 측면 모두에서 가능한 보편적인 재생 비즈니스에 가까워지기를 열망하는 조직이 증가하리라고 본다. 이것과 관련해서는 르네상스를 대표하는 이탈리아의 천재 예술가 미켈란젤로Michelangelo Buonarroti가 했던 유명한 말을 새겨 듣자.

"우리 대부분에게 가장 위험한 것은 너무 높은 목표를 세우고 달성하지 못하는 것이 아니다. 너무 낮은 목표를 세우고 이 목표를 달성하는 것이 가장 위험하다."[16]

◆◆◆ ▷ 퓨처 노멀을 준비하는 3가지 질문 ◁ ◆◆◆

1. 다양한 재생 영역 전반에서 당신의 임팩트를 정량화할 수 있다면 당신 회사는 어떻게 다르게 행동할 수 있을까?
2. 당신의 산업이 재생 비즈니스를 달성하기 위해 어떤 방법들을 사용할 수 있을까?
3. 당신 회사의 법적 구조가 당신이 주주보다 이해관계자를 우선적으로 고려하게 만든다면 어떻게 될까?

오늘 꿈꾸는 미래가 내일의 현실이 된다

미래에 관한 글을 쓰는 것이 쓸데없는 헛짓거리로 생각될 수도 있다. 어차피 안 좋게 끝날 텐데 계단에서 굴러 떨어지는 단계별 안내서를 작성하는 것과 무엇이 다르겠냐고. 대부분의 사람은 미래란 본질적으로 예측할 수 없다고 말할 것이다. 이 책을 쓰면서 우리 필자들도 많이 들은 말이다. 하긴 한치 앞도 모르는 것이 사람 일인데 미래에 무슨 일이 생길지 누가 '알겠는가'. 미래학 분야에서는 당신이 상상할 수 있는 모든 것에 (그리고 대부분 사람이 상상조차 할 수 없는 모든 것에) 대한 예측이 끊임없이 생산된다. 우리 필자 둘이 이 분야에서 활동한 시간을 합치면 20년이 넘는다. 이런 시간의 끝에서 우리는 하나의 확신이 생겼다. 미래란 예측할 수 없다는 통념이 완전한 진리는 아니라는 깨달음이다.

어떤 점에서 보면 미래는 '언제나' 예측 가능하다. 단, 징후를 읽을 줄 알아야 한다. 징후를 읽어 가능성 높은 결과를 예상하는 것은 빤하고 식상한 로맨틱 코미디의 결말을 예측하는 것과 비슷할 수도 있다.

티키타카하는 남녀 주인공이 상심과 오해의 시간을 지나 결국에는 연인으로 맺어진다. 퓨처 노멀도 이것과 꽤 많이 닮았다. 당연히 할리우드의 사랑 공식만큼 쉽게 예상하기는 어렵겠지만 그렇다고 아예 불가능하지는 않다. 서론에서 말했듯이 여기에는 두 가지 이유가 있다. 첫째는 '미래'의 징후가 언제나 지금 우리가 사는 현재에 존재하기 때문이다. 그리고 주변 세상이 변하더라도 우리 대부분에게 '노멀'은 놀랍도록 안정적이라는 것이 두 번째 이유다. 기억을 잠시 더듬어보자. 하와이대학교 명예교수이자 미래학의 대부 짐 데이터가 미래는 늘 "엉뚱해 보일 수밖에 없다"고 주장했다. 데이터 교수는 어떤 기고문에서 미래의 '미래'를 예상했다.

"대개 처음에는 충격적이고 (또는) 실현 가능성이 없고 (또는) 우스꽝스럽고 (또는) 공상과학처럼 허무맹랑하고 (또는) 엉뚱해 보이는 모든 것들이 미래에는 익숙해지고 결국에는 평범한 것이 된다."[1]

우리들은 이 책을 쓰면서 데이터 교수의 말대로 평범해질 미래를 심오한 방식으로 만들어나가는 많은 미래선도자와 대화할 기회가 있었다. 그중 일부는 자신의 기여가 미칠 잠재적인 영향력을 잘 이해했다. 하지만 오롯이 자신의 일에만 집중하는 나머지 자신의 시야를 벗어나는 미래에 대해서는 많은 시간을 고민하지 않는 사람이 더 많았다. 이 책은 그들의 이야기를 한 곳에 모아 미래를 간략히 들여다볼 수 있도록 만든 일종의 창문이다. 우리 둘은 이들 미래선도자의 혁신을 이해하기 쉽고 일관성 있으며 제대로 전달해야 한다는 책임감을 느꼈다. 이러한 책임감은 경외심에서 비롯했다. 이 책을 읽으면서 광범위한 주제에 신선한 충격을 받은 사람이라면 우리의 책임감을 십분 이해하리라 본다. 책을 읽었으니 알겠지만 처음부터 우리는 취사선택 전략을 사용하기로 마음을 정했다. 더욱 희망적이고 낙관적인 미래를 창조할 가능성이 가장 크다고 생각하는 주제만 이 책에 담았다.

이 책에서 소개하는 아이디어가 긍정적인 미래를 창조할 거라고 전제하는 일조차도 우리의 특권을 보여주는 하나의 증거다. 긍정적인 미래가 기정사실이 아니라는 점도 우리 둘은 늘 가슴 깊이 새기고 있다. 또한 이 책이 소개하는 미래선도자든 혁신이든 대부분 다양한 결과로 이어질 수 있다는 점을 너무 잘 안다. 심지어 어느 지점에서 어두운 길로 방향을 틀거나 의도하지 않은 결과를 만들어내는 미래선도자나 혁신이 생길 수도 있다.

이러한 모든 가능성을 염두에 두고 우리는 각 장의 말미에 도발적인 질문을 던졌다. 이러한 진실을 외면하지 않고 정면으로 돌파하는 토론을 유도하기 위해서였다. 어떤 혁신이든 접점이 없는 사람은 당연히 아무런 감흥을 받지 못할지도 모르겠다. 자신이 몸담은 산업의 혁신이 아니거니와 자신이 직접적으로 사용하지 않는 혁신 말이다. 하지만 우리 필자들은 이 책에서 소개하는 모든 아이디어가 궁극적으로는 모두에게 영향을 미친다고 믿는다. 말뜻 그대로다. 직업, 나이, 성별, 사고방식 등과 상관없이 모든 사람이 영향을 받을 것이다. 이는 우리 인간이 피할 수 없는 현실이다. 그리고 이러한 현실을 존중하는 것이야말로 때로는 퓨처 노멀을 이해할 수 있는 진정한 열쇠다.

현재 우리 인류가 거대한 변화의 '한복판'에 서있다는 사실을 모르는 사람은 없다. 또한 이러한 변화에 속도를 맞추기가 버겁게 느껴지는 것은 인지상정일 수 있다. 인공지능만 해도 그렇다. 이 책을 시작했을 때 인공지능은 글의 소재거리였는데, 이제는 어엿한 일상의 도구가 됐다. 세상 어느 누구도 갈수록 위력을 더해가는 테크놀로지와 문화적 재창조의 광풍에 맞설 면역 체계를 갖고 있지 않다.

잠시 인류의 지난 역사를 돌아보자. 인류에게 동기를 부여하는 근본적인 요소는 수세기 동안 거의 변하지 않았다. 안전에 대한 욕구, 사랑받고 싶은 욕망, 주변에 성공한 사람처럼 보이고 싶은 갈망, 자아 발견Self-Discovery과 자기계발을 추구하는 것. 이러한 모든 것은 16~17세기 셰익스피어Shakespeare의 희곡에서만이 아니라, 21세기 오늘날에도 엄연히 존재하는 인간의 깊은 니즈와 원츠다.

새로운 기회를 붙잡는 비결은 예나 지금이나 딱 하나다. 새로운 것과 인간의 기본적인 니즈와 원츠를 연결시켜라. 즉 새로운 것을 수용하고, 변하지 않을 무언가에 이 새로운 것의 뿌리를 내려라. 아마존의 창업자 제프 베조스Jeff Bezos가 언젠가 이렇게 말했다.

"앞으로 10년 동안 무엇이 변할지 묻는 사람이 아주 많아요. … 10년 후에도 무엇이 변하지 '않을지' 묻는 사람은 거의 없죠. 사실을 말하면 두 번째 질문이 더 중요합니다."[2]

더 저렴한 가격과 더 빠른 배송에 대한 베조스의 무자비한 집념은 유명하다. 이것이 초래하는 인간적이고 사회적인 비용이 우리 모두에게 고통을 안겨주는지도 모르겠다. 하지만 베조스는 미래와 평범한 것을 연결시킴으로써 꾸준히 수익을 창출해왔다. 이점에서는 어느 억만장자도 그의 적수가 못 된다. 이뿐만 아니라 베조스는 오늘날 우리 모두가 직면한 선택에 대한 완벽한 화신이다. 우리는 인류를 위해 더 안전하고, 더 건강하고, 환경을 덜 오염시키고, 더 충만한 퓨처 노멀을 구축할까? 우리는 이 책의 모든 미래선도자가 환하게 비춰주는 낙관적인 경로를 선택할 수 있을까? 아니면 잠재적인 도덕적인 결과를 고려하지 않은 채 맹목적으로 테크놀로지를 구현하고 탐욕에 굴복하며 사람보다 돈을 우선하게 될까?

오해하지 마시길. 퓨처 노멀 이야기에서 테크놀로지가 주인공일 거라고 생각하기 쉽다. 아니다. 우리의 독창성 그리고 우리가 함께 힘을 합칠 때 이룰 수 있는 성취가 주인공일 것이다. 그리고 이 책은 무엇보다도 우리가 꿈꾸기로 선택하는 미래에 관한 이야기다. 이제 그 '미래'를 일상적인 '현실'로 만들지는 우리 모두에게 달렸다.

감사의 글

이 책에 도움을 준 모든 사람에게 감사 인사를 전할 수 있을 거라고는 생각하지 않는다. 지난 3년간 우리는 이 책을 위한 사전 조사부터 집필하는 전 과정에서 무수한 사람을 만났다. 공식적인 인터뷰만도 수백 건에 달했다. 즉석에서 보고 들은 것이 밀알이 되어 결국 이 책의 한 페이지를 장식한 아이디어로 발전한 비공식적인 대화는 셀 수도 없다. 아주 많은 '브레인'에게 "퓨처 노멀은 어떤 모습일까요?"라고 질문할 수 있다는 사실 자체가 엄청난 특권이었다.

우리 필자들이 왕성하게 활동하는 작가이자 크리에이터라는 사실도 특혜였다. 우리 독자들이 끊임없이 들려주는 지적인 이야기가 우리에게는 큰 도움이 됐다. 매주 이뤄지는 독자들과의 커뮤니케이션을 통해 종종 우리는 미처 생각하지 못한 다른 관점들을 알게 됐다.

우리가 우리의 공동체 너머에서 가장 먼저 고마움을 전해야 하는 사람은 우리의 편집장 제노베바Genoveva이다. 불굴의 인내심과 날카로운 통찰에 정말 감사한다. 우리의 초고를 비롯해 초기 원고들을 읽고 그런 다음 우리가 주장을 다듬고 이야기를 발전시키도록 도와줬다. 세상에 어느 누가 이 일을 제노베바보다 더 잘할 수 있을까.

제노베바만이 아니다. 편집자, 이야기 검수자, 사실 검증 담당자 군단이 우리의 든든한 지원군이었다. 이 책의 최종 원고가 탄생하기까지 매 원고마다 수고로움을 아끼지 않았고, 이들의 손을 거칠 때마다 우리 원고는 점점 좋아졌다.

이 책을 쓰는 여정이 우리에게 가져다준 또 다른 특혜도 있었다. 끊임없이 등장하는 신기술을 꾸준히 사용할 수 있는 기회였다. 이 책을 집필하는 불과 몇 년 동안 기술이 얼마나 변했는지 경이로웠다. 초기에는 음성 기반 소셜 미디어 클럽하우스Clubhouse가 우리의 소통 창구였다. '인싸' 대화방 플랫폼이었던 클럽하우스에서 우리는 낯선 이들과 실시간으로 즉흥적인 토론을 이끌었다. 최종적인 편집이 마무리돼갈 즈음 어느샌가 챗GPT 같은 생성형 인공지능 도구가 우리 곁에 와 있었다. 특히 우리는 챗GPT에게 우리 원고에 대한 비평문 작성을 명령했고, 챗GPT가 생성한 답변으로 우리의 주장을 더욱 발전시킬 수 있었다. 이 경험을 통해 우리는 한 가지를 장담할 수 있다. 아무리 컴퓨터가 매긴 것이라도 별점 1개짜리 리뷰는 실제 리뷰와 똑같이 아프다. 요컨대 이 책을 쓰는 과정 자체가 우리가 퓨처 노멀이 어떤 모습일지를 정의하고 설명하는 데 도움을 주는 산교육이었다. 우리 둘 다 매일 그것을 경험했으니까.

이제는 우리의 든든한 '인간' 지원 군단 이야기를 다시 해보자. 먼저 캐머런Kameron에게 고개 숙여 감사드린다. 캐머린이 예리한 안목과 지대한 관심으로 세부적인 것까지 꼼꼼하게 챙겨줬기에 이 책이 계획대로 출간될 수 있었다.

마니Marnie, 메건Megan, 제시카Jessica, 리치Rich, 아테나Athena를 포함해 아이디어프레스Ideapress의 팀원 모두에게 감사를 전한다. 언제나 전문가로서 지원을 아끼지 않았을 뿐 아니라, 시각적인 요소부터 분위기까지 우리의 기대를 정확히 실현시켜줬다. 이토록 멋진 책이 탄생하게 된 것은 모두 여러분의 덕이다.

우리가 각자 특별히 인사하고 싶은 사람들이 있다. 먼저 쿠티뉴-메이슨부터.

"브렌트Brent, 그레그Greg, 아말리Amali, 캐럴린Carolyn, 샨Sian, 레이니르Reinier에게 진심으로 말한다. 개인적인 지지를 보내준 것이며 이 책을 풍성하게 만들어준 훌륭한 혁신가 중 상당수를 소개해준 점, 모두 고맙게 생각한다."

이제는 바르가바 차례.

"연설팀 멤버인 러네이Renee, 케이티Katie, 린지Lindsay에게 고개 숙여 감사드린다. 아울러 모든 행사 관리자와 전 세계 행사에서 선구적인 메시지로 울림을 주었던 동료 연사들에게도 지면을 빌려 고마움을 전한다. 이들은 가장 현명한 통찰이란 독창성만으로는 부족하다는 것, 그리고 이야기가 되어 사람들이 가장 많이 언급하고 기억하는 것이 가장 뛰어난 통찰이라는 사실을 줄기차게 일깨워줬다."

쿠티뉴-메이슨이 가장 크게 감사하고 싶은 사람은 아내 아니타Anita 이다.

"당신이 코로나19 팬데믹 동안 의사로서 보여준 희생과 활동이, 그리고 작년 우리 부부의 예쁜 첫딸을 안겨준 기적이 얼마나 자랑스러운지 말로 표현할 수가 없어. 내가 이 책을 쓰는 동안 유머로 힘을 북돋워주고 응원을 아끼지 않으면서도 의사로서 엄마로서 두 가지 일을 성공적으로 해내는 당신이 진심으로 놀라울 뿐이야. 당신이 보여준 인내, 당신이 우리 가족 모두를 위해 하는 모든 일에 대해 어떻게 감사해야 할지, 고맙고 또 고마워. 여보, 한 가지 약속할게. 지난 시간이 그랬듯이 우리는 영원히 특별한 미래를 함께할 거야."

바르가바도 진심을 담아 아내 차비Chhavi에 고마움을 전한다.

"지난 10년 우리의 인생 여정은 황홀했어. 가상 정상회의를 함께 출범시켰지, 출판사(아이디어프레스)를 공동으로 창업했지, 우리 부부의 이름으로 다양성에 관한 책도 출판했잖아. 또한 세상 모두가 간과하는 '빠하지 않는 것'에 관한 책도 세상에 선보였지. 이 모든 여정을 함께해온 당신은 이번 프로젝트에서도 내게 완벽한 파트너였어. 아니, 모든 일에서 당신은 나의 완벽한 동반자야. 여보, 우리의 '퓨처 노멀'은 이제까지보다, 지금보다 훨씬 좋을 수밖에 없어. 우리가 언제나 함께할 테니까."

마지막으로, 바르가바와 쿠티뉴-메이슨 두 집안의 다음 세대에게 사랑과 감사를 보낸다.

"로언Rohan, 제이든Jaiden, 자고Jago, 달리아Dahila. 지칠 줄 모르는 호기심으로 끝없이 영감을 주는 너희에게 우리는 영원히 고마워할 거야. 이 책에서 소개하는 미래선도자 기술 모두가 너희에게는 미래가 아니라 그냥 '평범한 일상'일 테지. 너희가 아주 편안하게 이런 혁신에 둘러싸여 있는 모습이 눈에 선하단다."

주

들어가며

1 Cell Press. "완벽히 새로운 것이 뇌를 자극한다." 〈사이언스데일리ScienceDaily〉, 2006년 8월 27일, www.sciencedaily.com/releases/2006/08/060826180547. htm. 2022년 12월 14일 확인.

2 하와이대학교 미래학연구센터. "Publications." 하와이대학교 마노아캠퍼스, 2022년, https://manoa.hawaii.edu/futures-center/publications/. 2022년 12월 29일 확인.

HOT 1. 멀티버스 아이덴티티

1 Vogue Business for Porsche. "자기 표현 기술을 예술로 승화시킨 패션 디자이너들." 〈보그비즈니스Vogue Business〉, 2021년 11월 26일, https:// www.voguebusiness.com/fashion/meet-the-fashion-designers- specializing-in-the-art-of-self-expression. 2022년 12월 14일 확인.

2 어도비커뮤니케이션스Adobe Communications. "새로운 자기 표현 시대: 다음 세대 는 소셜 미디어, 창의성, 진정성을 어떻게 다룰까." 어도비 블로그, 2022년 7월 5일, https://blog.adobe.com/en/publish/2022/07/05/new-era-of-self- expression-how-the-next-generation-are-tackling-socail-media- creativity-and-authenticity. 2022년 12월 14일 확인.

3 Nick Yee, Jeremy N Bailenson. "프로테우스 효과: 가상 현실에서의 자기 변 형." 〈Human Communication Research〉, vol. 33, no. 3, pp. 271~290. 가상인간상호작용연구소Virtual Human Interaction Lab, https://stanfordvr.

com/pubs/2007/the-proteus-effect-self-transformations-in-virtual-reality/. 2022년 12월 14일 확인.

4 Dean Takahashi. "레디플레이어미가 아바타 상호 운용성 API를 출시하다." 〈벤처비트VentureBeat〉. 2022년 10월 11일. https://venturebeat.com/games/ready-player-me-launches-api-for-avatar-interoperability/. 2022년 12월 14일 확인.

5 Webb Wright. "로레알이 메타버스에서 뷰티 제품을 출시하기 위해 레디플레이어미와 제휴하다." 〈The Drum〉. 2022년 11월 16일. https://www.thedrum.com/news/2022/11/16/l-or-al-teams-up-with-ready-player-me-launch-beauty-products-the-metaverse. 2022년 12월 14일 확인.

6 Kyle Wiggers. "디즈니가 지원하는 인월드가 인공지능 기반 가상 캐릭터를 위해 신규 투자를 유치하다." 〈TechCrunch〉. 2022년 8월 23일. https://techcrunch.com/2022/08/23/disney-backed-inworld-raises-new-cash-from-for-its-ai-powered-virtual-characters/. 2022년 12월 14일 확인.

7 Timmu Tõke. "질의응답: 아바타 창조의 미래." 삼성넥스트(블로그). 2022년 11월 7일. https://www.samsungnext.com/blog/q-a-timmu-toke-wolf3d. 2022년 12월 14일 확인.

8 Katie Willis. "똑같지만 더 좋다: 아바타를 통해 자신을 표현하는 방법." 〈피스닷오알지Phys.org〉. 2019년 8월 30일. https://phys.org/news/2019-04-avatars.html. 2022년 12월 14일 확인.

HOT 2. 몰입형 엔터테인먼트

1 Emily Yahr. "테일러 스위프트의 음악에서 단서를 찾는 것이 어떻게 팬들의 입덕을 부르는가." 〈워싱턴포스트Washington Post〉. 2022년 10월 20일. https://www.washingtonpost.com/arts-entertainment/2022/10/20/taylor-

swift-midnights-easter-eggs/. 2022년 12월 1일 확인.

2 David Sax. 《디지털이 할 수 없는 것들》. PublicAffairs, 2022년 11월 15일.

3 Charles Passy. "유치한 오락일까, 아니면 예술을 즐기는 전혀 새로운 방식일까? 어떤 것이든 반고흐 '몰입형' 전시회는 돈과 인기 둘 다 잡았다." 〈MarketWatch〉, 2021년 12월 27일, https://www.marketwatch.com/story/how-van-gogh-became-one-of-the-entertainment-worlds-biggest-star-in-2021-11640638081. 2022년 12월 1일 확인.

4 Yannick Trapman-O'Brien. 〈Undersigned〉. FringeArts, 2002, https://fringearts.com/event/undersigned/2022-09-11/. 2022년 12월 1일 확인.

5 Brit Dawson. "아바의 런던 라이브 콘서트: 전설의 팝 밴드가 경이로운 기술을 만나 다시 태어나다." 영국판 〈롤링스톤Rolling Stone〉, 2022년 5월 27일, https://www.rollingstone.co.uk/music/abba-voyage-live-london-review-17858/. 2022년 12월 1일 확인.

6 Cole Moreton. "우리는 기회를 잡았어요. 하지만 자칫하면 완전 쪽박 신세가 될 수도 있었어요! 아바의 비에른 울바에우스는 획기적인 아바타 콘서트가 1억 4000만 파운드짜리 도박이었다면서 하마터면 제작비만 날릴 뻔했다고 말한다." 〈메일온라인Mail Online〉, 2022년 11월 11일, https://www.dailymail.co.uk/femail/article-11403815/ABBAs-Bjorn-Ulvaeus-gamble-band-took-create-avatar-concert-backfired.html. 2022년 12월 1일 확인.

7 Juan Ramírez. "아바 보이지 공연 리뷰: 절대 평범한 아바 콘서트가 아니다." 〈뉴욕타임스New York Times〉, 2022년 5월 30일, https://www.nytimes.com/2022/05/30/arts/music/abba-voyage-review.html. 2022년 12월 1일 확인.

8 Fred Bronson. "아바의 '보이지' 라이브 콘서트가 런던에서 인기몰이 중이다: '티켓이 38만 장이나 팔렸어요'라고 베뉘 안데르손이 말한다." 〈버라이어티Variety〉, 2022년 5월 26일, https://variety.com/2022/music/news/abba-voyage-ticket-sales-benny-andersson-interview-1235278346/. 2022

년 12월 1일 확인.

9 상동.

10 Jill Goldsmith. "시크릿시네마가 투데이틱스에 인수되다: 미국 순회 공연 후에 LA에 몰입형 영화 및 TV 경험을 위한 상설 이벤트 시설을 마련할 예정이다." 〈데드라인Deadline〉, 2022년 9월 22일, https://deadline.com/2022/09/secret-cinema-todaytix-stranger-things-guardians-of-the-galaxy-1235124658/. 2022년 12월 1일 확인.

HOT 3. 검증된 미디어와 콘텐츠

1 Samantha Cole. "우리는 끝장났다: 이제는 모두가 인공지능으로 가짜 포르노를 만들고 있다." 〈바이스Vice〉, 2018년 1월 24일, https://www.vice.com/en/article/bjye8a/reddit-fake-porn-app-daisy-ridley. 2022년 12월 1일 확인.

2 Kelsey Sutton. "훌루가 미식축구 선수들의 얼굴과 대역 배우들의 몸을 합성한 새로운 딥페이크 광고를 만들었다." 〈애드위크Adweek〉, 2020년 9월 10일, https://www.adweek.com/convergent-tv/hulu-deepfakes-football-stars-faces-onto-body-doubles-in-new-sellouts-ad/. 2022년 12월 1일 확인.

3 Kyle Chua. "필리핀은 소셜 미디어와 인터넷 사용 시간이 여전히 세계 1위다." 〈래플러플러스Rappler+〉, 2021년 1월 28일, https://www.rappler.com/technology/internet-culture/hootsuite-we-are-social-2021-philippines-top-social-media-internet-usage/. 2022년 12월 1일 확인.

4 Kristin Snyder. "틱톡의 잘못된 정보가 지난 필리핀 대선에 결정적인 영향을 미쳤을까??" 〈dot.LA〉, 2022년 5월 10일, https://dot.la/tiktok-misinformation-philippines-election-2657296510.html. 2022년 12월 1일 확인.

5 Agence France-Presse(AFP). "세계 최초 공식적인 딥페이크 후보가 대한 민국에서 탄생했을까? 'AI 윤석열'을 만나보라, 재치있는 인공지능이 2022년 대선을 흥미롭게 만들어준다." 〈사우스차이나모닝포스트South China Morning Post〉, 2022년 2월 14일, https://www.scmp.com/news/asia/east-asia/ article/3166928/south-korean-worlds-first-official-deepfake- candidate-meet-ai. 2022년 12월 1일 확인.

6 K. C. Halm, C. Kalinowski IV, A. Kumar, J. Segal. "캘리포니아주는 정치 권에서의 딥페이크 비디오 사용과 포르노를 각각 규제하기 위한 두 가지 법 을 제정했다." 〈데이비스라이트트레메인Davis Wright Tremaine〉 블로그, 2019 년 10월 11일, https://www.dwt.com/blogs/artificial-intelligence-law- advisor/2019/10/california-deepfakes-law. 2022년 12월 1일 확인.

7 Reuters Staff. "중국이 가짜 뉴스와 딥페이크를 근절하기 위해 새로운 온라 인 콘텐츠 규칙을 마련하다." 〈로이터Reuters〉, 2019년 11월 29일, https:// www.reuters.com/article/us-china-technology/china-seeks-to-root- out-fake-news-and-deepfakes-with-new-online-content-rules- idUSKBN1Y30VU. 2022년 12월 1일 확인.

8 에델만Edelman. "20년간의 신뢰도 조사." 에델만, 2022년, https://www. edelman.com/20yearsoftrust/. 2022년 12월 1일 확인.

9 S. Aral, D. Roy, S. Vosoughi. "온라인에서의 진짜 뉴스와 가짜 뉴스의 확 산." 〈사이언스Science〉, vol. 359, no. 6380, pp. 1146~1151, https://www. science.org/doi/10.1126/science.aap9559. 2022년 12월 1일 확인.

10 GPT-3. "로봇이 이 글 전체를 작성했다. 아직도 두려운가, 인간?" 〈가 디언The Guardian〉, 2020년 9월 8일, https://www.theguardian.com/ commentisfree/2020/sep/08/robot-wrote-this-gpt-3. 2022년 12월 1일 확인.

11 James Pearson, Natalia Zinets. "우크라이나 대통령의 딥페이크 항복 동 영상." 〈로이터〉, 2022년 3월 17일, https://www.reuters.com/world/

europe/deepfake−footage−purports−show−ukrainian−presiden−
capitulating−2022−03−16/. 2022년 12월 1일 확인.

12 J. J. McCorvey. "이미지 인증 서비스를 제공하는 이 스타트업은 가짜 소셜
미디어 계정, 조작된 사진, 딥페이크 등등과 전쟁 중이다."〈패스트컴퍼니Fast
Company〉, 2019년 2월 19일, https://www.fastcompany.com/90299000/
truepic−most−innovative−companies−2019. 2022년 12월 1일 확인.

13 Mark Wilson. "허위 정보에 대응하는 가장 강력한 방법 중 하나가 조만간 당신
의 휴대전화에 탑재될 것이다."〈패스트컴퍼니〉, 2020년 10월 15일, https://
www.fastcompany.com/90564299/one−of−the−strongest−ways−to−
fight−misinformation−will−soon−be−right−in−your−phone. 2022년
12월 1일 확인.

14 J. J. McCorvey. "이미지 인증 서비스를 제공하는 이 스타트업은 가짜 소셜 미
디어 계정, 조작된 사진, 딥페이크 등등과 전쟁 중이다."〈패스트컴퍼니〉, 2019
년 2월 19일, https://www.fastcompany.com/90299000/truepic−most−
innovative−companies−2019. 2022년 12월 1일 확인.

15 Scott Lowenstein. "허위 정보를 방지하기 위해 안전한 정보 출처를 사용하
다."〈뉴욕타임스〉연구개발센터, 2021년 5월 5일, https://rd.nytimes.com/
projects/using−secure−sourcing−to−combat−misinformation. 2022년
12월 1일 확인.

16 Francis Fukuyama.《트러스트: 사회도덕과 번영의 창조Trust: The Social Virtues
and the Creation of Prosperity》Free Press, 1996년 6월 18일.

HOT 4. 스텔스 학습

1 틱톡TikTok. "#LearnOnTikTok." 틱톡, 2022년, https://www.tiktok.com/
tag/LearnOnTikTok. 2022년 12월 1일 확인.

2 Lars James Hamer. "틱톡의 중국 내 버전은 아동과 청소년의 일일 이용 시간

을 제한한다." 〈대츠That's〉, 2021년 9월 22일, https://thatsmags.com/tianjin/post/33448/china-imposes-40-minute-daily-limit-forchildren-on-tiktok. 2022년 12월 28일 확인.

3 Bryan Thoensen. "우리 커뮤니티 #LearnOnTikTok을 돕기 위해 투자하다." 틱톡, 2020년 5월 28일, https://newsroom.tiktok.com/en-us/investing-to-help-our-community-learn-on-tiktok. 2022년 12월 1일 확인.

4 Chris Anderson. "테드 큐레이터 크리스 앤더슨이 군중이 가속화시키는 혁신에 대하여 말하다." 〈와이어드Wired〉, 2018년 12월 27일, https://www.wired.com/2020/12/ff_tedvideos/. 2022년 12월 1일 확인.

5 GVU(Graphic, Visualization, Usability) 센터. "컨텍스트기반컴퓨팅그룹." 조지아공과대학교 GVU 센터, 날짜 미상, https://gvu.gatech.edu/research/labs/contextual-computing-group. 2022년 12월 4일 확인.

6 로블록스Roblox. "사람들이 함께 모이는 방식을 재창조하다." 로블록스코퍼레이션, 2022년, https://corp.roblox.com/. 2022년 12월 1일 확인.

7 Jonathan Ponciano. "Z세대의 게임 거인 로블록스가 기업공개 당시 공모가에서 50퍼센트가 급등해 시가 총액 420억 달러를 달성하다." 〈포브스Forbes〉, 2021년 3월 10일, https://www.forbes.com/sites/jonathanponciano/2021/03/10/roblox-valuation-hits-42-billion-as-gen-z-gaming-giant-skyrockets-50-in-ipo/?sh=377554353873. 2022년 12월 4일 확인.

8 David Fickling. "로블록스는 게임 사용 시간을 고려해야 하는 시점이 이미 지났다." 〈블룸버그Bloomberg〉, 2021년 3월 17일, https://www.bloomberg.com/opinion/articles/2021-03-17/roblox-must-heed-the-line-between-engagement-and-addiction-by-child-gamers?leadSource=uverify%20wall. 2022년 12월 1일 확인.

9 The Economist Business. "로블록스의 번창하는 가상 경제가 밈 주식의 다음 주자가 될까?" 〈이코노미스트Economist〉, 2021년 3월 13일, https://www.

economist.com/business/2021/03/13/will−robloxs−thriving−virtual−economy−make−it−the−next−mem−stock. 2022년 12월 1일 확인.

10 David Baszucki. "로블록스커뮤니티기금 출범." 로블록스 블로그, 2021년 11월 15일, https://blog.roblox.com/2021/11/introducing−roblox−community−fund/. 2022년 12월 1일 확인.

11 Rebecca Kantar. "로블록스가 제공하는 교수 학습의 새로운 도약." 로블록스 블로그, 2021년 11월 15일, https://blog/roblox/com/2021/11/next−chapter−of−teaching−and−learning−on−roblox/. 2022년 12월 1일 확인.

12 로블록스. "교수학습의 새로운 시대." 로블록스코퍼레이션, 2022년, https://education.roblox.com/. 2022년 12월 1일 확인.

13 로블록스. "로블록스가 무료 디지털 시민의식 프로그램을 시작하다; 교육자가 온라인 교과 과정 수업 중에 참여 도구로 사용할 수 있는 로블록스 게임 출시." 로블록스코퍼레이션, 2020년 9월 10일, https://ir.roblox.com/news/news−details/2020/Roblox−Creates−Free−Digital−Civility−Curriculum−Launches−Roblox−Game−as−Engaging−Tool−for−Educators−to−Teach−Course−Online/default.aspx. 2022년 12월 1일 확인.

14 메타Meta. "영향은 실질적일 것이다." 유튜브, 2022년 6월 15일, https://www.youtube.com/watch?v=80IIEnSNwQc. 2022년 12월 1일 확인.

15 Natasha Mascarenhas. "랩스터가 가상 과학 실험실 소프트웨어를 출시하기 위해 앤드리슨호로위츠로부터 수백만 달러의 투자를 유치하다." 〈테크크런치〉, 2021년 2월 10일, https://techcrunch.com/2021/02/10/labster−gets−millions−from−a16z−to−bring−virtual−science−lab−software−to−the−world/?guccounter=1. 2022년 12월 1일 확인.

16 Thomas McMullan. "가상 홀로코스트 생존자: 역사가 새로운 차원의 증언을 수집한 방법." 〈가디언〉, 2016년 6월 18일, https://www.theguardian.

com/technology/2016/jun/18/holocaust-survivor-hologram-pinchas-gutter-new-dimensions-history. 2022년 12월 4일 확인.

HOT 5. 사라지는 외로움

1 Merryana Salem. "〈노인과 청소년의 동거〉가 세대 간 우정의 건전한 힘을 활용하다." 〈정키Junkee〉, 2022년 9월 1일, https://junkee.com/old-peoples-fome-for-teenagers-review/340186#. 2022년 12월 14일 확인.

2 전미과학공학의학한림원National Academies of Sciences, Engineering, and Medicine. 《고령자들의 사회적 고립과 외로움: 보건의료시스템의 기회》 전미한림원출판 The National Academies Press, 2020년, https://doi.org/10.17226/25663. 2022년 12월 14일 확인.

3 Lydia Denworth. "'사회적 거리두기'로 인한 외로움이 뇌에서 배고픔과 비슷한 사회적 갈망을 유발한다." 〈사이언티픽아메리칸Scientific American〉, 2020년 4월 2일, https://www.scientificamerican.com/article/the-loneliness-of-the-social-distancer-triggers-brain-cravings-akin-to-hunger/. 2022년 12월 4일 확인.

4 Esteban Ortiz-Ospina. "사회적 고립은 사망률과 발병률을 증가시킨다." 세계경제포럼World Economic Forum, 2019년 7월 30일, https://www.weforum.org/agenda/2019/07/why-loneliness-damaging-to-your-health. 2022년 12월 14일 확인.

5 Newport Academy. "청년 외로움에 관한 사실들." Newport Academy, 2020년 5월 15일, https://www.newportacademy.com/resources/well-being/loneliness-in-young-prople. 2022년 12월 14일 확인.

6 배스대학교. "〈요양원에 간 네 살배기〉가 사회적 돌봄에서 어떻게 일대 혁신을 불러올 수 있을까." 배스대학교, 2022년, https://www.bath.ac.uk/case-studies/how-old-peoples-home-for-4-years-olds-might-force-a-

shake-up-in-social-care. 2022년 12월 15일 확인.

7 정치혁신연구소The Innovation in Politics Institute. "셀보-공동 생활 주거로 외로움을 종식시키다." 정치혁신연구소, 2022년, https://innovationinpolitics. eu/showroom/project/sallbo-ending-loneliness-by-living-together/. 2022년 12월 14일 확인.

8 Maddy Savage. "청년과 시니어가 반드시 함께 어울려야 하는 공동 주거 프로젝트." 〈BBC.com〉, 2020년 2월 14일, https://www.bbc.com/worklife/ article/20200212-the-housing-project-where-young-and-old-must-mingle. 2022년 13월 14일.

9 WSP. "스웨덴 인구 10명 중 6명이 외로움을 느낀다-젊은 청년과 대도시 주민 사이에서 외로움이 가장 만연해 있다." WSP, 2019년 9월 5일, https://www. wsp.com/sv-se/nyheter/2019/sex-av-tio-svenskar-kanner-sig-ensamma. 2022년 12월 14일 확인.

10 Maddy Savage. "청년과 시니어가 반드시 함께 어울려야 하는 공동 주거 프로젝트." 〈BBC.com〉, 2020년 2월 14일, https://www.bbc.com/worklife/ article/20200212-the-housing-project-where-young-and-old-must-mingle. 2022년 13월 14일.

11 Juliet Taylor. "캄풍애드미럴티: 싱가포르 최초 수직 공원 형태의 세대 통합형 은퇴자 커뮤니티." 〈Indesign Live Asia〉, 2022년 3월 25일, https://www. indesignlive.sg/segments/kampung-admiralty-design-architecture-history-more. 2022년 12월 14일 확인.

12 Cathy Free. "룸메이트 한 사람은 85세, 다른 사람은 27세다. 이러한 세대 간 동거가 증가하고 있다." 〈워싱턴포스트〉, 2022년 7월 15일, https:// washingtonpost.com/lifestyle/2022/07/15/multigenerational-housing-roommates-nesterly-senior/. 2022년 12월 14일 확인.

HOT 6. 가상 동반자

1 Zhang Wanging. "인공지능 여자친구가 중국의 외로운 남자들을 유혹한
다." 〈식스스톤Sixth Tone〉, 2020년 12월 7일, https://www.sixthtone.com/
news/1006531/thw-ai-girlfriend-seducing-chinas-lonely-man. 2022
년 12월 1일.

2 상동.

3 Geoff Spencer. "단순한 챗봇이 아니다: 중국의 샤오이스가 감정을 가진 인공
지능과 결합하여 수백만 명의 팬들을 사로잡는다." 마이크로소프트, 2018년 11
월 1일, https://news.microsoft.com/apac/features/much-more-than-
a-chatbot-chinas-xiaoice-mixes-ai-with-emotions-and-wins-
over-millions-of-fans/. 2022년 12월 1일 확인.

4 Thomas Hornigold. "이 챗봇은 6억 6,000만 명이 넘는 사용자를 거느리고
이제는 모든 사용자의 가장 친한 친구가 되고 싶어 한다." 〈싱귤래리티허브
Singularity Hub〉, 2019년 7월 14일, https://singularityhub.com/2019/07/14/
this-chatbot-has-over-660-million-users-and-it-wants-to-be-
their-best-friend/. 2022년 12월 1일 확인.

5 Zhang Wanging. "인공지능 여자친구가 중국의 외로운 남자들을 유혹한다."
〈식스스톤〉, 2020년 12월 7일, https://www.sixthtone.com/news/1006531/
thw-ai-girlfriend-seducing-chinas-lonely-man. 2022년 12월 1일.

6 Nathaniel Taplin. "너무 많은 청년이 중국 경제를 왜곡시킨다." 〈월스트리트
저널Wall Street Journal〉, 2022년 1월 13일, https://www.wsj.com/articles/
how-too-many-boys-skew-chinas-economy-11642083784. 2022년
12월 1일 확인.

7 Zhang Wanging. "인공지능 여자친구가 중국의 외로운 남자들을 유혹한다."
〈식스스톤〉, 2020년 12월 7일, https://www.sixthtone.com/news/1006531/
thw-ai-girlfriend-seducing-chinas-lonely-man. 2022년 12월 1일.

8 크립톤Crypton. "하츠네 미쿠가 누구일까?" 〈Crypton Future Media, INC〉, 날

짜 미상, https://ec.crypton.co.jp/pages/prod/virtualsinger/cv01_us. 2022
년 12월 1일 확인.

9 미켈라Miquela. [@lilmiquela]. 인스타그램, 2022년, https://www.instagram.
com/lilmiquela/?hl=en. 2022년 12월 1일 확인.

10 Zheping Huang. "중국 여성들이 가상 '남친'에게 수백만 달러를 쓴다." 〈쿼츠
Quartz〉, 2018년 1월 31일, https://qz.com/1193912/love-and-producer-
chinas-female-gamers-are-spending-millions-of-dollars-on-
virtual-boyfriends. 2022년 12월 1일 확인.

11 Clare Duffy. "마이크로소프트가 죽은 사람과 대화할 수 있는 챗봇 특허를 취
득했다. 이 챗봇의 제품화에 대한 논란이 아주 뜨거웠다." 〈CNN Business〉,
2021년 1월 27일, https://edition.cnn.com/2021/01/27/tech/microsoft-
chat-bot-patent/index.html. 2022년 12월 1일 확인.

12 Zhang Wanging. "인공지능 여자친구가 중국의 외로운 남자들을 유혹
한다." 〈식스스톤〉, 2020년 12월 7일, https://www.sixthtone.com/
news/1006531/thw-ai-girlfriend-seducing-chinas-lonely-man. 2022
년 12월 1일.

13 Karen Brown. "걱정이 있나요? 위봇에게 말하세요." 〈뉴욕타임스〉, 2021
년 6월 1일, https://www.nytimes.com/2021/06/01/health/artificial-
intelligence-therapy-woebot.html. 2022년 12월 1일 확인.

14 M. Czeisler, R. Lane, E. Petrosky 외 다수. "코로나19 팬데믹 기간에서의
정신 건강, 약물 사용, 자살 생각−미국, 2020년 6월 24~30일." 〈주간질병률
사망률보고서〉, vol. 69, no. 32, pp. 1049~1057, https://www.cdc.gov/
mmwr/volumes/69/wr/mm6932a1.html. 2022년 12월 1일 확인.

15 Christina Caron. "빈자리가 없다: 정신 건강 서비스 제공자들이 수요를 충
당하지 못한다." 〈뉴욕타임스〉, 2021년 9월 14일, https://www.nytimes.
com/2021/02/17/well/mind/therapy-appointments-shortages-
pandemic.html. 2022년 12월 1일 확인.

16 이 글을 쓰는 현재(2022년 11월), 위봇의 산후 우울증 서비스는 FDA로부터 혁신 의료기기 지정을 받았다. 이것은 전면 승인의 전 단계로 중간 조사 단계이다. 위봇헬스Woebot Health. "위봇헬스가 FDA로부터 산후 후울증 치료에 대한 혁신 의료기기 지정을 받았다." 〈위봇헬스〉, 2021년 5월 25일, https://woebothealth.com/woebot-health-receives-fda-breakthrough-device-designation/. 2022년 12월 1일 확인.

17 위봇헬스. "회사 소개About Us." 〈위봇헬스〉, 2022년, https://woebothealth.com/about/us/. 2022년 12월 1일 확인.

18 Tom Simonite. "치료사가 스마트폰 안으로 들어왔다-바로 챗봇 앱이다." 〈와이어드〉, 2022년 6월 17일, https://www.wired.com/story/therapist-in-chatbot-app/. 2022년 12월 1일 확인.

19 Erin Brodwin. "나는 2주간 내 불안증과 관련해 챗봇을 실험했다. 그리고 놀랍도록 도움이 된다는 사실을 알게 되었다." 〈비즈니스인사이더Business Insider〉, 2018년 1월 30일, https://www.businessinsider.com/therapy-chatbot-depression-app-what-its-like-woebot-2018-1?r=US&IR=T. 2022년 12월 1일 확인.

20 Karen Brown. "걱정이 있나요? 위봇에게 말하세요.." 〈뉴욕타임스〉, 2021년 6월 1일, https://www.nytimes.com/2021/06/01/health/artificial-intelligence-therapy-woebot.html. 2022년 12월 1일 확인.

21 A. Darcy, J. Daniels, D. Salinger, P. Wicks, A. Robinson. "디지털 대화 로봇과도 인간과 동일한 수준의 유대감을 구축할 수 있다는 증거: 단면·후향 관찰조사." 〈JMIR Formative Research〉, vol. 5, no. 5, 2021년, JMIR출판, https://formative.jmir.org/2021/5/e27868/. 2022년 12월 1일 확인.

22 Barclay Bram. "내 치료사는 로봇이다." 〈뉴욕타임스〉, 2022년 9월 27일, https://www.nytimes.com/2022/09/27/opinion/chatbot-therapy-mental-health.html. 2022년 12월 1일 확인.

23 Oracle News Connect. "글로벌 조사: 응답자의 82퍼센트는 로봇이 인

간보다 자신의 정신 건강 개선에 더 도움이 된다고 생각한다." 〈오라클
Oracle〉, 2022년, https://www.oracle.com/news/announcement/ai-at-
work-100720/. 2022년 12월 1일 확인.

24 Embodied. "Moxie." Embodied Moxie, 2022년, https://embodied.com/
products/buy-moxie-robot. 2022년 12월 1일 확인.

25 엘리큐ElliQ. "엘리큐 소개." 〈Intuition Robotics〉, 2022년, https://elliq.
com/. 2022년 12월 1일 확인.

26 호주치매협회. "호주치매협회가 호주정보산업협회가 수여하는 i어워드에서 인
공지능 아바타 테드로 최고기술상을 수상하다." 호주치매협회, 2020년 10월
13일, https://www.dementia.org.au/about-us/media-centre/media-
releases/dementia-australia-takes-top-tech-iawards-honours-ted-
ai. 2022년 12월 1일 확인.

HOT 7. 사이키델릭 웰니스

1 "실로시빈Psilocybin." 〈마음을 바꾸는 방법How to Change Your Mind〉 다큐멘터리
시리즈, 앨리슨 엘우드Allison Ellewood 감독, 마이클 폴란Michael Pollan 진행, 시즌
1, 제2장, 넷플릭스, 2022년.

2 Laura Miller. "일생일대의 여행." 〈슬레이트Slate〉, 2018년 5월 14일, https://
slate.com/culture/2018/05/lsd-research-michael-pollans-how-to-
change-your-mind-reviewed.html. 2022년 12월 15일 확인.

3 베클리재단Beckley Foundation. "사이키델릭 연구 연대기." 베클리재단, 2016년,
https://beckleyfoundation.org/psychedelic-research-timeline-2/. 2022
년 12월 14일 확인.

4 Drake Baer. "스티브 잡스가 명료한 정신을 유지하기 위해 LSD를 복용한 것
이 어떻게 그를 역사상 가장 위대한 제품 공상가로 만들었나." 〈비즈니스인사이
더〉, 2015년 1월 29일, https://www.businessinsider.com/steve-jobs-lsd-

meditation-zen-quest-2015-1?r=US&IR=T. 2022년 12월 15일 확인.

5 Lucas Richert. "사이키델릭 르네상스." 〈사이콜로지투데이Psychology Today〉, 2019년 8월 14일, https://www.psychologytoday.com/gb/blog/hygieias-workshop/201908/the-psychedelic-renaissance. 2022년 12월 14일 확인.

6 Paul Tullis. "엑스터시와 실로시빈이 어떻게 정신의학을 뒤흔드는가." 〈네이처 Nature〉, 2021년 1월 27일, https://www.nature.com/articles/d41586-021-00187-9. 2022년 12월 15일 확인.

7 Kate Kelland. "정신 건강 위기는 2030년이 되면 전 세계에 16조 달러의 경제적 손실을 입힐 수 있다." 〈로이터〉, 2018년 10월 9일, https://www.reuters.com/article/us-health-mental-global-idUSKCN1MJ2QN. 2022년 12월 15일 확인.

8 이코노미스트. "항우울제를 더 효과적으로 사용하는 방법." 〈이코노미스트〉, 2022년 10월 19일, https://www.economist.com/science-and-technology/2022/10/19/how-to-make-better-use-of-antidepressants. 2022년 12월 15일 확인.

9 Manish Agrawal. "사이키델릭이 암환자의 우울증과 불안증을 없애줄 수도 있다." 〈워싱턴포스트〉, 2022년 4월 2일, https://www.washingtonpost.com/health/2022/04/04/cancer-psychedelics-psilocybin-anxiety-depression/. 2022년 12월 15일 확인.

10 상동.

11 존스홉킨스의과대학뉴스룸Johns Hopkins Medicine Newsroom. "실로시빈 치료가 주요 우울증을 앓는 대부분 환자에게 최대 1년까지 효력을 발휘한다는 연구 결과가 있다." 존스홉킨스의과대학, 2022년 2월 15일, https://www.hopkinsmedicine.org/news/newsroom/news-releases/psilocybin-treatment-for-major-depression-effective-for-up-to-a-year-for-most-patients-study-shows. 2022년 12월 15일 확인.

12 Vicky Ge Huang. "사이키델릭에 투자하는 방법." 〈비즈니스인사이

더〉, 2021년 9월 15일, https://www.businessinsider.com/investing-psychedelics-biotech-billionaire-crypto-spacs-longevity-space-christian-angermayer-2021-9. 2022년 12월 15일 확인.

13 상동.

14 COMPASS Pathways. "콤프360 실로시빈 치료가 미국정신신경센터American Centre for Psychiatry and Neurology에서 진행된 제2형 양극성 장애(조울증)에 대한 공개 연구에서 잠재력이 증명되었다." 〈글로브뉴스와이어GlobeNewswire〉, 2022년 12월 8일, https://www.globenewswire.com/news-release/2022/12/08/2569941/0/en/COMP360-psilocybin-therapy-shows-potential-in-open-label-study-in-type-II-bipolar-disorder-presented-at-ACNP.html. 2022년 12월 15일 확인.

15 Vicky Ge Huang. "사이키델릭에 투자하는 방법." 〈비즈니스인사이더〉, 2021년 9월 15일, https://www.businessinsider.com/investing-psychedelics-biotech-billionaire-crypto-spacs-longevity-space-christian-angermayer-2021-9. 2022년 12월 15일 확인.

16 Chris Bryant. "마법의 버섯이 투자자들을 깊은 환각 상태에 빠뜨린다." 〈블룸버그〉, 2022년 4월 14일, https://www.bloomberg.com/opinion/articles/2022-04-14/psychedelics-stocks-like-atai-life-sciences-are-having-a-bad-psilocybin-trip?leadSource=uverify%20wall. 2022년 12월 15일 확인.

17 Christian Angermayer. "사이키델릭, 어디로 가시나이까—기분전환용, 아니면 치료용?" 크리스천월드Christian's World, 2022년 7월 18일, 〈링크드인LinkedIn〉, https://www.linkedin.com/pulse/psychedelics-quo-vadis-recreational-medical-use-angermayer/. 2022년 12월 15일 확인.

18 Tripp. "홈페이지." Tripp, 2022년, https://www.tripp.com/. 2022년 12월 15일 확인.

19 Sean Illing. "사이델릭 약물의 탁월한 치료 잠재력." 〈복스Vox〉, 2019년 3월 8

일, https://www.vox.com/science-and-health/2019/1/10/18007558/denver-psilocybin-psychedelic-mushrooms-ayahuasca-depression-mental-health. 2022년 12월 15일 확인.

20 Oliver Burkeman. "마음을 바꾸는 방법: 마이클 폴란이 들려주는 새로운 사이키델릭 과학-리뷰." 〈가디언〉, 2018년 5월 22일, http://www.theguardian.com/books/2018/may/22/how-to-change-mind-new-science-psychedelics-michael-pollan-review. 2022년 12월 15일 확인.

HOT 8. 건강과 웰빙을 부르는 공간

1 ecoLogicStudio. "에어버블: 공기를 정화하는 친환경 기계." ecoLogicStudio, 날짜 미상, https://www.ecologicstudio.com/products/air-bubble-air-purifying-eco-machine. 2022년 12월 4일 확인.

2 상동.

3 미국환경보호청. "실내 공기 질." 환경보고서, 2021년 9월 7일, https://www.epa.gov/report-environment/indoor-air-quality. 2022년 12월 1일 확인.

4 세계보건기구. "대기 오염." 세계보건기구, 2022년, https://www.who.int/health-topics/air-pollution#tab=tab_1. 2022년 12월 1일 확인.

5 상동.

6 글로벌타임스Global Times. "니폰페인트의 안티바이러스키즈페인트가 미국 실험실 테스트를 통과하고 중국의 항바이러스 기준을 충족시킨다." 〈글로벌타임스〉, 2020년 12월 21일, https://www.globaltimes.cn/content/1210524.shtml. 2022년 12월 4일 확인.

7 Wisma Atria. "안전하게 돌아오신 걸 환영합니다!" Wisma Atria, 2022년, https://www.wismaonline.com/happenings/whats-on/welcoming-you-back-safely/. 2022년 12월 1일 확인.

8 미국질병통제예방센터CDC. "55세 이상 미국인들의 만성 질환 비율." CDC,

2015년 11월 6일, https://www.cdc.gov/nchs/health_policy/adult_
chronic_conditions.htm. 2022년 12월 29일 확인.

9   ES. Ford, MM. Bergmann, J. Kroger 외 다수. "건강하게 사는 것이 최고
    의 복수다: 유럽암영양전향연구 결과-포츠담 연구."〈Archives of Internal
    Medicine〉, 2009년 8월 1일, vo. 169, no. 15, pp. 1355~1362, https://
    europepmc.org/article/med/19667296. 2022년 12월 29일 확인.

10 Gautam Gulati. 직접 인터뷰. 2022년 10월 17일.

11 쓰리가든로드Three Garden Road. "홍콩 최초 웰플래티넘 인증 빌딩." 쓰리가든로
    드, 2016년, https://www.threegardenroad.com/en/wellness-hub.html.
    2022년 12월 1일 확인.

12 챔피언부동산투자신탁회사Cahmpion REIT. "홍콩의 기존 건축물 중에서 쓰
    리가든로드가 최초로 웰플래티넘 인증을 받았다."〈Asia Corporate News
    Network〉, 2020년 2월 10일, https://www.acnnewswire.com/press-
    release/english/57192/three-garden-road-becomes-first-existing-
    building-awarded-with-well-certification-at-platinum-level-in-
    hong-kong. 2022년 12월 4일 확인.

13 웰WELL. "웰이 새로운 이정표를 달성했다. 웰인증 프로그램에 등록된 건축
    물 면적이 40억 제곱피트를 넘어섰다." 국제웰건축물연구소International WELL
    Building Institute, 2022년 8월 3일, https://resources.wellcertified.com/
    press-releases/well-hits-new-milestone-tops-4-billion-square-
    feet-of-space/. 2022년 12월 1일 확인.

14 Karen Mangia. "일하기 좋은 환경: 국제웰건축물연구소의 최고경영자 레이
    철 호지던이 기업들이 정신, 정서, 사회, 신체, 재무 모두의 웰니스를 지지하고
    지탱하는 문화를 어떻게 구축하는지 알려준다."〈Authority Magazine〉, 2022
    년 7월 20일,〈미디엄Medium〉, https://medium.com/authority-magazine/
    working-well-rachel-hodgdon-of-international-well-building-
    institute-on-how-companies-are-creating-f4385bcd2eap. 2022년 12

월 1일 확인.

15 Olivia Petter. "에퀴녹스호텔 체험기: 뉴욕 허드슨야드에서 웰니스가 럭셔리와 만나다." 〈인디펜던트Independent〉, 2022년 3월 17일, https://www. independent.co.uk/travel/hotels/equinox-hotel-review-new-york-b2031850.html?r=17449. 2022년 12월 1일 확인.

16 Cory Stieg. "'스마트' 주택은 잊어라: 베벌리힐스에 위한 2,450만 달러짜리 이 '웰니스 맨션'은 인체공학적으로 디자인된 바닥과 햇빛과 똑같은 자연광 조명 시설을 자랑한다." 〈CNBC Make It〉, 2019년 9월 20일, https://www.cnbc. com/2019/09/20/beverly-hills-mansion-indludes-delos-wellness-features-.html. 2022년 12월 1일 확인.

17 H. Amieva, J. Benois-Pineau, M. Pech 외 다수. "시니어 재택 돌봄에서 사용되는 낙상 감지와 예방 시스템: 상상일까, 현실일까?" 〈JMIR Aging〉, vol. 4, no. 4, 2021년, JMIR출판, https://aging.jmir.org/2021/4/e29744. 2022년 12월 1일 확인.

HOT 9. 녹색 처방전

1 Florence Williams. "자연 속에서 당신의 뇌가 깨어난다." 〈내셔널지오그래픽National Geographic〉, 날짜 미상, https://www.nationalgeographic.com/ magazine/article/call-to-wild. 2022년 12월 29일 확인.

2 T. Kagawa, T. Kasetani, Y. Miyazaki, B. 박, Y. Tsunetsugu. "산림욕의 심리적 효과: 일본 전역에 있는 숲 24곳에서 진행한 현장 실험의 결과." 〈환경건강예방의학Environ Health Preventive Medicine〉, vol. 15, no. 1, 2010년, pp. 18~26. 국립의학도서관National Library of Medicine. https://pubmed.ncbi.nih. gov/19568835/. 2022년 12월 1일 확인.

3 M. Annerstedt, P. Währborg. "자연 매개 치료: 통제 관찰 연구에 대한 체계적인 리뷰." 〈스칸디나비아공중보건저널Scandinavian Journal of Public Health〉, vol.

39, no. 4, pp. 371~388. 국립의학도서관, https://pubmed.ncbi.nlm.nih. gov/21273226/. 2022년 12월 1일 확인.

4 상동.

5 M.P. White, I. Alcock, J. Grellier 외 다수. "매주 최소 120분 자연에서 시간을 보내는 것은 건강과 웰빙에 유익하다." 〈사이언티픽리포트Scientific Reports〉, vol. 9, no. 7730, 2019년, https://doi.org/10.1038/s41598-019-44097-3. 2022 년 12월 1일 확인.

6 Maddy Savage. "프리로프트슬리브: 북유럽의 야외 활동 개념", 워크라이프 Worklife, 2017년 12월 10일, 〈BBC.com〉, https://www.bbc.com/worklife/ article/20171211-friluftsliv-the-nordic-concept-of-getting-outdoors. 2022년 12월 1일 확인.

7 미국환경보호청. "실내 공기 질." 〈환경보고서〉, 2021년 9월 7일, https:// www.epa.gov/report-environment/indoor-air-quality. 2022년 12월 1일 확인.

8 닐슨Nielsen. "닐슨 총 시청자 보고서: 2020년 4월." 닐슨, 2020년 4월, https:// www.nielsen.com/insights/2020/the-nielsen-total-audience-report- april-2020/. 2022년 12월 1일 확인.

9 Ephrat Linvi. "이것은 자연과의 거리가 우리의 건강에 어떤 영향을 미치는 지 보여준다." 세계경제포럼, 2019년 3월 1일, https://www.weforum.org/ agenda/2019/03/psychoterratica-is-the-trauma-caused-by-distance- from-nature. 2022년 12월 1일 확인.

10 영국환경식품농무부, 영국보건사회복지부, Natural England, Rebecca Pow MP. "사람을 자연과 연결시키는 것이 정신 건강을 어떻게 개선하는지 테스트 하기 위한 새로운 장소들." GOV.UK, 2020년 12월 9일, https://www.gov. uk/government/news/new-sites-to-test-how-connecting-people- with-nature-can-improve-mental-health. 2022년 12월 1일 확인.

11 GOV.UK. "녹색 사회적 처방: 관심 표현을 촉구한다." GOV.UK, 2021

년 3월 3일, https://www.gov.uk/government/publications/green-social-prescribing-call-for-expressions-of-interest/green-social-prescribing-call-for-expressions-of-interest. 2022년 12월 1일 확인.

12 Rachel Cook. "사회적 처방: 자연의 치료력." Natural England, 2022년 4월 12일, GIV.UK, https://naturalengland.blog.gov.uk/2022/04/22/social-prescribing-the-power-of-nature-as-treatment/. 2022년 12월 1일 확인.

13 A. Bligh, H. Squire, G. Ware. "3D 프린터로 만든 약부터 사회적 처방까지-당신을 위해 만든 약, 3부." 〈The Conversation〉, 2020년 3월 3일, https://theconversation.com/from-3d-printing-drugs-to-social-prescribing-medicine-made-for-you-part-3-132817. 2022년 12월 1일 확인.

14 야생동물신탁The Wildlife Trusts. "자연 처방이 가성비가 탁월하다는 새로운 보고서가 나왔다." 야생동물신탁, 2019년 10월 10일, https://www.wildlifetrusts.org/news/new-report-reveals-social-prescribing-nature. 2022년 12월 1일 확인.

15 영국환경식품농무부, 조지 유스티스George Eustice 의원. "조지 유스티스의 환경 회복에 관한 연설: 2020년 7월 20일." GOV.UK, 2020년 7월 20일, https://www.gov.uk/government/speeches/george-eustice-speech-on-environmental-recovery-20-july-2020. 2022년 12월 1일 확인.

16 Nilofer Merchant. "회의 있으세요? 그럼 산책하면서 하세요." 〈테드TED〉, 2013년, https://www.ted.com/talks/nilofer_merchant_got_a_meeting_take_a_walk#t=38870. 2022년 12월 1일 확인.

17 The Spheres. "우리 건물에 대해 알아보기." The Spheres, 2022년, https://www.seattlespheres.com/. 2022년 12월 1일 확인.

퓨처 노멀

HOT 10. 신진대사 모니터링

1 Claudia Hammond. "하루에 꼭 만보를 걸어야 할까?"〈BBC.com〉, 2019년 7월 28일, https://www.bbc.com/future/article/20190723-10000-steps-a-day-the-right-amount. 2022년 12월 15일 확인.

2 Gretchen Reynolds. "건강을 위해 정말로 하루에 만보를 꼭 걸어야 할까?"〈뉴욕타임스〉, 2021년 7월 6일, https://www.nytimes/com/2021/07/06/well/move/10000-steps-health.html. 2022년 12월 15일 확인.

3 Kate Kelland. "전 세계 사망자 5명 중에 1명은 건강하지 못한 식습관과 관련이 있다." 세계경제포럼, 2019년 4월 4일, https://www.weforum.org/agenda/2019/04/one-in-five-deaths-worldwide-linjed-to-unhealthy-diet/. 2022년 12월 15일 확인.

4 Pamela Denise Marshall-Koons. "음식 자살Food Suicide."〈더게인즈빌선The Gainesville Sun〉, 2022년, https://eu.gainesville.com/story/opinion/2021/11/02/food-suicide/8553164002/. 2022년 12월 15일 확인.

5 하버드보건대학원. "2030년이 되면 미국 인구의 절반 가까이가 비만일 것으로 예상된다." 하버드보건대학원, 2019년 12월 18일, https://www.hsph.harvard.edu/news/press-releases/half-of-us-to-have-obesity-by-2030/. 2022년 12월 15일 확인.

6 미국질병통제예방센터CDC 뉴스룸. "CDC 새 보고서: 1억 명이 넘는 미국인이 당뇨병 혹은 당뇨병 전 단계이다." CDC, 2017년 7월 18일, https://www.cdc.gov/media/releases/2017/p0718-diabetes-report.html. 2022년 12월 15일 확인.

7 J. Araújo, J. Cai, J. Stevens. "미국 성인의 최적 대사 건강 유병률: 국민건강영양조사 2009-2016년." 메리앤리버트출판사, 2019년 2월 8일, https://www.liebertpub.com/doi/10.1089/met.2018.0105#:~:text=Conclusions%3A%20Prevalence%20of%20metabolic%20health,serious%20implications%20for%20public%20health. 2022년 12월 15일 확인.

8 팀타입원재단Team Type 1 Foundation. "Phil Southerland." 팀타입원재단, 날짜 미상, https://www.teamtype1.org/bio/phil-southerland/. 2022년 12월 15 일 확인.

9 Maija Ehlinger. "1,350만 달러의 투자를 유치한 애틀랜타의 프로 사이클 선수 가 운동선수들을 위한 혈당추적을 재창조하고 있다." 〈Hypepotamus〉, 2021 년 5월 12일, https://hypepotamus.com/feature/supersapiens-funding/. 2022년 12월 15일 확인.

10 슈퍼사피엔스Supersapiens. "홈페이지." 슈퍼사피엔스, 2022년, https://www. supersapiens.com/en-EN/?us=yes. 2022년 12월 15일 확인.

11 Strategic Market Research LLP. "연속혈당측정 시장이 연 평균 11.5퍼센트 성장하면서 2030년이 되면 163억 3,000만 달러에 이를 것이다." 〈글로브뉴스 와이어〉, 2022년 9월 13일, https://www.globenewswire.com/en/news-release/2022/09/13/2515227/0/en/Continuous-Glucose-Monitoring-CGM-market-to-Reach-16-33-Billion-by-2030-Growing-at-a-CAGR-of-11-5.html. 2022년 12월 15일 확인.

12 삼성전자 뉴스룸. "삼성 연구가들이 개발한 비침습 혈당측정법이 과학 저 널 〈사이언스어드밴시스〉에 실렸다.'" 삼성전자 뉴스룸, 2020년 1월 29 일, https://news.samsung.com/global/samsung-researchers-non-invasive-blood-glucose-monitoring-method-featured-in-science-advances. 2022년 12월 15일 확인.

13 James Titcomb. "애플과 영국의 한 기술 기업과 계약이 성사된다면 애플 워치 는 혈당과 알코올 수치 측정이 가능해질 것이다." 〈텔레그래프The Telegraph〉, 2021년 5월 1일, https://www.telegraph.co.uk/technology/2021/05/01/ apple-watch-could-add-blood-sugar-alcohol-readings-deal-uk-tech/. 2022년 12월 15일 확인.

14 Phil Edwards. "조깅을 하면 이상한 사람 취급을 받았다." 〈복스〉, 2015년 8 월 9일, https://www.vox.com/2015/8/9/9115981/running-jogging-

history. 2022년 12월 15일 확인.

15 Carolyn Gregoire. "요가가 어떻게 270억 달러 규모의 산업이 되고 미국인들의 영성을 재창조했을까." 〈허프포스트Huffpost〉, 2013년 12월 16일, https://www.huffingtonpost.co.uk/entry/how-the-yoga-industry-los_n_4441767. 2022년 12월 15일 확인.

HOT 11. 창의성의 증가

1 Kevin Roose. "인공지능이 생성한 사진이 미술전에서 수상했다. 예술계는 반발한다." 〈뉴욕타임스〉, 2022년 9월 2일, https://www.nytimes.com/2022/09/02/technology/ai-artificial-intelligence-artists.html. 2022년 12월 17일 확인.

2 R. J. Palmer[@arvalis]. "새로운 이미지 생성 인공지능 도구가 완벽히 인간이 만든 것처럼 보이는 예술 작품을 창작할 능력을 갖추었다. 아티스트로서 나는 지극히 우려하는 바다." 트위터, 2022년 8월 13일, https://twitter.com/arvalis/status/1558623545374023680. 2022년 12월 17일 확인.

3 Drew Harwell. "그는 인공지능을 사용해 미술 대회에서 입상했다. 이것은 사기였을까?"〈워싱턴포스트〉, 2022년 9월 2일, https://www.washingtonpost.com/technology/2022/09/02/midjourney-artificial-intelligence-state-fair-colorado/. 2022년 12월 17일 확인.

4 James Young, Martin Staaf. "스테이블디퓨전-생성형 인공지능의 창의력을 활용하다." BBDO, 날짜 미상, https://bbdo.com/thinking/638e1133f1e61dcd71ce2f7a. 2022년 12월 17일 확인.

5 Reeps100. "인공지능으로 제2의 자아를 창조하다." Reeps100, 2022년, https://reeps100.com/project/second-self. 2022년 12월 17일 확인.

6 John Smith. "IBM의 왓슨이 세계 최초 '인공지능 기반 영화 예고편'을 만들다." IBM, 2016년 8월 31일, https://www.ibm.com/blogs/think/2016/08/

cognitive-movie-trailer. 2022년 12월 17일 확인.

7 Kevin Roose. "생성형 인공지능의 데뷔 러시, 실리콘밸리에 부는 새로운 열풍이다." 〈뉴욕타임스〉, 2022년 10월 21일, https://www.nytimes.com/2022/10/21/technology/generative-ai.html. 2022년 12월 17일 확인.

8 Roberto Torres. "깃허브 코파일럿 출시 한 달만에 40만 명의 구독자를 추가하다." 〈CIODive〉, 2022년 8월 1일, 〈Industry Dive〉, https://www.ciodive.com/news/gitgub-copilot-microsoft-software-developer/628587/. 2022년 12월 17일 확인.

9 상동.

10 Eirini Kalliamvakou. "연구: 깃허브 코파일럿이 개발자의 생산성과 행복에 미치는 임팩트 정량화하기." 〈깃허브〉, 2022년 9월 7일, https://github.blog/2022-09-07-research-quantifying-github-copilots-impact-on-develop-productivity-and-happiness. 2022년 12월 17일 확인.

11 The Generalist. "끝없는 미디어." 〈The Generalist〉, 2022년 12월 4일, https://www.generalist.com/briefing/endless-media. 2022년 12월 17일 확인.

12 Hendrik Haverkamp. "한 교사가 학생들이 시험에서 인공지능 도구를 사용하도록 허용한다-교사가 이 경험에서 배운 교훈." 〈The Decoder〉, 2022년 10월 30일, https://the-decoder.com/a-teacher-allows-ai-tools-in-examheres-what-he-learned/. 2022년 12월 17일 확인.

13 James Vincent. "인공지능으로 생성된 답변이 코딩 질의응답 사이트 스택오버플로에서 일시적으로 금지된다." 〈더버지 The Verge〉, 2022년 12월 5일, https://www.theverge.com/2022/12/5/23493932/chatgpt-ai-generated-answers-temporarily-banned-stack-overflow-llms-dangers. 2022년 12월 17일 확인.

14 Clive Thompson. "인공지능이 생성한 글은 한마디로 개소리다." 〈미디엄〉, 2022년 12월 6일, http://clivethompson.medium.com/on-bullshit-and-

ai-generated-prose-611a0f899c5. 2022년 12월 17일 확인.

15 이코노미스트. "거대한 '파운데이션 모델들'이 인공지능 발전을 가속화시킨
다." 〈이코노미스트〉, 2022년 6월 11일, https://www.economist.com/
interactive/briefing/2022/06/11/huge-foundation-models-are-turbo-
charging-ai-progess. 2022년 12월 17일 확인.

16 James Vincent. "인공지능 저작권 관련 법규를 다시 쓸 수도 있는 소송." 〈더버
지〉, 2022년 11월 8일, https://www.theverge.com/2022/11/8/23446821/
microsoft-openai-github-copilot-class-action-law-suit-ai-
copyright-violation-training-data. 2022년 12월 17일 확인.

17 Arthur C Clarke. 《미래에 대한 조망: 가능성의 한계에 대한 탐구》, Henry
Holt & Company, 1984년.

HOT 12. 보편적인 원격 근무

1 티모바일T-Mobile 네덜란드 법인. "5G가 가능하게 해주는 원격 타투 시술." 〈유튜
브〉, 2020년 9월 7일, http://www.youtube.com/watch?v=GSbaqCe747Q.
2022년 12월 2일 확인.

2 Flavio Lo Scalzo. "간호사 로봇 토미가 이탈리아 의사들을 코로나바이러스로
부터 안전하게 지켜준다." 〈로이터〉, 2020년 4월 1일, https://www.reuters.
com/article/us-health-coronavirus-italy-robots-idUSKBN21J67Y.
2022년 12월 2일 확인.

3 Alastair Leithead. "미국의 드론 본부를 가다." 〈BBC.com〉, 2012년 4월 5일,
https:www.bbc.com/news/world-us-canada-17516156. 2022년 12월
2일 확인.

4 Brad Anderson. "아인라이드Einride 팟Pod은 톱기어 트랙을 달린 최초 자율
주행 전기 화물 트럭이다." 〈Carscoops〉, 2020년 10월 22일, https://www.
carscoops.com/2020/10/einride-pod-is-the-first-autonomous-

electric-freight-truck-to-hit-top-gears-track/. 2022년 12월 2일 확인.

5 아인라이드. "원격 팟 운영자." 아인라이드, 날짜 미상, https://jobs.level.co/
einride/3823060f-3093-46fc-8a16-1f7cee88da29. 2022년 12월 2일 확인.

6 맥킨지앤드컴퍼니. "교통을 파괴하다: 아인라이드 창업자 로베르트 팔크와의
인터뷰." 맥킨지앤드컴퍼니, 2022년 8월 2일, https://www.mckinsey.com/
capabilities/operations/our-insights/global-infrastructure-initiative/
voices/disrupting-transport-an-interview-with-robert-falck-of-
einride. 2022년 12월 2일 확인.

7 아인라이드. "원격 조종과 트럭 화물 운송의 미래." 아인라이드, 2021년 12월
7일, https://www.einride.tech/insights/remote-operation-and-the-
future-of-trucking. 2022년 12월 2일 확인.

8 Greg Gardner. "원격 제어로 트럭을 운전하고 싶은가? 아인라이드가 트럭 원
격 운영자를 모집하고 있다." 〈포브스Forbes〉, 2020년 2월 27일, https://www.
forbes.com/sites/greggardner/2020/02/27/want-to-drive-your-truck-
by-remote-control-einride-is-hiring/?sh=6f8a22937fd6. 2022년 12월 2
일 확인.

9 아인라이드. "아인라이드는 2020년 회사 역사상 최초의 원격 운영자를 채용할
예정이다." 아인라이드, 2020년 3월 9일, http://www.einride.tech/insights/
einride-will-hire-its-first-remote-autonomous-truck-operator-
in-2020. 2022년 12월 2일 확인.

10 맥킨지앤드컴퍼니. "교통을 파괴하다: 아인라이드 창업자 로베르트 팔크와의
인터뷰." 맥킨지앤드컴퍼니, 2022년 8월 2일, https://www.mckinsey.com/
capabilities/operations/our-insights/global-infrastructure-initiative/
voices/disrupting-transport-an-interview-with-robert-falck-of-
einride. 2022년 12월 2일 확인.

11 아인라이드. "티퍼니와 화물 운송의 미래." 아인라이드, 2022년 3월 21일,
https://www.einride.tech/insights/tiffany-and-the-future-of-

shipping. 2022년 12월 2일 확인.

12 Belmont Lay. "중국 광부들은 집에서 5G 원격 제어 기술을 이용해 광산에 있는 중장비를 작동시킨다." 〈Mothership〉, 2020년 8월 26일, https://mothership.sg/2020/08/china-miners-5g-machinery/. 2022년 12월 2일 확인.

13 Joe Devanesan. "일본의 편의점 체인 훼미리마트는 매장 내 로봇으로 승부수를 띄운다." 〈Techwire Asia〉, 2020년 7월 22일, https://techwireasia.com/2020/07/japans-familymart-hedges-bets-on-in-store-robots/. 2022년 12월 2일 확인.

14 Master Blaster. "일본 도쿄에 거동이 힘든 중증 장애인들이 제어하는 로봇들이 일하는 카페가 개업했다." 〈Sora News〉, 2018년 11월 29일, https://soranews24.com/2018/11/29/cafe-opens-in-tokyo-staffed-by-robots-controlled-by-paralyzed-people/. 2022년 12월 2일 확인.

HOT 13. 일의 해체와 재구성

1 Madison Darbyshire. "변호사 두 명이 짝을 이뤄 파트너 직급에서 직무를 공유한다." 〈파이낸셜타임스Financial Times〉, 2019년 10월 16일, https://www.ft.com/content/f650bb6a-ca46-11e9-af46-b09e8bfe60c0. 2022년 12월 2일 확인.

2 Nigel Davies. "원격 근로자들이 어떻게 차별받는지 보여주는 새로운 데이터가 나왔다." 〈포브스〉, 2021년 4월 19일, https://www.forbes.com/sites/nigeldavies/2021/04/19/new-data-reveals-how-remote-workers-are-fetting-short-changed/?sh=c6b191b5de09. 2022년 12월 2일 확인.

3 Angela Priestley. "'직무에 대한 헌신이 부족하다고 여겨지며 승진에서 불이익을 당하다': 파트타임 근무의 함정." 〈Women's Agenda〉, 2019년 2월 7일, https://womensagenda.com.au/latest/overlooked-for-promotion-

perceived-to-lack-commitment-the-perils-of-part-time-work/.
2022년 12월 2일 확인.

4 Danna Lorch. "잡셰어링이 유연 근무제 문제에 대한 해결책일까?" 〈패스트컴
퍼니〉, 2021년 7월 29일, http://www.fastcompany.com/90658962/is-job-
sharing-the-solution-to-our-flexible-work-problems. 2022년 12월 2일
확인.

5 S.N. "네덜란드에 파트타임 근로자 인구가 유독 많은 이유는 무엇일까?"
〈이코노미스트〉, 2015년 5월 12일, https://www.economist.com/the-
economist-explains/2015/05/11/why-do-many-dutch-people-
work-part-time. 2022년 12월 2일 확인.

6 E. Barker, B. Day, B. Stanislas. "잡셰어링으로 일과 양육을 다 잡은 아빠들
의 날을 축하해요!" 영국 공무원 블로그, 2019년 6월 14일, GOV.UK, https://
civilservice.blog.gov.uk/2019/0614/happy-job-sharing-caring-
fathers-day/. 2022년 12월 2일 확인.

7 롤셰어Roleshare. "보험회사 아비바의 고위 임원 두 사람이 역할 공유제를 남성
들에게 매우 유익한 근무 방식이라고 생각하는 이유." 〈Talk Roleshare〉 팟캐
스트, 시즌1, 7회, 2019년 11월 15일, https://www.roleshare.com/toolkit/
podcasts/men-can-flex-aviva-group-sustainability-public-policy-
director-sam-white-will-mcdonald. 2022년 12월 2일 확인.

8 롤셰어. "FAQ." 〈롤셰어〉, 2022년, https://www.roleshare.com/faq. 2022년
12월 2일 확인.

9 ADP 뉴스룸. "팬데믹 시대의 1년: ADP연구소가 글로벌 조사를 통해 노동 환경
과 근무 태도가 어떻게 변화했는지 보여준다." 〈ADP 뉴스룸〉, 2021년 4월 28
일, https://mediacenter.adp.com/2021-04-28-One-Year-into-the-
Pandemic-ADP-Research-Institute-R-Uncovers-How-Working-
Conditions-and-Attitudes-Have-Changed-in-Global-Study. 2022년
12월 2일 확인.

10 영국정부평등청 행동통찰팀. "취리히보험과의 공동 현장 실험으로 모든 구인 광고를 파트타임 직무로 게시하다." GOV.UK, 2020년 11월 17일, https://www.gov.uk/government/publications/a-field-trial-with-zurich-insurance-to-advertise-all-jobs-as-part-time. 2022년 12월 2일 확인.

11 취리히보험. "취리히보험이 모든 구인 광고를 유연 근무제로 게시한 후에 고위 직에 대한 여성 지원자가 증가했다." 취리히보험, 2020년 11월 17일, https://www.zurich.co.uk/media-centre/zurich-sees-leap-in-women-applying-for-senior-roles-after-offering-all-jobs-as-flexible. 2022년 12월 2일 확인.

12 Ashleigh Webber. "구인 광고에서 유연 근무제를 권고했을 때 지원자가 30 퍼센트 증가했다." 〈Personnel Today〉, 2020년 5월 29일, https://www.personneltoday.com/hr/indeed-flexible-working-nudges-study. 2022년 12월 2일 확인.

13 Natalie Merchant. "취리히보험이 이러한 6개 단어를 구인 광고에 포함시켰을 때 여성 지원자가 증가했다." 세계경제포럼, 2020년 12월 8일, https://www.weforum.org/agenda/2020/12/zurich-flexible-working-women-diversity/. 2022년 12월 2일 확인.

14 Patricia Cohen. "이 계획은 해고율 감소에 도움이 된다. 더 많은 고용주 가 이것을 사용하지 않는 이유는 무엇일까?" 〈뉴욕타임스〉, 2020년 8월 20 일, https://www.nytimes/com/2020/08/20/business/economy/jobs-work-sharing-unemploment.html. 2022년 12월 2일 확인.

15 Prisca Ang. "DBS은행은 직원 두 명이 하나의 정규직 일자리를 공유하는 자발 적 잡셰어링 방식을 시행한다." 〈Straits Times〉, 2020년 11월 18일, https://www.straitstimes.com/business/banking/dbs-bank-to-roll-out-job-sharing-scheme-where-2-employees-share-one-full-time-role. 2022년 12월 2일 확인.

HOT 14. 사회를 반영하는 문화

1 텔레비전아카데미Television Academy. "새비지X펜티 쇼Savage X Fenty Show." 텔
  레비전아카데미, 2020년, https://www.emmys.com/shows/savage-x-
  fenty-show. 2022년 12월 2일 확인.

2 상동.

3 Tricia McKinnon. "리한나의 펜티 브랜드가 어떻게 다양성과 포용성을 선도
  하는가." 〈Indigo9 Digital〉, 2022년 5월 3일, https://www.indigo9digital.
  com/blog/fentydiversityinclusion. 2022년 12월 2일 확인.

4 Natalie Robehmed. "리한나가 어떻게 6억 달러의 자산가가 되었고 세계에
  서 가장 부유한 여성 음악가가 되었을까." 〈포브스〉, 2019년 6월 4일, https://
  www.forbes.com/sites/natalierobehmed/2019/06/04/rihanna-worth-
  fenty-beauty/?sh=59aabe9713de. 2022년 12월 2일 확인.

5 Hanna Flanagan. "리한나는 팬데믹 봉쇄로 집에 있을 때 '가죽으로 된 섹
  시 의상'을 입지는 않는다고 말한다: '나는 매일 편한 가운을 입죠.'" 〈피플
  People〉, 2020년 10월 2일, https://people.com/style/rihanna-on-body-
  confidence-quarantine-uniform. 2022년 12월 2일 확인.

6 딜로이트Deloitte. "잃어버린 조각 보고서: 이사회 다양성 조사." 딜로이트,
  2021년, https://www2.deloitte.com/us/en/pages/center-for-board-
  effectiveness/articles/missing-pieces-report-board-diversity.html.
  2022년 12월 2일 확인.

7 William Frey. "미국 인구조사 결과, 15세 이하 백인 어린이 비중이 50퍼센
  트 미만인 것으로 나타났다." 〈브루킹스Brookings〉, 2019년 6월 24일, https://
  www.brookings.edu/research/less-than-half-of-us-children-under-
  15-are-white-census-shows/. 2022년 12월 2일 확인.

8 Will Dahlgreen, Anna-Elizabeth Shakespeare. "젊은 사람 2명 중 한 명은
  자신이 100퍼센트 이성애자는 아니라고 말한다." 〈Yougov〉, 2015년 8월 16일,
  https://yougov.co.uk/topics/society/articles-reports/2015/08/16/half-

young-not-heterosexual. 2022년 12월 2일 확인.

9   Saijel Kishan. "한 경제학자가 계산한 인종 편견의 경제적 손실이 16조 달러에 이른다." 〈블룸버그〉, 2020년 10월 20일, https://www.bloomberg.com/news/articles/2020-10-20/racism-and-inequity-have-cost-the-u-s-16-trillion-wall-street-economist-says?leadSource=uverify%20wall. 2022년 12월 2일 확인.

10 S. Devillard, R. Dobbs, K. Ellingrud 외 다수. "여성 평등성 향상은 전 세계적으로 12조 달러의 경제 효과를 창출할 수 있다." 맥킨지글로벌연구소 Mckinsey Global Institute, 2015년 9월 1일, https://www.mckinsey.com/featured-insights/employment-and-growth/how-advancing-womens-equality-can-add-12-trillion-to-global-growth. 2022년 12월 2일 확인.

11 S. Dixon-Fyle, K. Dolan, V. Hunt 외 다수. "다양성이 답이다: 포용성이 왜 중요할까." 맥킨지앤드컴퍼니, 2020년 5월 19일, https://www.mckinsey.com/featured-insights/diversity-and-inclusion/diversity-wins-how-inclusion-matter. 2022년 12월 2일 확인.

12 패션산업흑인위원회Black in Fashion Council. "패션산업흑인위원회에 오신 걸 환영합니다." 패션산업흑인위원회, 2020년, https://www.blackinfashioncouncil.com/. 2022년 12월 2일 확인.

13 상동.

14 Morgan Evans. "패션산업흑인위원회 창설자들이 패션 산업에서 '책무성 문화'를 구축하기 위해 노력한다." 〈피플〉, 2020년 6월 26일, https://people.com/style/black-in-fashion-council-founders-lindsay-peoples-wagner-sandrine-charles-interview/. 2022년 12월 2일 확인.

15 Aryn Fields. "인권캠페인Human Rights Campaign과 패션산업흑인위원회가 사상 최초 '패션 산업 흑인 지수'를 발표하다." 인권캠페인, 2021년 9월 29일, https://www.hrc.org/press-releases/the-human-rights-campaign-

black−in−fashion−council−release−first−ever−black−in−fashion−index. 2022년 12월 2일 확인.

16 글로벌포용성연합Alliance for Global Inclusion. "2022년 글로벌 포용성 지수 조사." 글로벌포용성연합, 2022년, https://www.allianceforglobalinclusion. com/index−results/2022. 2022년 12월 2일 확인.

17 FairHQ. "사내 다양성과 포용성을 키워라." 〈FairHQ〉, 2022년, https:// fairhg.co/. 2022년 12월 4일 확인.

HOT 15. 대기업 브랜드의 좋은 평판

1 David Gelles. 《자본주의를 파괴한 남자The Man Who Broke Capitalism》, 사이먼앤드슈스터Simon & Schuster, 2022년 5월 31일.

2 Kurt Andersen. "잭 웰치가 미국 경제를 어떻게 혁신시켰을까." 〈뉴욕타임스〉, 2022년 6월 2일, https://www.nytimes.com/2002/06/02/books/review/ the−man−who−broke−capitalism−david−gelles.html. 2022년 12월 2일 확인.

3 Philanthropy News Digest. "마이크로소프트가 3년 연속으로 가장 정의로운 기업 1위에 선정되었다." 〈캔디드Candid〉. 2020년 10월 19일. https:// philanthropynewsdigest.org/news/microsoft−leads−ranking−of−just− companies−for−third−straight−year. 2023년 1월 3일 확인.

4 Kevin Foley. "비콥 인증: 정의 그리고 출범까지의 간략한 역사" 〈Valley to Summit〉, 2019년 5월 27일, https://www.valleytosummit.net/the− certified−b−corporation−a−definition−and−brief−history−of−how−it− all−started. 2022년 12월 2일 확인.

5 상동.

6 Richrd Feloni. "다논과 파타고니아를 포함해 2,600개가 넘는 기업들이, 오늘날의 기업 운영 방식은 인간의 본성에 역행하고 앞으로 나아가는 길은 하나뿐

이라고 말하는 기업가와 한배를 탄다." 〈비즈니스인사이더〉, 2018년 12월 8일, https://www.businessinsider.com/b-corporation-b-lab-movement-and1-cofounder-2018-11?op=1&r=US&IR-T. 2022년 12월 2일 확인.

7 비랩B Lab. "비콥 인증에 대하여: 기업이 사회와 환경에 미치는 모든 임팩트를 측정한다." 비랩, 2022년, https://www.bcorporation.net/en-us/certification. 2022년 12월 4일 확인.

8 비콥글로벌B Corp Global. "목적이 이끄는 기업이 되려면 어떻게 해야 할까?" 〈비랩선한영향력〉 팟캐스트, 1회, 2022년 10월 12일, https://www.bcorporation.net/en-us/news/blog/forces-for-good-podcast-episode-1-purpose. 2022년 12월 4일 확인.

9 비랩. "자주 묻는 질문: 비랩과 비콥에 대해 알아야 하는 모든 것." 비랩, 2022년, https://www.bcorporation.net/en-us/faqs. 2022년 12월 4일 확인.

10 다논Danone. "비콥B Corp." 다논, 날짜 미상, https://www.danone.com/about-danone/sustainable-value-creation/BCorpAmbition.html. 2022년 12월 26일 확인.

11 비랩유럽. "비무브먼트빌더스에 대하여: 체계적인 변화를 달성하기 위한 비콥 운동에 참여하는 다국적 기업들의 핵심 역할." 〈미디엄〉, 2022년 5월 2일, https://bcorpeurope.medium.com/behind-the-b-movement-builders-the-key-role-of-multinationals-in-the-b-corp-movement-to-achieve-732c74e01e56. 2022년 12월 2일 확인.

12 Kristen Toussaint. "비랩이 반발에 부딪히다." 〈패스트컴퍼니〉, 2022년 10월 19일, https://www.fastcompany.com/90794381/how-b-lab-is-responding-to-b-corp-backlash. 2022년 12월 2일 확인.

13 A. Kassoy, B. Houlahan, J. Gilbert. "햇불을 다음 주자에게 넘기며: 비랩 공동 창업자들의 당부." 비랩, 2022년 7월 7일, https://www.bcorporation.net/en-us/news/blog/passing-the-torch-note-b-lab-co-founders. 2022년 12월 5일 확인.

HOT 16. 임팩트 허브 오피스

1 Ian Bogost. "너무나 매력적이지만 완전히 무너져내린 일의 미래." 〈애틀랜틱 The Atlantic〉, 2019년 9월 26일, https://www.theatlantic.com/technology/archive/2019/09/why-wework-was-destained-fail/598891/.

2 상동.

3 상동.

4 Alex Hern. "코로나19는 재택 근무로의 영구적인 변화를 불러올 수도 있다." 〈가디언〉, 2022년 3월 13일, https://www.theguardian.com/technology/2020/mar/13/corona-19-could-cause-permanent-shift-towards-home-working. 2022년 12월 1일 확인.

5 프라이스워터하우스쿠퍼스PwC. "PwC의 미국 원격 근무 조사." PwC, 2021년 1월 12일, https://www.pwc.com/us/en/services/consulting/business-transformation/library/covid-19-us-remote-work-survey.html. 2022년 12월 1일 확인.

6 Matthew Haag. "페이스북이 새로운 사무실을 임대함으로써 뉴욕시와 사무실 근무의 미래에 막대하게 투자한다." 〈뉴욕타임스〉, 2020년 8월 3일, https://www.nytimes.com/2020/08/03/nyregion/facebook-nyc-office-farley-building.html. 2022년 12월 1일 확인.

7 생활임금재단Living Wage Foundation. "런던 남부에 영국 최초 생활임금빌딩이 등장했다." 생활임금재단, 2019년 4월 26일, https://www.livingwage.org.uk/news/uk%E2%80%99s-first-living-wage-building-launches-south-london. 2022년 12월 5일 확인.

8 3Space International House. "BuyGiveWork." 3Space International House, 날짜 미상, https://www.3spaceinternational.co.uk/buygivework. 2022년 12월 1일 확인.

9 3Space. "임팩트Impact." 3Space International House, 날짜 미상, https://www.3spaceinternatiponal.co.uk/impact. 2023년 1월 3일 확인.

10 Urban Land Institute. "부동산에서의 건강과 사회적 평등: 실제 사례." Urban Land Institute, 2020년, https://knowledge.uli.org/~/media/files/research-reports/2020/uli-healthandsocialequityinrealestate_fieldex_finalv5.pdf?rev=e5f4573a51274296937bb6888f2f3dcf&hash=-F731A7C7E05B75FE4F00B0D53313C821. 2022년 12월 1일 확인.

11 Urban Land Institute. "부동산에서의 건강과 사회적 평등: 부동산 시장 현황." Urban Land Institute, 2020년 11월 10일, https://knowledge.uli-org/reports/research-reports/2020/health-and-social-equity-in-real-estate. 2022년 12월 1일 확인.

HOT 17. 더 좋은 비천연 제품

1 Kat Eschner. "윈스턴 처칠이 실험실에서 키운 햄버거를 상상했다." 〈스미스소니언매거진Smithsonian Magazine〉, 2017년 12월 1일, https://www.smithsonianmag.com/smart-news/winston-churchill-imagined-lab-grown-hamburger-180967349/. 2022년 12월 16일 확인.

2 Tanuvi Joe. "싱가포르의 1880 레스토랑에서 세계 최초로 배양육으로 만든 음식이 손님들에게 제공되었다." 〈그린퀸Green Queen〉, 2020년 12월 23일, https://www.greenqueen.com.hk/eat-just-serves-cultured-meat-to-diners-at-1880-restaurant-singapore-in-a-world-first/. 2022년 12월 16일 확인.

3 Research and Markets. "2022년 전 세계 배양육 시장 보고서-특히 3D바이오티슈스, 아굴로스바이오테크, 알레프팜스 등이 주목받는 배양육 전문 스타트업이다." 〈글로브뉴스와이어〉, 2022년 2월 2일, https://www.globenewswire.com/en/news-release/2022/02/02/2377373/28124/en/2022-Worldwide-Market-for-Cultured-Meat-Report-Featuring-3D-Bio-Tissues-Agulos-Biotech-and-Aleph-Farms-Among-Others.

html. 2022년 12월 16일 확인.

4 더퓨처마켓The Future Market. "식품의 미래를 탐구하고 구축하다." The Alpha Food Labs Future Market, 2022년, https://thefuturemarket.com/. 2022년 12월 16일 확인.

5 Adam Zewe. "실험실에서 키우고 맞춤 생산할 수 있는 목재를 향해." 〈MIT News Office〉, 2022년 5월 25일, https://news.mit.edu/2022/lab-timber-wood-0525. 2022년 12월 26일 확인.

6 Robert Califf, Susan Mayne. "미국식품의약국FDA이 동물 세포 배양 기술을 활용해 인간의 식품을 생산하는 혁신을 촉진한다." FDA, 2022년 11월 16일, https://www.fda.gov/news-events/press-announcements/fda-spurs-innovation-human-food-animal-cell-culture-technology. 2022년 12월 16일 확인.

7 M. Crippa, E. Solazzo, D. Guizzardi 외 다수. "푸드 시스템은 전 세계 인위적인 온실가스 배출량에서 3분의 1을 차지한다." 〈네이처푸드Nature Food〉, no. 2, pp. 198~209, 2021년 3월 8일, https://www.nature.com/articles/s43016-021-00225-9#citeas. 2022년 12월 16일 확인.

8 Clean Water Action. "육류 산업-환경 문제와 해결책." Clean Water Action, 2022년, https://cleanwater.org/meat-industry-environmental-issues-solutions. 2022년 12월 16일 확인.

9 Maricel Sanchez. "'우리는 땅과 자원을 절약하면서도 육향을 그대로 간직한 육류를 재창조하고 있어요'-고메이의 최고경영자이자 공동 창업자인 니콜라 모린-포레스트와의 인터뷰." 〈EU-스타트업EU-Startups〉, 2022년 2월 23일, https://www.eu-startups.com/2022/02/were-reimagining-meat-to-spare-land-and-resources-but-never-flavour-interview-with-nicolas-morin-forest-ceo-and-co-founder-gourmey/. 2022년 12월 16일 확인.

10 The Good Food Institute. "2021년 업계 현황 보고서: 배양육과 배양 해

퓨처 노멀

산물." The Good Food Institute, 2021년, https://gfi.org/wp-content/uploads/2022/02/2021-Cultivated-Meat-State-of-the-Industry-Report-1.pdf. 2022년 12월 16일 확인.

11 VitroLabs, Inc. "홈페이지." VitroLabs, 2022년, https://www.vitrolabsinc.com/. 2022년 12월 16일 확인.

12 KLM. "KLM 항공과 쉘 석유 그리고 네덜란드 사회기반시설 및 수자원 관리부가 힘을 합쳐 네덜란드에서 세계 최초 기록을 세웠다: 지속가능한 합성 등유를 사용하는 민간 여객기가 운항했다." KLM로열더치항공KLM Royal Dutch Airlines, 2021년 2월 8일, https://news.klm.com/world-first-in-the-netherlands-by-klm-shell-and-dutch-ministry-for-infrastructure-and-water-management-first-passenger-flight-performed-with-sustainable-synthetic-kerosene/. 2022년 12월 16일 확인.

13 Instinctif Partners. "터치라이트가 신속하고 확장 가능하며 내열성의 도기본Doggybone DNA 백신 플랫폼을 구축하기 위해 보조금을 받다."〈터치라이트〉, 2022년 11월 29일, https://www.touchlight.com/news/touchlight-receives-grant-to-advance-doggybone-dna-vaccine-platform/. 2022년 12월 16일 확인.

HOT 18. 지속가능한 소비

1 Mark Kaufman. "탄소발자국 사기극."〈Mashable〉, 2022년, https://mashable.com/feature/carbon-footprint-pr-campaign-sham. 2022년 12월 1일 확인.

2 에디뉴스룸Edie Newsroom. "쿠온이 탄소발자국 라벨을 부착하기 시작하다."〈Edie〉, 2020년 1월 10일, https://www.edie.net/quorn-rolls-out-carbon-footprint-labelling/. 2022년 12월 1일 확인.

3 Rebecca Smithers. "쿠온이 대형 브랜드 최초로 탄소 라벨을 부착하다."〈가디

언〉, 2020년 1월 9일, https://www.theguardian.com/environment/2020/
jan/09/quorn-to-be-first-major-brand-to-introduce-carbon-
labelling. 2022년 12월 1일 확인.

4 Lela London. "올버즈가 패션 브랜드 최초로 자사의 제품에 칼로리처럼 탄소
발자국 라벨을 표시한다." 〈포브스〉, 2020년 4월 15일, https://www.forbes.
com/sites/lelalondon/2020/04/15/allbirds-is-the-first-fashion-brand-
to-label-its-carbon-footprint-like-calories/?sh=7aaff41270db. 2022년
12월 1일 확인.

5 상동.

6 Katherine Martinko. "올버즈는 패션 산업 전체가 탄소 발자국 라벨을 부
착하기를 바란다." 〈트리허거Treehugger〉, 2021년 4월 20일, https://www.
treehugger.com/allbirds-fashion-industry-embrace-carbon-
footprint-labels-5179644. 2022년 12월 1일 확인.

7 Sally Ho. "올버즈는 자사가 생산하는 모든 운동화에 탄소 발자국을 표시하기
시작한다." 〈그린퀸〉, 2020년 10월 21일, https://www.greenqueen.com.
hk/allbirds-launches-carbon-footprint-count-for-every-sneaker-
in-its-collection-carbon-labels/. 2022년 12월 1일 확인.

8 Oatly. "오트드링크에 이산화탄소 환산량CO₂e을 표기하다." Oatly, 날짜 미상,
https://www.oatly.com/en-gb/stuff-we-make/climate-footprint. 2022
년 12월 1일 확인.

9 베스트레Vestre. "환경성적표지Environmental Product Declaration의 중요성이 갈수
록 커진다. 환경성적표지가 왜 중요하고 당신은 그것을 어떻게 이용할 수 있
을까?" 〈베스트레뉴스〉, 2021년 2월 1일, https://vestre.com/fr/actualites/
de-limpotance-croissante-des-dep-comment-les-utiliser?__
geom=%E2%9C%AA. 2022년 12월 1일 확인.

10 Much Better Adventures. "우리는 우리가 제공하는 모든 여행 상품에 탄
소 발자국를 표시한다… 전체 여행 산업이 탄소 발자국 정보를 제공하기

퓨처 노멀

를 촉구한다." Much Better Adventures, 2021년 2월 2일, https://www.muchbetteradventures.com/magazine/carbon-label-to-all-trips-and-calls-on-the-travel-industry-to-follow-suit/. 2022년 12월 1일 확인.

11 Ivy Yu. "알리바바 그룹 산하 티몰이 지속가능한 소비를 촉진하기 위해 탄소 라벨을 시범적으로 시행한다." 〈Alizila: News from Alibaba〉, 2022년 4월 7일, https://www.alizila.com/alibabas-tmall-pilots-carbon-labeling-to-drive-sustainable-consumption/. 2022년 12월 1일 확인.

12 Adam Vaughan. "테스코가 탄소 라벨 정책을 포기한다." 〈가디언〉, 2012년 1월 30일, https://www.theguardian.com/environment/2012/jan/30/tesco-drops-carbon-labelling. 2022년 12월 1일 확인.

13 Stephanie Rosenbloom. "월마트, 녹색 경영 의지를 보여주기 위해 라벨을 부착한다." 〈뉴욕타임스〉, 2009년 7월 15일, https://www.nytimes/com/2009/07/16/business/energy-environment/16malmart.html. 2022년 12월 1일 확인.

14 John MacDonagh. "탄소 서약은 스타트업을 위한 새로운 기회를 계속 생성시킨다." 〈피치북PitchBook〉, 2022년 9월 10일, https://pitchbook.com/newsletter/carbon-pledges-continue-to-create-opportunities-for-startups. 2022년 12월 1일 확인.

15 올버즈. "숨기기는 그만! 이제 모두 라벨을 붙입시다." 올버즈, 2022년, https://www.allbirds.com/pages/carbon-footprint-calculator. 2022년 12월 1일 확인.

16 Amy Buxton. "노르웨이 소비자들은 오다의 식료품 영수증에 탄소 발자국이 표시된 이후 적색육 소비를 줄였다." 〈그린퀸〉, 2022년 1월 11일, https://www.greenqueen.com.hk/red-meat-carbon-footprint-oda-norway/. 2022년 12월 1일 확인.

HOT 19. 죄책감 없는 즐거움

1 Adele Peters. "가장 최근의 식물 기반 대체육 브랜드는 19살의 청년이 창업했다." 〈패스트컴퍼니〉, 2019년 7월 9일, https://www.fastcompany.com/90373837/the-newest-plant-based-meat-brand-comes-from-a-19-year-old-founder. 2022년 12월 5일 확인.

2 Jocelyn Martinez. "벨라 하디드는 매운 비건 치킨너겟이 '너무 좋아서 미쳐 환장'할 정도다." 〈베지뉴스VegNews〉, 2020년 8월 25일, https://vegnews.com/2020/8/bella-hadid-is-freaking-the-f-out-about-spicy-vegan-chicken-nuggets. 2022년 12월 2일 확인.

3 AFP. "도쿄의 쓰레기 구덩이에 온 걸 환영합니다: 사람들이 지속가능성에 대해 생각하도록 유도하기 위해 쓰레기 처리장에 만들어진 팝업 술집." 〈사우스차이나모닝포스트〉, 2019년 1월 29일, https://www.scmp.com/news/asia/east-asia/article/2184075/welcome-tokyos-gome-pit-pop-bar-rubbish-dump-designed-make. 2022년 12월 2일 확인.

4 R. Habib, D. Hardisty, 화이트K. White. "알다가도 모를 친환경 소비자." 〈하버드비즈니스리뷰Harvard Business Review〉, 2019년 7~8월, https://hbr.org/2019/07/the-elusive-green-consumer. 2022년 12월 2일 확인.

5 Better Future. "〈뉴욕타임스〉가 마일로 컨소시엄을 선언하다." 〈볼트스레드Bolt Threads〉, 2020년 11월 19일, https://boltthreads.com/blog/the-new-york-times-announces-the-mylo-consortium/. 2022년 12월 2일 확인.

6 스카이다이아몬드Skydiamond. "회사 소개." 스카이다이아몬드, 날짜 미상, https://sjydiamond.com/about-us. 2022년 12월 2일 확인.

7 에코트리시티Ecotricity. "회사 소개: 에코트리시티의 27년 여정." 에코트리시티, 날짜 미상, https://www.ecotricity.co.uk/our-story/27-years-of-ecotricity/. 2022년 12월 2일 확인.

8 Tom Gillespie. "공기에서 포집한 탄소를 사용해 친환경 다이아몬드가 개발됐

다―양심의 가책 없이 아름다운 보석을 즐겨라." 〈스카이뉴스Sky News〉, 2020
년 10월 30일, https://news.sky.com/story/eco-friendly-diamonds-
developed-using-carbon-sucked-from-the-air-bling-without-the-
sting-12118523. 2022년 12월 2일 확인.

9 스카이다이아몬드. "회사 소개." 스카이다이아몬드, 날짜 미상, https://
skydiamond.com/about-us. 2022년 12월 2일 확인.

HOT 20. 높아진 중고의 가치

1 Max Grobe. "여기 중국에 있는 짝퉁 슈프림 매장 내부를 보라." 〈Highsnobiety〉,
2018년, https://www.highsnobiety.com/p/supreme-store-fake-china/.
2022년 12월 19일 확인.

2 Alice Sherwood. "차이를 찾아보라: 불황을 모르는 모조품 비즈니스." 〈가
디언〉, 2022년 5월 10일, https://www.theguardian.com/fashion/2022/
may/10/spot-the-difference-the-invincible-business-of-counterfeit-
goods. 2022년 12월 19일 확인.

3 R. Castaño, M. 페레스Perez, C. Quintanilla, "짝퉁 명품을 소비함으로써 정체성
을 형성하다." 〈정량시장연구: 인터내셔널저널〉, vol. 13, no. 3, p. 17, 2020
년 6월 15일, 딥다이브DeepDyve, https://www.deepdyve.com/lp/emerald-
publishing/constructing-identity-through-the-consumption-of-
counterfeit-luxury-JfO4pjvSJL. 2022년 12월 19일.

4 이코노미스트. "패션도 자산군#이다." 〈이코노미스트〉, 2021년 12월 18일,
https://www.economist.com/christmas-specials/2021/12/18/fashion-
as-an-asset-class. 2022년 12월 21일 확인.

5 SR2020. "스탁엑스: 리세일 주식 시장." 하버드경영대학원 디지털이니셔티
브, 2020년 3월 24일, https://d3.harvard.edu/platform-digit/submission/
stockx-the-stock-market-for-things/. 2022년 12월 19일 확인.

6 스레드업ThredUP. "2022년 리세일 보고서." 스레드업, 2022년 5월, https://www.thredup.com/resale/#decade-in-resale. 2022년 12월 19일 확인.

7 Ana Andjelic. "베블런이 틀렸다: 새로운 열망의 경제를 향하여." 〈DataDrivenInvestor〉, 2020년 1월 23일, 〈미디엄〉, https://medium.datadriveninvestor.com/veblon-is-wrong-the-new-aspiration-economy-765c3d5456d. 2022년 12월 19일 확인.

8 맥킨지앤드컴퍼니. "명품 리세일이 패션의 미래일까?" 맥킨지앤드컴퍼니, 2020년 12월 14일, https://www.mckinsey.com/industries/retail/our-insights/is-luxury-resale-the-future-of-fashion. 2022년 12월 19일 확인.

9 Elizabeth Segran. "24살의 디자이너가 온라인 중고 의류 판매로 100만 달러의 매출을 달성했다." 〈패스트컴퍼니〉, 2020년 6월 22일, https://www.fastcompany/com/90512591/meet-the-24-year-old-designer-who-made-1-million-on-depop. 2022년 12월 19일 확인.

10 상동.

11 리플런트Reflaunt. "소매 컨시어지 서비스Concierge Retail Service." 리플런트, 2022년, https://www.reflaunt.com/services/concierge-resla-service. 2022년 12월 19일 확인.

12 이케아IKEA. "2017년 인터이케아 지속가능성 요약 보고서." 이케아, 2017년, https://preview.thenewsmarket.com/Previews/IKEA/DocumentAssets/502623.pdf. 2022년 12월 19일 확인.

HOT 21. 공동체를 위한 기업

1 Nathan Head[@NathanHeadPhoto]. "나의 지루한원숭이요트클럽과 지루한원숭이켄넬클럽Bored Ape Kennel Club 에어드롭으로 받은 코인, 솔직히 이렇게 큰 돈으로 뭘 해야 할지 모르겠다." 트위터, 2022년 3월 17일, https://twitter.com/NthanHeadPhoto/status/1504441134499700739. 2022년 12월 3일 확인.

2 Sander Lutz. "에미넴과 스눕독이 각자 자신의 지루한 원숭이 아바타를 등상시키는 콜라보레이션 뮤직비디오를 공개한 이후 에이프코인이 22퍼센트 급등했다." 〈디크립트Decrypt〉, 2022년 6월 26일, https://decrypt.co/103880/apecoin-gains-22-after-debut-of-bored-ape-themed-video-with-eminem-and-snoop-dogg. 2022년 12월 3일 확인.

3 에이프코인 다오ApeCoin DAO. [0xfcbb...5439]. "에이프 개선 제안-94: 에이프앤드탤런트-에이프 커뮤니티 전용 인재 플랫폼-생태계 기금 할당." 〈스냅샷Snapshot〉, 날짜 미상, https://snapshot.org/#/apecoin.eth/proposal/0xbaf724416aa6e56c5458e498fb044dbfe41fa63f59eb05ac829cdfa6ea4787c8. 2022년 12월 3일 확인.

4 Casey Newton. "에이프코인은 뭔가 좀 이상하다." 〈더버지〉, 2022년 3월 23일, https://www.theverge.com/22992086/bored-ape-yacht-club-apecoin-venture-capital-yuga-labs-money. 2022년 12월 3일 확인.

5 Nitish Pahwa. "미국 연방정부는 지루한원숭이요트클럽이 다소간 '원숭이 사업'(속임수, 남을 속이는 행동, 협잡 등의 의미)을 벌였다고 의심한다." 〈슬레이트〉, 2022년 10월 12일, http://slate.com/technology/2022/10/bored-ape-yacht-club-yuga-labs-sec-crypto-nfts-apecoin.html. 2022년 12월 3일 확인.

6 세계협동조합모니터World Cooperative Monitor. "세계협동조합모니터: 세계 최대 협동조합의 새로운 순위가 발표되었다." 세계협동조합모니터, 2020년 1월 23일, https://monitor.coop/sites/default/files/basic-page-attachments/wcm-2019pressrelease-226234832.pdf. 2022년 12월 3일 확인.

7 그린베이패커스Green Bay Packers. "2022년 그린베이패커스 연례 주주 총회 2022." 그린베이패커스, 2022년, https://www.packers.com/community/shareholders. 2022년 12월 3일 확인.

8 Goal. "바르셀로나는 팬들이 소유할까? 카탈루냐(바르셀로나는 카탈루냐 지방의 최대 도시다) 클럽의 운영 모델과 선거 방식이 이 물음에 답해준다." 〈Goal〉, 2020

년 7월 20일, https://www.goal.com/en-gb/news/are-barcelona-fan-owned-catalan-clubs-model-elections-explained/1ggsvoyel0lzv1a2xv n5pdt5v5. 2022년 12월 3일 확인.

9 M. Alleyne, C. Canon, A. Evans 외 다수. "공동체로 가는 출구: 공동체 입문서." Media Enterprise Design Lab, College of Media, Communication and Information, 2020년 8월 31일, University of Colorado Boulder, https://www.colorado-edu/lab/medlab/2020/08/31/exit-community-community-primer. 2022년 12월 3일.

10 상동.

11 상동.

12 상동.

13 M. Alleyne, C. Canon, A. Evans 외 다수. "공동체로 가는 출구: 공동체 입문서." Media Enterprise Design Lab, College of Media, Communication and Information, 2020년 8월 31일, University of Colorado Boulder, https://www.colorado-edu/lab/medlab/sites/default/files/attached-files/exittocommunityprimer-web.pdf. 2022년 12월 3일 확인.

14 David Gelles. "긱 경제가 노동자에게 지분을 제공할까? 미국 증권거래위원회가 이것을 고려하고 있다." 〈뉴욕타임스〉, 2018년 11월 6일, https://www.nytimes.com/2018/11/06/business/dealbook/gig-economy-equity-sec-rule-701-uber-airbnb.html. 2022년 12월 3일 확인.

15 L. Sabia, 벨 R. Bell, D. Bozward. "증권형 크라우드펀딩을 통해 충성 브랜드 커뮤니티를 구축하다: 브루독 사례." 〈The International Journal of Entrenreneurship and Innovation〉, 2022년 3월 14일, Sage Journals, https://journals.sagepub.com/doi/full/10.1177/14657503221086101. 2022년 12월 3일 확인.

16 M. Alleyne, C. Canon, A. Evans 외 다수. "공동체로 가는 출구: 공동체 입문서." Media Enterprise Design Lab, College of Media, Communication

and Information. 2020년 8월 31일, University of Colorado Boulder. https://www.colorado-edu/lab/medlab/sites/default/files/attached-files/exittocommunityprimer-web.pdf. 2022년 12월 3일 확인.

HOT 22. 굿 거버넌스

1 D. Acemoglu, S. Johnson, J. Robinson. 《아프리카 성공 스토리: 보츠와나》 MIT 경제학과 논문 시리즈. 2001년 7월, https://dspace.mit.edu/bitstream/handle/1721.1/63256/africansuccessst00acem.pdf. 2022년 12월 18일 확인.

2 국제투명성기구Transparency International. "2021년 국가별 부패인식지수." 국제투명성기구, 2021년, https://www.transparency.org/en/cpi/2021. 2022년 12월 18일 확인.

3 Ross Harvey. "보츠와나가 퇴행하다: 거버넌스 몰락의 사례." Good Government Africa, 2022년 4월 13일, https://gga.org/botswana-backsliding-a-story-of-governance-demise/. 2022년 12월 26일 확인.

4 에델만. "에델만 2022년 신뢰도지표조사." 에델만, 2022년, https://www.edelman.com/trust/2022-trust-barometer. 2022년 2월 26일 확인.

5 퓨처스센터Futures Center. "수라바야, 인도네시아가 플라스틱 공병으로 버스요금을 지불할 수 있는 프로그램을 시행한다." 퓨처스센터, 2022년 11월 22일, https://www.thefuturescenter.org/signal/surabaya-indonesia-introduces-a-plastic-waste-bus-fare-scheme/. 2022년 12월 18일 확인.

6 세계정부정상회의World Government Summit. "2019년 정부 혁신: 당신이 혁신의 주인공이다." 세계정부정상회의, 2019년, https://edge.worldgovernmentsummit.org/. 2022년 12월 18일 확인.

7 IBM정부비즈니스센터IBM Center for the Business of Government. "정부비즈니스센터 소개: 연구를 실천으로 전환시키다." IBM정부비즈니스센터, 2021년,

https://www.businessofgovernment.org/about. 2022년 12월 18일 확인.

8 "벅스 카운티 운영위원회 위원 크리스티안 라인바크와의 대화." 〈굿거버먼
   트쇼Good Government Show〉, 시즌 2, 14회, 2022년 11월 24일, https://
   goodgovernmentshow.com/. 2022년 12월 18일 확인.

9 세계은행The World Bank. "홈페이지." 세계은행, 2022년, https://www.
   worldbank.org/en/programs/futureofgovernment. 2022년 12월 18일 확
   인.

10 Jennifer McNulty. "청소년 행동주의가 전 세계에서 증가하고 있으며, 어
   른들이 이것에 관심을 기울여야 한다고 저자가 말한다." 〈UC Santa Cruz
   Newscenter〉, 2019년 9월 17일, https://news.ucsc.edu/2019/09/taft-
   youth.html. 2022년 12월 18일 확인.

HOT 23. 15분 도시

1 Kim Willsher. "파리 시장이 재선 캠페인에서 '15분 도시' 계획을 발표하다."
   〈가디언〉, 2020년 2월 7일, https://www.theguardian.com/world/2022/
   feb/07/paris-mayor-unveils-15-minute-city-plan-in-re-election-
   campaign. 2022년 12월 2일 확인.

2 Carlos Moreno. "15분 도시." 〈테드〉, 날짜 미상, https://www.ted.com/
   talks/carlos_moreno_the-_15_minute_city?language=en. 2022년 12월 2
   일 확인.

3 Kim Willsher. "파리 시장이 재선 캠페인에서 '15분 도시' 계획을 발표하다."
   〈가디언〉, 2020년 2월 7일, https://www.theguardian.com/world/2022/
   feb/07/paris-mayor-unveils-15-minute-city-plan-in-re-election-
   campaign. 2022년 12월 2일 확인.

4 2024 파리올림픽조직위원회Paris 2024. "올림픽과 장애인 올림픽 선수촌."
   2024 파리올림픽조직위원회, 날짜 미상, https://www.paris2024.org/en/

olympic-and-paralympic-village-0/. 2022년 12월 5일 확인.

5 Romain Dillet, Natasha Lomas. "유럽 네 개 도시는 자동차 이용 억제를 위해 마이크로모빌리티를 어떻게 도입하는가." 〈TechCrunch+〉, 2020년 11월 20일, https://techcrunch.com/2020/11/20/how-four-european-cities-are-embracing-micromobility-to-drive-out-cars/. 2022년 12월 2일 확인.

6 포틀랜드 계획Portland Plan. "20분 생활권." 포틀랜드 계획, 2022년, https://www.portlandonline.com/portlandplan/index.cfm?a=288098&c=52256. 2022년 12월 2일 확인.

7 Kelsey Warner. "네옴 시티의 상징인 더라인은 '15분 도시'의 미래지향적 실험실이 될 것이다", 〈더내셔널The National〉, 2021년 1월 25일, https://www.thenationalnews.com/business/property/neom-s-the-line-will-be-a-futuristic-lab-for-the-15-minute-city-1.1144977. 2022년 12월 2일 확인.

8 반무프VanMoof. "이제는 미래를 탈 시간이다." 반무프, 2020년 6월 6일, https://www.youtube.com/watch?v=kMpqVfnuyII. 2022년 12월 2일 확인.

9 Peter Gigg. "진실은 아프다: 반무프 광고가 프랑스 텔레비전에서 방송 금지된 속사정." 반무프 블로그, 2020년 6월 30일, https://www.vanmoof.com/blog/en/the-truth-hurts-how-vanmoof-got-banned-from-french-tv. 2022년 12월 확인.

10 상동.

11 미국도시교통공무원협회. "2019년 미국 전역에서 공유형 자전거와 전동 스쿠터를 이용한 이동 횟수가 1억 3,600만 회에 이르렀다." 미국도시교통공무원협회, 2020년 8월 27일, https://nacto.org/2020/08/27/136-million-trips-taken-on-shared-bikes-and-scooters-across-the-u-s-in-2019. 2022년 12월 2일 확인.

12 CB인사이트CB Insights. "마이크로모빌리티 혁명: 자전거와 스쿠터는 전 세계의 도시 교통을 어떻게 재편하고 있나." 〈CB인사이트〉, 2021년 10월 13

일, https://www.cbinsights.com/research/report/micromobility-revolution/. 2022년 12월 2일 확인.

13 시트로엥인터내셔널Citroën International. "에이미, 모두를 위한 도심형 순수 전기차." 시트로엥인터내셔널, 날짜 미상, https://www.citroen.com/en/Highlight/131/amy-100-electric-mobility-accessible-to-all. 2022년 12월 2일 확인.

14 Paige Bennett. "파리는 2026년까지 시내 전체를 100퍼센트 자전거 이동이 가능하도록 만들 계획이다." 세계경제포럼, 2021년 10월 28일, https://www.weforum.org/agenda/2021/10/paris-plans-completely-cyclable-by-2026. 2022년 12월 2일 확인.

15 K. Heineke, B. Kloss, D. Scurtu. "마이크로모빌리티 산업의 미래: 위기 후 사용자 수와 수익." 맥킨지앤드컴퍼니, 2020년 6월 16일, https://www.mckinsey.com/industries/automotive-and-assembly/our-insights/the-future-of-micromobility-ridership-and-revenue-after-a-crisis. 2022년 12월 2일 확인.

16 India Block. "광둥성 선전에 200만 제곱미터 면적의 자동차 없는 거대 신도시 넷시티가 건설될 계획이다." 〈디진Dezeen〉, 2020년 6월 11일, https://www.dezeen.com/2020/06/11/wechat-car-free-city-tencent-net-city-shenzhen-nbbj/. 2022년 12월 2일 확인.

17 Sarah Wray. "녹색 일자리, 대중 교통, '15분 도시'가 도시기후리더십그룹 C40 주요 도시들의 아젠다이다." 〈Cities Today〉, 2020년 7월 16일, https://cities-today.com/green-jobs-public-transport-and-15-minute-cities-top-mayors-agenda-for-covid-19-recovery/. 2022년 12월 2일 확인.

18 Thomas Ricker. "반무프는 S3 전기 자전거를 둘러싼 사안과 출고 지연 그리고 고객을 찾아가는 새로운 지원 서비스로 난관에 직면해 있다." 〈더버지〉, 2020년 9월 16일, https://theverge.com/2020/09/16/21437704/vanmoof-

interview-s3-electric-bike-issues-delays-mobile-service-network.
2022년 12월 2일 확인.

19 로이터. "네덜란드의 전기 자전거 제조업체 반무프는 생산 설비 확충을 위해
1억 2,800만 달러의 투자를 유치했다." 〈로이터〉. 2021년 9월 1일. https://
www.reuters.com/business/autos-transportation/dutch-e-bike-
maker-van-moof-raises-128-million-expand-2021-09-01/. 2022년
12월 3일 확인.

HOT 24. 무인 배송

1 Brian Heater. "슈퍼마켓과의 파트너십 체결 소식을 전하는 알파벳의 윙은
이제까지 총 20만 회 드론 배송을 완료했다." 〈TechCrunch〉. 2022년 3월 1
일. https://techcrunch.com/2022/03/01/alphabets-wing-drones-hit-
200000-deliveries-as-it-announces-supermarket-partnership/. 2022
년 12월 16일 확인.

2 Sarah Edwards. "알파벳이 소유한 드론 배송업체가 20만 건 배송을 완료하
며 뜻깊은 이정표를 달성했다." 〈Thomas Insights〉. 2022년 8월 1일. https://
www.thomasnet.com/insights/alphabet-owned-drone-marks-200-
000-deliveries-milestone/. 2022년 12월 16일 확인.

3 Bruce Crumley. "지프라인이 수상에 빛나는 자사의 새로운 글로벌 드론 배
송 혁신을 소개한다." 〈DroneDJ〉. 2022년 11월 4일. https://dronedj.
com/2022/11/04/zipline-discusses-its-newly-awarded-global-
drone-delivery-innovation/. 2022년 12월 16일 확인.

4 Isobel Hamilton. "아일랜드의 영세 드론 스타트업이 버락 오바마의 조상들이
살던 머니골 주민들에게 케이크, 피자, 의료 용품을 긴급 배송하고 있다." 〈비
즈니스인사이더〉. 2020년 6월 30일. https://www.businessinsider.com/
drone-delivery-startup-manna-adapted-to-coronavirus-pandemic-

2020−5?r=US&IR=T. 2022년 12월 16일 확인.

5 John Koetsier. "오늘날은 주문 후 실시간으로 드론 배송이 가능하고 자동차 배송 서비스보다 90퍼센트나 저렴하다."〈포브스〉, 2021년 8월 18일, https://www.forbes.com/sites/johnkoetsier/2021/08/18/drone-delivery-is-live-today-and-its-90-cheaper-than-car-based-services/?sh=76f7bf924d02. 2022년 12월 16일 확인.

6 John Koetsier. "드론 배송이 여기까지 왔다. 당장. 실시간으로. 정확하게 배송된다. 정말 대박이다."〈John Koetsier〉, 2021년 6월 7일, https://johnkoetsier.com/drone-delivery-is-here-right-now-live-for-real-and-its-awesome/. 2022년 12월 16일 확인.

7 상동.

8 Jack Daleo. "아일랜드의 드론 배송업체 만나가 올해 미국에서 서비스를 시작한다."〈FreightWaves〉, 2022년 8월 10일, https://www.freightwaves.com/news/irish-drone-delivery-firm-manna-to-launch-in-us-this-year. 2022년 12월 16일 확인.

9 UPS Newsroom. "UPS플라이트포워드가 혁신적인 새로운 항공기를 추가하여 역량과 네트워크 지속가능성을 향상시키다."〈미국UPS〉, 2021년 4월 8일, https://about.ups.com/ae/en/newsroom/press-releases/innovation-driven/ups-flight-forward-adds-new-aircraft.html. 2022년 12월 16일 확인.

10 Alan Levin. "소화물 운송 비행 드론 최초로 미국연방항공청으로부터 설계 형식 인증을 획득했다."〈블룸버그〉, 2022년 9월 7일, https://www.bloomberg.com/news/articles/2022-09-07/first-delivery-drone-granted-design-approval-by-us-regulators?leadSource=uverify%20wall. 2022년 12월 16일 확인.

11 유럽항공안전지원Supporting European Aviation. "유럽은 현재 무인항공기 교통 관리 시스템을 구현하기 위해 박차를 가하고 있다." 유럽항공안전지원, 2021년 6

월 23일, https://www.eurocontrol.int/article/europe-now-fast-lane-implementing-uas-traffic-management-systems. 2022년 12월 16일 확인.

12 미국연방항공청. "상업용 드론 배송(규정 135)." 미국교통부, 2021년 6월 21일, https://www.faa.gov/uas/advanced_operations/package_delivery_drone. 2022년 12월 16일 확인.

13 John Koetsier. "드론 배송이 여기까지 왔다. 당장. 실시간으로. 정확하게 배송된다. 정말 대박이다."〈John Koetsier〉, 2021년 6월 7일, https://johnkoetsier.com/drone-delivery-is-here-right-now-live-for-real-and-its-awesome/. 2022년 12월 16일 확인.

14 James Vincent. "알파벳이 소유한 드론 배송업체 윙이 10만 건 배송을 완료하며 중요한 이정표를 통과했다."〈더버지〉, 2021년 8월 25일, https://www.theverge.com/2021/8/25/22640833/drone-delivery-google-alphabet-wing-milestone. 2022년 12월 16일 확인.

HOT 25. 도시 숲

1 Aryn Baker. "명불허전, 역시 전 세계에서 가장 더운 도시 중 하나다—조만간 사람이 살 수 없는 곳이 될지도 모른다."〈타임Time〉, 2019년 9월 12일, https://time/com/longform/jacobabad-extreme-heat/. 2022년 12월 2일 확인.

2 맥킨지 지속가능성McKinsey Sustainability. "변화하는 기후로부터 인류 보호하기: 회복탄력성 사례." 맥킨지앤드컴퍼니, 2021년 11월 8일, https://www.mckinsey.com/capabilities/sustainability/our-insights/protecting-people-from-a-changing-climate-the-case-for-resilience. 2022년 12월 2일 확인.

3 Cheryl Sekkappan. "가장 혁신적인 싱가포르의 녹색 건축물."〈타임아웃 TimeOut〉, 2021년 12월 23일, https://www.timeout.com/singapore/things-

to-do/the-most-stunning-green-architecture-in-singapore. 2022년 12월 2일 확인.

4 C40 도시기후리더십그룹, 북유럽 지속가능성. "가장 혁신적인 100대 도시 프로젝트: 메데인의 상호 연결된 녹색 회랑." 〈C40 Knowledge〉, 2019년 10월, https://www.c40knowledgehub.org/s/article/Cities100-Medellin-s-interconnected-green-corridors?language=en_US. 2022년 12월 2일 확인.

5 Maneul Ausloos. "파리를 덮친 폭염이 도시에 나무가 부족하다는 사실을 드러내다." 〈로이터〉, 2022년 8월 5일, https://www.reuters.com/world/europe/heatwave-paris-exposes-citys-lack-trees-2022-08-04/. 2022년 12월 2일 확인.

6 서울특별시. "숲에서 도심으로 맑고 시원한 공기를 보내는 '도시 바람길 숲' 조성 추진." 서울특별시, 2020년 10월 21일, https://english.seoul.go.kr/promoting-the-creation-of-urban-wind-path-forests-that-send-clean-and-cool-air-from-the-forest-to-the-city/. 2022년 12월 2일 확인.

7 스테파노보에리건축사무소Stefano Boeri Architetti. "수직 숲." 스테파노보에리건축사무소, 날짜 미상, https://www.stefanoboeriarchitetti.net/en/project/vertical-forest/. 2022년 12월 2일 확인.

8 사고思考 리더들 인터뷰Thought Leaders Interviews. "환경을 보호하기 위해 노력하는 스테파노 보에리와 군도群島 도시 개념." 〈WeBuild Value Digital Magazine〉, 2021년 12월 22일, https://www.webuildvalue.com/en/thought-leaders-interviews/interview-stefano-boeri-archipelago-city.html. 2022년 12월 22일 확인.

9 스테파노보에리건축사무소. "Projects", 스테파노보에리건축사무소, 날짜 미상, https://www.stefanoboeriarchitetti.net/en/projects/. 2022년 12월 2일 확인.

10 아키데일리Arch Daily. "Trudo Vertical Forest/Stefano Boeri Architetti." 〈아

키데일리〉, 2021년, https://www.archdaily.com/976910/trudo-vertical-forest-stefano-boeri-architetti. 2022년 12월 2일 확인.

11 스테파노보에리건축사무소. "Liuzhou Forest City." 스테파노보에리건축사무소, 날짜 미상, https://www.stefanoboeriarchitetti.net/project/liuzhou-forest-city/. 2022년 12월 2일 확인.

12 스테파노보에리건축사무소. "Smart Forest City Cancun." 스테파노보에리건축사무소, 날짜 미상, https://www.stefanoboeriarchitetti.net/project/smart-forest-city-cancun/. 2022년 12월 2일 확인.

13 ArchifyNow. "로널드루앤파트너스가 '트리하우스'라는 새로운 콘셉트로 세계적인 대회에서 수상하다." 〈Archify.com〉, 2022년 2월 17일, https://www.archify.com/hk/archifynow/ronald-lu-partners-wins-worldwide-competition-with-new-treehouse-concept. 2022년 12월 2일 확인.

14 Carlo Ratti Associati. "첸무타워Jian Mu Tower." Carlo Ratti Associati, 날짜 미상, https://carloratti.com/project/jian-mu-tower/. 2022년 12월 2일 확인.

HOT 26. 신개념 농업

1 Yuval Noah Harari. 《사피엔스: 유인원에서 사이보그까지Sapiens: A Brief History of Humankind》. Harper, 2015년 2월 15일.

2 Max Roser. "농업 부문 고용." Our World in Data, 2013년, https://ourworldindata.org/employment-in-agriculture. 2022년 12월 2일 확인.

3 UN. "세계 인구는 서서히 성장하면서 2050년에는 97억 명, 2100년 즈음에는 약 110억 명에 이를 것으로 전망된다." UN, 2019년 6월 19일, https://www.un.org/development/desa/en/news/population/world-population-prospects-2019.html. 2022년 12월 2일 확인.

4 세계보건기구World Health Organization. UN의 식량농업기구Food and Agriculture

Organization of United Nations. "전 세계 그리고 지역별 식량 소비 양상과 추세." 〈식이와 영양 및 만성 질환 예방에 관한 보고서〉, 2003년, https://www.fao. org/3/ac911e/ac911e05.htm. 2022년 12월 2일 확인.

5 Hannah Ritchie, Max Roser. "토지 이용." Our World in Data, 2019년 9월, https://ourworldindata.org/land-use. 2022년 12월 2일 확인.

6 맥킨지 지속가능성. "지속가능한 세계 식량 공급.", 〈McKinsey Quarterly〉, 2020년 6월 2일, https://www.mckinsey.com/capabilities/sustainability/ ourinsights/feeding-the-world-sustainably. 2022년 12월 2일 확인.

7 Frank Viviano. "이 작은 나라가 세계를 먹여살린다."〈내셔널지오그래픽〉, 2017년 9월, https://www.nationalgeographic.com/magazine/article/ holland-agriculture-sustainable-farming. 2022년 12월 2일 확인.

8 잉섹트Ynsect. "농업 기술 즉 애그테크 스타트업 잉섹트가 시리즈 C(3차) 펀딩으로 3억 7,200만 달러의 투자를 유치했다. 잉섹트는 이번에 조달한 자금을 바탕으로 세계 최초의 탄소 네거티브 및 세계 최대 수직 농장으로 세계 식량 안보와 지속가능성을 개선할 것이다."〈잉섹트〉, 2020년 10월 6일, https://www. ynsect.com/en/agtech-startup-ynsect-extends-its-series-c-to- 372-million-to-improve-global-food-security-and-sustainability- with-the-first-carbon-negative-and-largest-vertical-farm-in-the- world-2/. 2022년 12월 2일 확인.

9 세계은행 라이브. "초청 연사: 탈라시 하위베르스." 세계은행 라이브, 2022년 1월 19일, https://live.worldbank.org/experts/talash-huijbers. 2022년 12월 2일 확인.

10 Kyle Baldock. "아그로어바나는 칠레에서 최상급 친환경 채소를 재배할 계획이다." 수직농업협회Association for Vertical Farming, 2019년 3월 19일, https:// vertical-farming.net/blog/2019/03/27/agrourbana-vertical-farm- solar-power/. 2022년 12월 2일 확인.

11 Robby Berman. "공기로 식량을 만드는 나사의 아이디어가 이제 현실이 되었

다—이것이 수십억 명에게 식량을 공급할 수도 있다." 〈Big Think〉, 2019년 7월 19일, https://bigthink.com/health/protein-from-air. 2022년 12월 2일 확인.

12 The Index Project. "생명체를 생각하는 디자인: 더 나은 세상을 만드는 발명들." 〈뉴욕타임스〉[유료], 날짜 미상, https://www.nytimes.com/paidpost/the-index-project/the-inventions-that-build-a-better-world.html. 2022년 12월 2일 확인.

13 Roc Morin. "음식이 필요 없게 만들 남자." 〈애틀랜틱〉, 2014년 4월 28일, https://www.theatlantic.com/health/archive/2014/04/the-man-who-would-make-eating-obsolete/361058/. 2022년 12월 2일 확인.

14 솔라푸드Solar Foods. "임팩트." 솔라푸드, 2022년, https://solarfoods.com/impact/. 2022년 12월 2일 확인.

15 솔라푸드. "솔레인은 유럽식품안전청에 신종 식품 승인을 신청했다." 솔라푸드, 2021년 11월 2일, https://solarfoods.com/solein-submitted-to-the-european-commission-for-novel-food-approval/. 2022년 12월 2일 확인.

16 솔라푸드. "솔라푸드는 이산화탄소와 전기로 배양한 단백질의 신종 식품 규제 승인을 받았다." 솔라푸드, 2022년 10월 26일, https://solarfoods.com/solar-foods-receives-novel-food-regulatory-approval/. 2022년 12월 2일 확인.

17 Alice Lascelles. "이산화탄소로 식품을 만드는 것이 이미 과부하에 걸린 지구에 도움이 될 수 있을까?" 〈파이낸셜타임스〉, 2020년 5월 29일, https://www.ft.com/content/ad5ad0f4-e2bf-4c8a-b890-de3f5df920ba. 2022년 12월 2일 확인.

18 상동.

HOT 27. 제로웨이스트 제품

1 Dom Phillips. "브라질 카니발 참가자들은 반짝이 글리터가 지구에 좋지 않다고 경고했다." 〈가디언〉, 2018년 2월 11일, https://www.theguardian.com/world/2018/feb/11/brazil-carnival-rio-glitter-microplastics-environment. 2022년 12월 2일 확인.

2 Marcus Fairs. "순환 경제는 '우리가 현재 가진 물질로는 절대 성공하지 못할 것'이라고 팔리포더오션의 창설자 사이릴 거쉬가 말한다." 〈디진〉, 2020년 6월 16일, https://www.dezeen.com/2020/06/16/circular-economy-plastic-biofabricated-materials-cyrill-gutsch-interview/. 2022년 12월 2일 확인.

3 Murry Clark. "미친 열정으로 기적을 만든 과학, 랩그로운 후디." 〈GQ〉, 2022년 10월 21일, https://www.gq-magazine.co.uk/fashion/article/the-north-face-eye-junya-watanabe-earth-hoodie. 2022년 12월 2일 확인.

4 Notpla. "우리는 포장지가 사라지게 만든다." Notpla, 2022년, https://www.notpla.com/. 2022년 12월 5일 확인.

5 Vollebak. "미래에서 온 의류." Vollebak, 2022년, https://vollebak.com/. 2022년 12월 5일 확인.

6 Sabrina Weiss. "이 티셔츠는 100퍼센트 식물과 해조류로 만들었다. 또한 12주 안에 생분해된다." 〈와이어드〉, 2019년 8월 24일, https://www.wired.co.uk/article/vollebak-algae-plant-shirt. 2022년 12월 5일 확인.

7 상동.

8 H&M그룹. "H&M 역사상 가장 지속가능한 컬렉션." H&M그룹, 2020년 5월 15일, https://hmgroup.com/our-stories/creating-hms-most-sustainable-collection-ever/. 2022년 12월 2일 확인.

HOT 28. 전기의 자급자족

1 Lewin Day. "병원이 정전되었을 때 리비안의 전기 픽업트럭 R1T의 전기를 이

용해 환자의 정관수술을 진행했다." 〈The Drive〉, 2022년 9월 1일, https://
www.thedrive.com/news/doctor-performs-vasectomy-running-
surgery-on-a-rivian-r1t. 2022년 11월 30일 확인.

2 S. Brody, M. Rogers, G. Siccardo. "전력회사가 왜 그리고 어떻게 기후 변
화 위기를 관리해야 할까." 맥킨지앤드컴퍼니, 2019년 4월 29일, https://
www.mckinsey.com/industries/electric-power-and-natural-gas/our-
insights/why-and-how-utilities-should-start-to-manage-climate-
change-risk. 2022년 11월 30일 확인.

3 Martin Armstrong. "2010년 이래로 태양광 에너지 가격이 80퍼센트 이상 하
락했다. 이유는 다음과 같다." 세계경제포럼, 2021년 11월 4일, https://www.
weforum.org/agenda/2021/11/renewable-energy-cost-fallen/. 2022년
11월 30일 확인.

4 Stefan Ellerbeck. "이들 지역은 많은 탄소를 배출한다-이들의 탄소 배출 절
감 계획은 다음과 같다." 세계경제포럼, 2022년 8월 26일, https://www.
weforum.org/agenda/2022/08/electricity-capacity-power-renewable-
energy/. 2022년 11월 30일 확인.

5 Cheryl Katz. "배터리가 화석 연료를 필요 없게 만들 수도 있다." Future
Planet, 2020년 12월 17일, 〈BBC.com〉, https://www.bbc.com/future/
article/20201217-renewable-power-the-worlds-largest-battery. 2022
년 11월 30일 확인.

6 Christopher Helman. "테슬라의 파워월이 환경에 관심이 많은 부자들의 또 다
른 장난감에 불과한 이유." 〈포브스〉, 2015년 5월 1일, https://www.forbes.
com/sites/christopherhelman/2015/05/01/why-teslas-powerwall-is-
just-another-toy-for-rich-green-people/?sh=2a4d7d5046e4. 2022년
11월 30일 확인.

7 Aria Alamalhodaei. "테슬라는 이제까지 전 세계에서 20만 개의 파워월
을 설치했다." 〈techcrunch〉, 2021년 5월 26일, https://techcrunch.

com/2021/05/26/tesla-has-installed-200000-powerwalls-around-the-world-so-far/. 2022년 12월 5일 확인.

8 Fred Lambert. "테슬라의 가상 발전소가 전력망을 돕기 위한 첫 번째 행사를 시작했다-마치 미래를 보는 것 같다." Electrek, 2022년 8월 18일, https://electrek.co/2022/08/18/teslas-virtual-power-plant-first-event-helping-grid-future/. 2022년 11월 30일 확인.

9 Simon Alvarez. "테슬라의 태양 전지판과 파워월은 가상 발전소 프로그램에 참가한 1주일 동안 월 대출금 상환액보다 더 많은 수익을 가져다준다." Teslarati, 2022년 9월 10일, https://www.teslarati.com/tesla-powerwall-covers-monthly-payment-after-vpp-events/. 2022년 12월 5일 확인.

10 Elon Musk[@elonmusk]. "테슬라가 이번에 가격을 인하한 덕분에 전기료가 비싼 주에 사는 사람은 지붕에 돈 찍는 기계를 설치하는 것과 같다. 물론 구입하면 더 좋지만, 렌탈로 사용해도 경제적으로 확실히 이득이다." 트위터, 2019년 8월 18일, https://twitter.com/elonmusk/1163025594180726784?lang=en. 2022년 11월 30일 확인.

11 Todd Woody. "포드의 전기 픽업트럭은 당신의 가정에 열흘 간 전기를 공급할 수 있다." 〈블룸버그〉, 2022년 5월 31일, https://bloomberg.com/news/articles/2022-05-31/how-the-ford-f-150-can-be-a-backup-home-generator?leadSource-uverify%20wall/. 2022년 11월 30일 확인.

12 허스크파워링시스템스Husk Powering Systems. "허스크 파워 시스템-100곳의 지역 공동체 그리고 5,000개의 영세 사업장 고객들에게 전기를 공급하는 미니그리드 회사가 되었다." 허스크파워링시스템스, 2020년 12월 10일, https://huskpowersystems.com/husk-power-systems-first-minigrid-company-to-power-100-communities-5000-small-business-customers/. 2022년 11월 30일 확인.

13 에코에너지EcoEnergy. "회사의 역사." 에코에너지, 2016년, https://ecoenergyfinance.org/history/. 2022년 12월 5일 확인.

퓨처 노멀

14 Seaborg. "원전을 재창조하다." Seaborg Technologies, 2022년, https://
www.seaborg.com/. 2022년 12월 5일 확인.

HOT 29. 날씨 만들기

1 NASA 랭글리연구센터 에어로졸연구부서. "피나투보 화산이 전 세계에 미친 영
향." NASA 지구관측소, 2001년 6월 15일, https://earthobservatory.nasa.
gov/images/1510/global-effects-of-mount-pinatubo. 2022년 12월 15일
확인.

2 Matt Novak. "냉전 시대 무기로써의 기상 조절." 〈스미스소니언매거진〉,
2011년 12월 5일, https://www.smithsonianmag.com/history/weather-
control-as-a-cold-war-weapon-1777409/. 2022년 12월 15일 확인.

3 Tara Fowler. "10만 달러의 비용을 내면 이 회사가 비가 내리지 않는 맑은 결혼
식을 보장해준다." 〈피플〉, 2015년 1월 28일, https://people.com/celebrity/
for-100000-this-company-will-guarantee-you-a-rain-free-
wedding/. 2022년 12월 15일 확인.

4 R. Rampitt, E. Achterberg, T. Anderson. 외 다수. "해양 시비: 지구공학의 잠
재적인 수단일까?" 《왕립학회 철학회보》, vol. 366, no. 1882, pp. 3919~3945.
왕립학회출판, 2008년 8월 29일, https://royalsocietypublishing.org/
doi/10.1098/rsta.2008.0139. 2022년 12월 15일 확인.

5 Bill McKibben. "태양을 가려서 지구를 식히는 아이디어는 절박함에서 나온 생
각이다. 하지만 우리는 그것을 향해 나아가고 있다." 〈New Yorker〉, 2022년 11
월 22일, https://www.newyorker.com/news/annals-of-a-warming-
planet/dimming-the-sun-to-cool-the-planet-is-a-desperate-idea-
yet-were-inching-toward-it?utm_source=NYR_REG-GATE. 2022년 12
월 15일 확인.

6 상동.

7 왕실이 후원하는 태국건축사협회ASA. "ASA의 실험적인 설계 대회 2022: 설계 개요." 태국건축사협회, 2022년. https://www.asacompetition.com/brief-en. 2022년 12월 15일 확인.

8 태국건축사협회. "북극을 다시 얼리자." 태국건축사협회, 2019년. https://www.asacompetition.com/post/re-rfeeze-the-arctic. 2022년 12월 15일 확인.

9 상동.

10 Oscar Holland. "과학자들과 디자이너들은 급진적인 북극 '재동결' 방법을 제안하고 있다." 〈CNN.com〉, 2019년 9월 1일. https://edition.cnn.com/style/article/refreeze-arctic-design-scn/index.html. 2022년 12월 15일 확인.

11 Cian Sherwin. "Real Ice." For Tomorrow, 2022년. https://fortomorrow.org/explore-solutions/real-ice. 2022년 12월 15일 확인.

12 상동.

HOT 30. 넷제로를 넘어선 재생 비즈니스

1 글로벌생태발자국네트워크Global Footprint Network. "지구 생태용량 초과의 날 Earth Overshoot Day." 글로벌생태발자국네트워크, 2022년. https://www.footprintnetwork.org/our-work/earth-overshoot-day/. 2022년 12월 17일 확인.

2 Vivobarefoot. "2022년 미완성 사업." Vivobarefoot, 2022년. https://www.vivobarefoot.com/uk/unfinished-business. 2022년 12월 17일 확인.

3 블룸Bloom. "회사 소개The Bloom Story." 블룸. 날짜 미상. https://bloommaterials.com/the-bloom-story/. 2022년 12월 16일 확인.

4 David Gelles. "더 이상 억만장자가 아니다: 파타고니아 창업자가 회사를 기부하다." 〈뉴욕타임스〉, 2022년 9월 21일. https://www.nytimes.

com/2022/09/14/climate/patagonia-climate-philanthropy-chouinard. html. 2022년 12월 16일 확인.

5 인터페이스Interface. "탄소 내비게이터Carbon Navigator."〈인터페이스〉. 2022년, https://www.interface.com/US/en-US/sustainability/carbon-navigator. html. 2022년 12월 16일 확인.

6 Oliver Milman. "세상에서 가장 지속가능한 술: 공기에서 포집한 이산화탄소로 만든 보드카."〈가디언〉, 2021년 10월 20일, https://www.theguardian. com/food/2021/oct/20/vodka-made-with-co2-captured-from-air-sustainable-spirit. 2022년 12월 16일 확인.

7 쉽인크Sheep Inc. "홈페이지." 쉽인크. 2022년, https://eu.sheepinc.com/. 2022년 12월 16일 확인.

8 Carolyn Kellogg. "이케아가 자사의 장수 제품인 빌리 책장을 업그레이드한다: 사람들이 책을 많이 읽지 않아서일까?"〈Los Angeles Times〉, 2011년 9월 12일, https://www.latimes.com/archives/blogs/jacket-copy/story/2011-09-12/ikea-is-changing-its-long-lived-billy-bookshelf-is-print-dead. 2022년 12월 16일 확인.

9 "이케아: 400억 달러짜리 기후 포지티브 기업 만들기."〈아지 아자르의 기하급수적 관점〉, 시즌 5, 10회,〈하버드비즈니스리뷰〉, 2022년, https://hbr. org/podcast/2020/12/ikea-making-a-40-billion-company-climate-positive. 2022년 12월 17일 확인.

10 상동.

11 펩시코PepsiCo. "펩시코가 야심찬 새로운 농업 목표들을 제시한다." 펩시코. 2020년 4월 20일, https://www.pepsico.com/our-stories/story/pepsico-unveils-ambitious-new-agriculture-goals. 2022년 12월 16일 확인.

12 상동.

13 랄프로렌 뉴스룸Ralph Lauren Newsroom. "랄프로렌기업재단과 토양건강연

구소가 공동으로 새로운 미국재생면화프로그램을 발표한다." 랄프로렌, 2021년 10월 26일, https://corporate.ralphlauren.com/pr_211026_RegenerativeCotton.html. 2022년 12월 16일 확인.

14 케링Kering. "케링과 국제보존협회가 자연재생기금의 첫 번째 지원금 지급 대상자를 발표한다." 케링, 2021년 9월 3일, https://www.kering.com/en/news/kering-and-conservation-international-announce-firts-grantees-for-regenerative-fund-for-nature. 2022년 12월 17일 확인.

15 지속가능한 시장 이티셔티브SMI. "패션태스크포스의 재생패션선언." SMI, 2022년 4월 20일, https://www.sustainable-markets.org/news/fashion-task-force-unveils-its-manifesto-for-regenerative-fashion-/. 2022년 12월 17일 확인.

16 Quote Catalog. "우리 대부분에게 가장 위험한 것은 너무 높은 목표를 세우고 달성하지 못하는 것이 아니다. 너무 낮은 목표를 세우고 이 목표를 달성하는 것이 가장 위험하다." 〈Quote Catalog〉, 2022년, https://quotecatalog.com/quote/michelangelo-buonarroti-the-greatest-da-b7KRRA1. 2022년 12월 16일 확인.

나오며

1 하와이대학교 미래학연구센터. "Publications." 하와이대학교 마노아캠퍼스, 2022년, https://manoa.hawaii.edu/futures-center/publications/. 2022년 12월 29일 확인.

2 Jeff Haden. "20년 전, 제프 베조스는 지속적인 성공을 달성하는 사람과 그렇지 못한 사람을 구분하는 방법을 들려주었다." 〈Inc.com〉, 2017년 11월 6일, https://www.inc.com/jeff-haden/20-years-ago-jeff-bezos-said-this-1-thing-separates-people-who-achieve-lasting-success-from-those-who-dont.html. 2022년 12월 18일.

퓨처 노멀

부록

산업별 플레이리스트

내 산업에서는 어떤 트렌드가 가장 중요할까요? 이것은 우리 둘이 가장 자주 듣는 질문이다. 그리고 대개는 우리가 대답하기가 꺼려지는 질문이다. 겉으로 보면 당신의 일과 관련이 없어 보이는 통찰을 읽는 데서 마법을 찾을 수 있다. '쓸모없다'고 생각하는 이러한 아이디어가 뜻밖의 횡재를 가져다준다. 더러는 이러한 아이디어가 가장 참신한 통찰을 촉발시키기 때문이다.

그럼에도 우리는 큐레이션Curation*에 대한 욕구를 이해한다. 실제로도 특정 산업의 사람들이 행동으로 실천하기가 더 쉬운 주제들이 있다. 이번 부록에서는 14개의 주요 업종별로 먼저 읽을 주제를 분류한다. 이것은 우리 필자들의 제안일 뿐이다. 따라서 당신은 우리가 제안하는 주제가 아닌 다른 주제들을 읽고도 귀중한 통찰을 분명 얻게 될 것이다. 하지만 우리가 제안하는 산업별 '플레이리스트'는 이 책의 아이디어를 즉각 행동으로 실천할 수 있는 좋은 출발점이며 유익한 방법이다. 당신의 퓨처 노멀을 상상하는 여정에 행운이 늘 함께하길 기원한다!

---

* 자료나 정보를 수집해서 주제별, 연계성, 연관성에 따라 분류하고 구조화하는 것을 말한다.

기후와 환경

 건강과 웰빙을 부르는 공간

 더 좋은 비천연 제품

 지속가능한 소비

 굿 거버넌스

 도시 숲

 신개념 농업

 제로웨이스트 제품

전기의 자급자족

 날씨 만들기

 넷제로를 넘어선 재생 비즈니스

컨설팅과 창의적 서비스

 멀티버스 아이덴티티

 몰입형 엔터테인먼트

 검증된 미디어와 콘텐츠

 창의성의 증가

 보편적인 원격 근무

 일의 해체와 재구성

 사회를 반영하는 문화

 사이키델릭 웰니스

 임팩트 허브 오피스

 15분 도시

소비자, 소매, 패션

 멀티버스 아이덴티티

 사회를 반영하는 문화

 대기업 브랜드의 좋은 평판

 더 좋은 비천연 제품

 지속가능한 소비

 죄책감 없는 즐거움

 높아진 중고의 가치

 무인 배송

 제로웨이스트 제품

 넷제로를 넘어선 재생 비즈니스

교육

 멀티버스 아이덴티티
 몰입형 엔터테인먼트
 검증된 미디어와 콘텐츠
 스텔스 학습
 건강과 웰빙을 부르는 공간

 창의성의 증가
 굿 거버넌스
 임팩트 허브 오피스
 15분 도시
 가상 동반자

엔터테인먼트, 미디어, 예술

 멀티버스 아이덴티티
 몰입형 엔터테인먼트
 검증된 미디어와 콘텐츠
 가상 동반자
 창의성의 증가

 스텔스 학습
 일의 해체와 재구성
 임팩트 허브 오피스
 사회를 반영하는 문화
 공동체를 위한 기업

금융 서비스와 보험

 검증된 미디어와 콘텐츠
 스텔스 학습
 건강과 웰빙을 부르는 공간
 전기의 자급자족
 일의 해체와 재구성

 사회를 반영하는 문화
 임팩트 허브 오피스
 대기업 브랜드의 좋은 평판
 공동체를 위한 기업
 날씨 만들기

식음료

신진대사
모니터링

더 좋은 비천연 제품

지속가능한
소비

죄책감 없는
즐거움

무인 배송

대기업 브랜드의
좋은 평판

신개념 농업

제로웨이스트 제품

날씨 만들기

넷제로를 넘어선
재생 비즈니스

정부, 비정부 기구, 비영리 조직

검증된 미디어와
콘텐츠

사라지는 외로움

일의 해체와
재구성

임팩트 허브 오피스

공동체를 위한 기업

굿 거버넌스

15분 도시

사회를 반영하는
문화

스텔스 학습

전기의 자급자족

건강 관리와 제약

사라지는
외로움

가상 동반자

사이키델릭
웰니스

건강과 웰빙을
부르는 공간

녹색 처방전

신진대사
모니터링

일의 해체와
재구성

더 좋은
비천연 제품

도시 숲

제로웨이스트 제품

부동산

 몰입형 엔터테인먼트   사라지는 외로움   건강과 웰빙을 부르는 공간   보편적인 원격 근무   임팩트 허브 오피스

 15분 도시   무인 배송   도시 숲   신개념 농업   전기의 자급자족

소상공과 기업가정신

 높아진 중고의 가치   스텔스 학습   창의성의 증가   보편적인 원격 근무   일의 해체와 재구성

 임팩트 허브 오피스   죄책감 없는 즐거움   공동체를 위한 기업   무인 배송   전기의 자급자족

테크놀로지, 소프트웨어, 텔레콤

 몰입형 엔터테인먼트   검증된 미디어와 콘텐츠   스텔스 학습   창의성의 증가   멀티버스 아이덴티티

 일의 해체와 재구성   사회를 반영하는 문화   임팩트 허브 오피스   공동체를 위한 기업   가상 동반자

퓨처 노멀